Besser sprechen – überzeugend auftreten

Dale Carnegie Training

Besser sprechen – überzeugend auftreten

Strategien für erfolgreiche Präsentationen

Aus dem Amerikanischen
von Carolin Skiba

Scherz

Die amerikanische Ausgabe erschien 2011
unter dem Titel ›Stand and Deliver. How to Become a
Masterful Communicator and Public Speaker‹
bei Simon & Schuster, Inc.

FSC
www.fsc.org
MIX
Papier aus verantwortungsvollen Quellen
FSC® C006701

Erschienen bei Scherz, einem Unternehmen
der S. Fischer Verlag GmbH, Frankfurt am Main

Published by arrangement with the original publisher, Fireside,
a division of Simon & Schuster, Inc.

Satz: Dörlemann Satz, Lemförde
Druck und Bindung: CPI – Ebner & Spiegel, Ulm
Printed in Germany

ISBN 978-3-651-00029-2

Inhalt

Vorwort

Besser sprechen – überzeugend auftreten ist der ideale Ratgeber, um das Sprechen vor Publikum zu trainieren. In diesem Buch finden Sie praktische Tipps, die Sie sofort umsetzen können. Sie lernen wirkungsvolle Methoden kennen, mit deren Hilfe Sie innerhalb kürzester Zeit erfolgreich Vorträge halten. Sie erfahren, wie Sie eine Präsentation effektiv vorbereiten und strukturieren – egal, ob es sich dabei um eine kurze Ansprache vor wenigen Menschen oder eine halbstündige Rede vor einem größeren Publikum handelt. Sie erhalten Tipps und Tricks, mit denen Sie Ihre Zuhörer nicht nur unterhalten, sondern auch informieren, inspirieren und zu konkreten Handlungen auffordern können. Außerdem zeigt Ihnen dieses Buch, wie Sie Lampenfieber ein für alle Mal überwinden.

Zu Beginn ein kurzer Überblick: In jedem der zwölf Kapitel des Buches wird ein für das Sprechen vor Publikum wichtiges Thema behandelt. In den Kapiteln 8 und 9 erhalten Sie zusätzlich nützliche Hinweise, wie Sie andere Menschen von Ihrer Meinung überzeugen können.

Zwischen den Kapiteln finden Sie jeweils Zitate zum Thema als Denkanstoß. Einige dieser Zitate sind schon etwas älter, andere hingegen sehr modern. Sie alle geben wichtige Hinweise zu den behandelten Themen und heben entscheidende Aspekte hervor, mit denen sich jeder Redner auseinandersetzen sollte.

Zusätzlich gibt es in diesem Buch »Fallstudien«, in denen Ihnen einige bekannte und erfolgreiche Redner vorgestellt werden. Diese

Unterkapitel enthalten eine Auswahl der eindrucksvollsten Reden dieser Persönlichkeiten. Lesen Sie die Auszüge sorgfältig, und Sie können sich auf Ihrem Weg zum Redner erfolgreich weiterentwickeln. Analysieren Sie, welche Vorträge eher formell und feierlich und welche eher modern und informell klingen und warum das so ist. Sie werden bei allen Reden feststellen, dass vor allem zwei Dinge erfolgreiche Redner ausmachen: die Überzeugung, dass die eigene Botschaft wichtig ist, sowie die Fähigkeit, dem Publikum diese Botschaft glaubhaft und motivierend zu vermitteln. Zwar führen viele Wege zu diesem Ziel, letztlich geht es aber immer darum, eine starke Verbindung zu den Zuhörern aufzubauen. Auf diese Weise spricht ein Redner nicht nur die Gedanken und Gefühle des Publikums an, sondern motiviert es auch zu konkreten Handlungen.

Wer ein Buch über Rhetorik schreibt, steht vor einer interessanten Herausforderung: Viele Aspekte des Lebens sind heute komplexer denn je. Von einigen Ausnahmen einmal abgesehen, gibt es im 21. Jahrhundert nur wenige herausragende Redner. Deshalb werden in *Besser sprechen – überzeugend auftreten* Ereignisse und Personen aus der jüngeren Vergangenheit zitiert. Zudem wissen wir bei einigen heute lebenden Persönlichkeiten nicht, ob sie den Test der Zeit bestehen werden. Möglicherweise erscheint Ihnen das Sprechen vor Publikum im Moment noch ein riskantes oder schwieriges Unterfangen zu sein. Am Ende dieses Buches werden Sie es als Chance betrachten, die Sie gerne und sogar mit Begeisterung annehmen. Sie werden sich freuen, eine Rede zu halten, wann immer Sie die Gelegenheit dazu haben. Ihre Fähigkeit, authentisch und wirkungsvoll zu anderen Menschen zu sprechen, bringt Ihre Karriere einen entscheidenden Schritt voran. Fangen Sie gleich damit an!

1 Die Grundlagen einer erfolgreichen Rede

Im Jahr 1912 führte Dale Carnegie sein erstes Seminar zum Thema »Sprechen vor Gruppen« durch. Egal, ob Sie gerade erst anfangen, Ihre rhetorischen Fähigkeiten zu trainieren, oder ob Sie bereits erste Erfahrungen gesammelt haben: Dieses Buch hilft Ihnen, sich beim wirkungsvollen Sprechen weiterzuentwickeln.

Das Sprechen vor Publikum stellte zu allen Zeiten eine große Herausforderung dar. In der Antike schätzte und bewunderte man außergewöhnliche Redner ebenso wie bei den Ureinwohnern Amerikas oder in den Kulturen Indiens und Chinas. Für das Sprechen vor Gruppen gibt es bestimmte Methoden, die zu allen Zeiten gültig waren und an die sich alle erfolgreichen Redner gehalten haben – jeder auf seine eigene Weise. Sie entwickeln sich schnell zu einem erfolgreichen Redner, wenn Sie diese Methoden anwenden und für Ihre Zwecke anpassen. Lesen Sie die folgenden Punkte sorgfältig durch. Sie werden großen Einfluss auf Ihre Kommunikation mit anderen Menschen haben – aber auch auf Ihr Selbstbild.

Menschen sind *sprechende* Wesen. Sie beginnen morgens nach dem Aufstehen zu sprechen und machen damit weiter, bis sie abends ins Bett gehen – und manche Menschen reden sogar noch im Schlaf. Das gesamte Wirtschaftssystem basiert letztlich auf Kommunikation. Effektive Kommunikation ist wie ein Tennisspiel, bei dem der Ball hin und her gespielt wird und an dem beide Spieler gleichermaßen beteiligt sind. Menschen, die an anderen nicht wirklich interessiert sind, kommunizieren hingegen wie Golfspieler, die lediglich die ganze Zeit ihre eigenen Bälle schlagen.

Personen mit hervorragenden Kommunikationsfähigkeiten sind meistens auch gute Redner. Sie nehmen die Menschen um sich herum genau wahr, achten auf deren Signale und reagieren in ihrer Rede darauf. Gute Redner wirken bei ihrer Rede vor einem großen Publikum ähnlich kommunikativ wie in einem echten Gespräch.

Alle Menschen, die erfolgreich mit anderen kommunizieren, haben erkannt, dass Anerkennung für Menschen wichtiger ist als alles andere. Sie stellen ihrem Gesprächspartner häufig Fragen wie die folgende: »Was ist Ihre Meinung zu dieser Sache?« Anschließend machen sie eine Pause und nehmen sich Zeit, die Antwort ihres Gegenübers zu entschlüsseln. Vielleicht besteht die Antwort aus Schweigen, gespannter Aufmerksamkeit, zustimmendem Nicken, Lachen oder sorgenvollen Blicken. Langweilen sich die Zuhörer bei einer Rede, dann sieht man ihnen das auf die eine oder andere Weise immer an – auch wenn sie noch so höflich versuchen, es zu verbergen. Ebenso deutlich ist spürbar, ob die Zuhörer an einem Thema interessiert sind oder nicht. Als Redner müssen Sie für Ihre Zuhörer interessant sein, sonst brauchen Sie gar nicht erst die Bühne zu betreten. Es ist Ihre Aufgabe als Redner, das Interesse der Zuhörer zu wecken – ganz egal, ob Sie als Vertriebsleiter eines Automobilhändlers, einer Versicherungsagentur, eines Immobilienmaklers oder in einem großen internationalen Unternehmen vor Ihren Mitarbeitern sprechen. Sobald das Interesse der Zuhörer nachlässt, können Sie Ihre Botschaft nicht mehr mit der nötigen Überzeugung vermitteln.

Ihre Aufgabe ist nicht nur, eine Rede zu halten, aus der Ihre Zuhörer etwas mitnehmen. Sie müssen die Rede auch so interessant wie möglich präsentieren. Nur so bleibt die Aufmerksamkeit der Zuhörer bis zum Schluss erhalten. Mit Hilfe der richtigen Techniken geben Sie dem Publikum das Gefühl, dass Sie wirklich *mit ihm* sprechen und an seinen Gedanken interessiert sind. So erzeugen Sie eine emotionale Atmosphäre, in der die Zuhörer Ihre Botschaft annehmen können.

Bei allen Gemeinsamkeiten zwischen einem normalen Gespräch und einer Rede vor Publikum gibt es aber auch einige wesentliche Unterschiede. Zwar sollten Sie immer möglichst den *Eindruck erwecken*, Ihre Rede sei genauso persönlich wie ein Gespräch unter vier Augen. Das wird Ihnen aber nur gelingen, wenn Sie Ihr Handwerk als Redner wirklich verstehen. Der erfolgreiche amerikanische Moderator der Sendung Late Show, David Letterman, hat die Fähigkeit, sich mit nahezu jeder Person persönlich zu unterhalten, während zehn Millionen Menschen ihm dabei zusehen. Dennoch führt er das Gespräch so locker, als handle es sich um einen kurzen Plausch in der Mittagspause. In seiner Show setzt David Letterman im Grunde die gleichen Strategien ein wie alle herausragenden Redner der Geschichte.

Welche Strategien sind das? Die erste ist ziemlich offensichtlich – und vielleicht beachten sie gerade deshalb so viele Redner nicht. Sie lässt sich in einem einzigen kurzen Satz zusammenfassen: *Sie müssen über Ihr Thema genau Bescheid wissen*. Informieren Sie sich so ausführlich über Ihr Thema, dass Sie über jedes wichtige Detail informiert sind. Lediglich ein bisschen Erfahrung mit dem Thema zu haben ist nicht genug. Weitreichende Kenntnisse auf dem Gebiet sind notwendig. Jede Sekunde Ihrer Präsentation sollte mit konkretem Inhalt gefüllt sein. Dann haben Sie neunzig Prozent der Arbeit schon erledigt, ehe Sie überhaupt ans Rednerpult treten.

Um das zu veranschaulichen, zitierte Dale Carnegie gerne das Beispiel von Luther Burbank, einem herausragenden Wissenschaftler und dem wahrscheinlich brillantesten Botaniker aller Zeiten. Burbank sagte einmal: »Oft habe ich eine Million Pflanzen gezüchtet, um eine oder zwei wirklich geeignete zu finden – und anschließend alle anderen vernichtet.« Bereiten Sie Ihre Rede in ähnlicher Weise vor: Schreiben Sie hundert Gedanken auf und verwerfen Sie neunundneunzig davon. Sammeln Sie mehr Material und mehr Informationen, als Sie verwenden können. Das zusätzliche Material gibt Ihnen die nötige Selbstsicherheit und erhöht die Wahrscheinlichkeit, im richtigen Moment überzeugende Argumente parat zu haben. Aufgrund Ihres umfangreichen Wissens zum Thema verfügen Sie über die notwendige fachliche Kompetenz, um glaubwürdig auftreten und begeistert sprechen zu können. Obwohl dieser Punkt bei der Vorbereitung ganz entscheidend ist, übersehen ihn viele Redner. Dale Carnegie glaubte sogar, dass ein Redner vierzigmal mehr über sein Thema wissen sollte, als er den Zuhörern in seinem Vortrag präsentiert.

Sich über *ein* Thema zu informieren ist selbstverständlich wesentlich einfacher, als sich profundes Wissen zu mehreren Themengebieten anzueignen. Verkäufer, Marketing- und Werbeexperten wissen, dass man immer nur *eine* Sache verkaufen sollte. Nur ein Katalog kann eine Vielzahl von Produkten auf einmal präsentieren. Beschränken Sie sich möglichst auf ein Thema – egal, ob Ihre Rede fünf Minuten oder eine Stunde dauert. Beschreiben Sie zunächst das Problem und präsentieren anschließend Ihre Lösung. Greifen Sie am Ende das Problem erneut auf und fassen Sie die Lösung nochmals zusammen.

Bereits Ihre Eröffnung muss die Aufmerksamkeit der Zuhörer wecken. Sie könnten zum Beispiel so beginnen: »Wissenschaftler auf der ganzen Welt haben festgestellt: Unsere Ozeane sterben!« Ein erschreckender Gedanke, der das Interesse der Zuhörer weckt, weil sie wissen wollen, was die Ursachen sind und was man dagegen tun kann. Indem Sie eine international anerkannte Autorität zitieren – für das Thema des Ozeansterbens beispielsweise den bekannten französischen Meeresforscher Jacques Cousteau –, beweisen Sie, dass Ihre Eröffnungsaussage wirklich den Tatsachen entspricht. Anschließend beschreiben Sie Möglichkeiten, um die Katastrophe abzuwenden. Sie könnten zum Beispiel mit folgenden Worten schließen: »Dass die Ozeane der Welt sterben, ist eine Tatsache. Es sei denn, die gesamte Weltbevölkerung würde sich dafür einsetzen, Gesetze gegen die Verschmutzung der Meere durch Öltanker zu erlassen …« So beenden Sie Ihre Rede mit einem hoffnungsvollen Ausblick und sichern sich die Zustimmung der Zuhörer.

Natürlich hat nicht jede Rede die Rettung der Menschheit zum Thema. Möglicherweise erzählen Sie Ihrem Publikum nur von einem Angelausflug, den Sie vor kurzem unternommen haben. Dann könnten Sie von einem ganz besonderen Erlebnis während dieses Ausflugs berichten. Zum Beispiel: »Meine Angel zuckte wild, denn an ihr hing die Regenbogenforelle, einer der frechsten Fische überhaupt.« Damit wecken Sie die Aufmerksamkeit und das Interesse Ihrer Zuhörer viel stärker als etwa mit dem folgenden Einstieg: »Nun möchte ich Ihnen von meinem letzten Angelausflug berichten.« Nach einer kurzen Schilderung, wie Sie versucht haben, den Fisch zu fangen, können Sie mit der Beschreibung des Ausflugs beginnen: »Vor zwei Wochen beschlossen John Cooper und ich, unser Glück im White River bei Carter, Arkansas, zu versuchen – einem der schönsten Orte des Landes …« Kommen Sie immer wieder auf die Regenbogenforelle zurück – sie ist der Held und der rote Faden Ihrer Geschichte. Erzählen Sie, wie Sie die Forelle später am Ufer über dem Feuer gegrillt haben und wie köstlich sie geschmeckt hat. Zum Abschluss könnten Sie Folgendes sagen, um Ihren Zuhörern das Thema ans Herz zu legen: »Ich empfehle Ihnen wärmstens, selbst einmal Angeln zu gehen. Das ist eine tolle Möglichkeit, alle Sorgen und Probleme hinter sich zu lassen, den Kopf frei zu bekommen und einen neuen Blick auf die Dinge zu gewinnen. Und wenn Sie eine Regenbogenforelle an der Angel haben, stehen Ihnen die aufregendsten Minuten Ihres Lebens bevor.«

Achten Sie darauf, über *wen* Sie sprechen. Reden Sie möglichst wenig von sich selbst. Berichten Sie beispielsweise bei einem Bericht über einen Angelausflug vor allem von den Fischen, der wunderschönen Natur, Ihren Begleitern, Menschen, die Ihnen begegnet sind, sowie von einer oder zwei amüsanten Begebenheiten. Sagen Sie nicht ständig: »Dann tat ich Folgendes …« oder »Anschließend ging ich ...« Sie wollen schließlich über Ihr Thema sprechen, nicht über sich selbst!

Ein altes Sprichwort sagt: »Dumme Menschen sprechen über Dinge, durchschnittlich intelligente Menschen über Personen, Genies über Ideen.« In den allermeisten Fällen wollen Sie Ihre Zuhörer von einer Idee überzeugen – und wenn es sich nur darum handelt, dem Haus einen neuen Anstrich zu verpassen. Dahinter steckt die Idee, dass das Haus von außen schöner aussieht oder besser gegen Witterungseinflüsse geschützt ist. Bei dem Bericht über den Angelausflug sprechen Sie darüber, wie nützlich es ist, nach draußen in die Natur zu gehen, um den Kopf freizubekommen. Der Kernpunkt ist jedoch immer eine sorgfältig ausgearbeitete, konkrete Idee.

Ein schönes Gemälde besteht aus Tausenden Pinselstrichen, und jeder davon ist wichtig für das gesamte Kunstwerk. Genauso verhält es sich mit einer guten Rede.

Bei der Vorbereitung einer Rede haben viele Menschen – vor allem diejenigen, die als Redner noch unerfahren sind – am meisten Angst davor, sie hätten nicht genug zu sagen. Sie befürchten, dass ihnen mitten im Vortrag der Stoff ausgeht. Leider reagieren sie auf diese Angst völlig falsch. Sie überladen ihre Rede mit allen möglichen Dingen und versuchen schließlich, ihre gesamte Lebensgeschichte in fünfzehn Minuten zum Besten zu geben. Die Rede wird immer dichter und umfangreicher, aber keineswegs besser. Gerade unerfahrenen Rednern passiert das häufig, und in der Regel geschieht es unbewusst. Natürlich sollten Sie viel über Ihr Thema wissen. Das bedeutet aber nicht, dass Sie Ihrem Publikum alles, was Sie wissen, auch mitteilen müssen! Nutzen Sie die vorgegebene Zeit möglichst effektiv und sprechen Sie nur über das Wichtigste. Auf diese Weise wollen Ihre Zuhörer automatisch mehr wissen. Sofern Sie Ihr Thema wirklich beherrschen, merken die Zuhörer, dass es dazu noch viel mehr zu erfahren gibt. Sie vermitteln ihnen damit ein Wissen, das weit über das eigentlich Gesagte hinausgeht.

Um dieses Niveau zu erreichen, sollten Sie zehn bis vierzehn Tage vor dem Vortrag mit der Vorbereitung beginnen. Setzen Sie sich mit Stift und Papier an den Schreibtisch und schreiben Sie zwanzig Minuten lang – nicht mehr und nicht weniger – mindestens fünfzig Fragen zu Ihrem Thema auf. Fünfzig Fragen sind das absolute Minimum. Versuchen Sie, so viele Fragen wie möglich aufzuschreiben. Schreiben Sie Ihre Fragen so schnell wie möglich und aus dem Bauch heraus auf. Beschränken Sie sich auf diese zwanzig Minuten. Machen Sie ein schnelles, ungefiltertes Brainstorming und stellen Sie noch keine konkreten Überlegungen an.

In diesen zwanzig Minuten erarbeiten Sie bereits die grobe Struktur Ihrer Rede. Besonders wichtig dabei ist, dass Sie Ihre Gedanken in Form von Fragen formulieren. Forschungen haben gezeigt, dass Fragen die Kreativität viel mehr anregen als eine bloße Aufzählung der wichtigsten Punkte. Sie sind außerdem viel schneller beim Notieren, weil Sie in diesem ersten Schritt die Fragen noch nicht beantworten. Die Antworten formulieren Sie anschließend im nächsten Schritt.

Zusammengefasst: Der erste Schritt Ihrer Vorbereitung dauert lediglich zwanzig Minuten und funktioniert ganz »altmodisch« mit Bleistift und Papier.

In einem zweiten Schritt beantworten Sie Ihre Fragen und sammeln Beweise, um Ihre Argumentation zu untermauern. Hier kommt der Computer ins Spiel. Erstellen Sie zunächst ein Dokument mit all Ihren Fragen. Schreiben Sie anschließend spontan eine Antwort auf jede Frage auf, die Ihrem derzeitigen Wissensstand entspricht. Notieren Sie die Antwort so, wie Sie sie in einer Unterhaltung mit einem guten Freund formulieren würden. Dieser Schritt ist zeitlich nicht begrenzt. Sie müssen aber keineswegs alle Fragen auf einmal beantworten. Machen Sie so lange weiter, bis Sie merken, dass Ihre Konzentration nachlässt. Widerstehen Sie an diesem Punkt der Versuchung, im Internet zu recherchieren. Das tun Sie erst in einem der nächsten Schritte. Hier ist lediglich wichtig, alles über Ihr Thema aufzuschreiben, was Sie schon wissen – und das ist vermutlich sehr viel mehr, als Sie geglaubt hätten.

Unter Umständen sind mehrere Anläufe notwendig, um alle Fragen zu beantworten. Das ist kein Problem, vorausgesetzt, Sie haben rechtzeitig mit der Vorbereitung begonnen. Drei oder vier Tage vor Ihrer Rede sollten Sie alle Fragen beantwortet haben. Recherchieren Sie in einem abschließenden Schritt im Internet Zahlen und Fakten, um Ihre Argumentation zu stützen. Denken Sie daran, dass Sie nicht alles erwähnen müssen, was Sie über Ihr Thema wissen. Idealerweise wissen Sie so viel wie möglich darüber. Das ist positiv für Sie selbst und Ihre Zuhörer. Denn dann verfügen Sie über die notwendige Selbstsicherheit, um souverän über das Thema zu sprechen. Sie müssen das aber nicht in jedem Satz Ihrer Rede beweisen. Wählen Sie die wichtigsten und überzeugendsten Informationen sorgfältig aus. Stellen Sie sich Ihre Rede wie ein erlesenes Menü vor, das Sie zu Hause für ganz besondere Gäste zubereiten – nicht wie die Speisekarte eines Restaurants.

Zu bestimmten Themen haben Sie im Vorfeld möglicherweise keine oder nur sehr wenig Informationen. Bei anderen Themen verfügen Sie über sehr viel mehr Wissen, als Sie tatsächlich brauchen. Sprechen Sie zum Beispiel über Ihr Leben oder Ihre berufliche Karriere, fallen Ihnen sicher unzählige Fakten, Geschichten und Anekdoten ein. Das Problem besteht hier darin, die Informationen sorgfältig auszuwählen. Versuchen Sie nicht, Ihren Zuhörern alles zu erzählen, denn das ist ein nahezu unmögliches Unterfangen. Ihre Rede wirkt dann zusammenhangslos und chaotisch. Sprechen Sie andererseits über ein Thema, mit dem Sie weniger vertraut sind, dann versuchen Sie nicht, mangelndes Wissen durch exzessive Recherche auszugleichen. Seien Sie bezüglich Ihres Wissensstands ehrlich zu sich selbst und zu Ihrem Publikum. Selbstverständlich sollten Sie sich nicht hinstellen und zugeben, dass Sie kaum etwas über das Thema wissen. Geben Sie aber auch nicht vor, dass Sie ein Experte sind, wenn das gar nicht stimmt. Wählen

Sie einen bestimmten Aspekt des Themas aus und bauen Sie darauf auf. Sprechen Sie nicht zu abstrakt über das Thema. Veranschaulichen Sie die wichtigen Punkte mit Beispielen, persönlichen Beobachtungen und eigenen Geschichten. Berichten Sie von konkreten Situationen, die Sie erlebt haben, und beschreiben Sie mit deren Hilfe allgemeine Prinzipien. Bleiben Sie authentisch. Sie können sich durchaus als Schüler präsentieren, der begeistert von einem neuen Thema ist und mehr darüber erfahren möchte. Oder, falls Sie sehr viel über Ihr Thema wissen, als Lehrer, der anderen neues Wissen vermitteln kann. Die Sympathie Ihrer Zuhörer ist Ihnen in beiden Fällen sicher, solange Sie ehrlich sind.

Sie wissen nun, wie Sie Inhalte für Ihre Rede sammeln können. Wie aber strukturieren Sie Ihren Vortrag am besten und halten sich gleichzeitig an die Zeitvorgabe? Wie ordnen Sie all diese Informationen logisch an? Die meisten Menschen befürchten, keinen Ton herauszubringen, sobald sie hinter dem Rednerpult stehen. Bietet es sich dann nicht an, die gesamte Rede schriftlich auszuformulieren und auswendig zu lernen?

Die Antwort lautet eindeutig *nein*. Schreiben Sie auf keinen Fall alles auf, und lernen Sie den Vortrag auch nicht Wort für Wort auswendig. Denn dann klingt es so, als würden Sie dem Publikum aus einem Buch vorlesen. An anderer Stelle in diesem Buch erfahren Sie, welcher Aufbau für Reden verschiedener Länge sinnvoll ist. Zwar sind das nützliche Werkzeuge, bei der Technik aber, um die es im Folgenden geht, ist etwas ganz anderes entscheidend: *Übung*.

Üben Sie Ihre Rede auf zwei verschiedene Arten. Die erste davon findet ausschließlich in Ihrem Kopf statt. Während Sie Ihre Rede zu Papier bringen, sollten Sie die Inhalte ständig im Kopf durchgehen, verbessern und einüben. Das bedeutet, dass Sie mindestens zehn Tage lang immer wieder über Ihr Thema nachdenken. Denken Sie morgens beim Aufstehen und abends beim Schlafengehen daran. Gehen Sie das Thema im Kopf durch, während

Sie frühstücken, auf dem Weg zur Arbeit, und auf dem Weg nach Hause. Welche neuen Ideen haben Sie dabei? Und welche alten Ideen erweisen sich als untauglich?

Machen Sie sich Gedanken über Ihre Zuhörer und deren Erwartungen. Welche Erwartungen stellen Sie an sich selbst? Welche Ziele verfolgen Sie mit Ihrem Vortrag? Wollen Sie informieren, inspirieren, unterhalten, überzeugen – oder alles auf einmal? Denken Sie auch über die Räumlichkeiten nach, in denen Sie die Rede halten werden: Wie groß ist der Raum, wie viele Zuhörer passen hinein, wie viele Zuhörer werden tatsächlich anwesend sein? Welche Möglichkeiten haben Sie, diese äußeren Umstände optimal zu gestalten? Nachteilig wäre zum Beispiel ein sehr großer Raum für eine kleine Gruppe. Beschäftigen Sie sich im Vorfeld mit diesen Punkten, um den Erfolg Ihres Vortrags zu gewährleisten.

Zunächst jedoch müssen Sie sich über Ihr Thema und das Ziel, das Sie verfolgen, im Klaren sein. Anschließend beginnt der kreative Prozess. Sprechen Sie Ihre Präsentation laut vor sich hin, zum Beispiel im Auto oder zu Hause vor einem Spiegel. Entwickeln Sie ein Gespür dafür, wann welche Wörter und Sätze gesagt werden sollten. Verändern Sie die Wörter und Sätze und perfektionieren Sie dabei Inhalt und Sprechgeschwindigkeit. Haben Sie bisher wenig Erfahrung mit Vorträgen, dann schätzen Sie wahrscheinlich falsch ein, wie viel Zeit Sie tatsächlich benötigen. Obwohl die meisten Menschen befürchten, ihnen könnte der Stoff ausgehen, haben sie letztlich viel mehr zu erzählen, als sie geglaubt hätten. Zwar ist das besser, als zu wenig sagen zu können, aber dennoch kann Ihr Zeitplan auf diese Weise völlig durcheinandergeraten. In der tatsächlichen Vortragssituation dauert eine Präsentation fast immer länger als geplant.

Üben Sie nicht nur allein, sondern auch mit anderen Menschen. Bitten Sie einen Freund, sich Ihre Präsentation anzuhören oder mit Ihnen über das Thema zu sprechen. Präsentieren Sie Ihren Vortrag so oft wie möglich vor anderen. Achten Sie dabei darauf, wie sie auf Ihre Formulierungen und Argumente reagieren.

Im Laufe dieser Übungsphase bildet sich nach und nach eine Struktur für Ihren Vortrag heraus. Im Idealfall ist diese Struktur bereits sehr logisch. Eventuell sind auch die später in diesem Buch vorgestellten Vorlagen hilfreich für Sie. Denken Sie an die jedem erfahrenen Redner bekannte »Dreier-Regel«: Eine Rede sollte aus drei großen Teilen bestehen. Jeder dieser Teile hat wiederum drei Unterabschnitte – und so weiter, je nachdem, wie viel Zeit Ihnen zur Verfügung steht. Aus dieser Unterteilung ergeben sich automatisch ein logischer Aufbau und ein natürlicher Redefluss.

Beim Üben werden Sie feststellen, wie wichtig eine überzeugende Eröffnung und ein ebensolcher Schluss sind. Zu einem späteren Zeitpunkt in diesem Buch lernen Sie zahlreiche Strategien kennen, mit deren Hilfe Sie Ihre Rede wirkungsvoll beginnen. Ganz allgemein gilt, dass Sie Ihrem Publikum mitteilen sollten, worüber Sie sprechen wollen und was Ihr Ziel ist. Die Zuhörer müssen erkennen, dass das Thema Ihnen am Herzen liegt, und das Gefühl bekommen, dass es auch für ihr eigenes Leben wichtig ist. Für den Abschluss der Rede bietet sich ein inspirierendes Zitat oder eine Statistik mit überraschenden Ergebnissen an. Geben Sie Ihren Zuhörern etwas mit auf den Weg, worüber sie nachdenken und mit anderen sprechen können. Probieren Sie beim Üben verschiedene Abschlüsse aus und bitten Sie um ehrliches Feedback zu deren Wirkung.

Für eine Rede gilt das berühmte Sprichwort: »Sagen Sie am Anfang, was Sie erzählen wollen. Erzählen Sie es dann. Und sagen Sie am Ende, was Sie erzählt haben.« Eine in dieser Weise strukturierte Rede besteht aus einer Eröffnung, einem Hauptteil und einem Schluss. Aber das ist noch nicht alles. Sie haben bereits erfahren, wie Sie Inhalte für Ihre Rede sammeln und Ihre Präsentation logisch aufbauen. Entscheidend aber ist der konkrete Vortrag. Inhalt und Struktur sind zwar wichtig, jedoch wusste schon Dale Carnegie: »Überzeugungskraft zählt mehr als ein logischer Aufbau, und Begeisterung ist wertvoller als Wissen.«

Falls Sie schon einmal eine Debatte verfolgt oder einem Streit zweier Teenager zugehört haben, ist Ihnen bestimmt Folgendes aufgefallen: Keineswegs geht zwangsläufig derjenige als Sieger hervor, der seine Argumentation auf Zahlen und Fakten stützt. Sondern meistens derjenige, der seinen Standpunkt am überzeugendsten vertritt. Die Person, die ein Argument so wirkungsvoll vorbringen kann, dass es den anderen nicht nur überzeugt, sondern vor allem emotional berührt.

Aus diesem Grund ist nicht nur entscheidend, was wir sagen, sondern in erster Linie, wie wir es sagen. Es kommt nicht darauf an, einen bloßen Vortrag zu halten, sondern den Zuhörern Informationen wie in einem echten Gespräch zu vermitteln. Im ersten Fall klingt es künstlich, im zweiten Fall lebendig und natürlich.

Dale Carnegie beschrieb das mit folgendem Beispiel sehr anschaulich. Er hielt sich in einem Hotel in England auf, in dem jede Woche Redner auftraten, die zur Unterhaltung der Gäste engagiert waren. Darunter war eine bekannte britische Schriftstellerin, deren Thema lautete: »Die Zukunft des Romans«. Zwar handelte es sich um eine wirklich exzellente Autorin, aber schnell war klar, dass das Halten von Vorträgen nicht zu ihren größten Talenten gehörte. Sie gab sofort zu, dass sie das Thema nicht selbst gewählt und deswegen nicht viel dazu zu sagen hatte. Sie hatte sich vage Notizen gemacht und stand mit ihren Aufzeichnungen in der Hand vor dem Publikum, ohne ihm überhaupt Beachtung zu schenken. Sie schaute die Zuhörer nicht an, sondern blickte über deren Köpfe hinweg, in ihre Unterlagen oder sogar auf den Boden. Sie sprach ihre Worte ins Leere, mit abwesendem Blick in den Augen und unbeteiligtem Tonfall in der Stimme.

Dale Carnegie erkannte schnell, dass es sich hierbei nicht um einen Vortrag, sondern um einen Monolog handelte. Sie hatte überhaupt keine Verbindung zu ihrem Publikum aufgebaut – dabei ist genau das bei einer Rede das Wichtigste! Die Zuhörer müssen das Gefühl haben, dass der Redner hinter seiner Botschaft steht, sein Thema beherrscht und seine Zuhörer dafür begeistern will. Wie gelingt das?

Die klassische »Redekunst« oder Rhetorik ist für heutige Zwecke weitgehend nutzlos. Die altmodische Kunst der Rede, bei der ein Redner seinen Zuhörern ein wahres Feuerwerk an verbalen Finessen bot, zeigt heutzutage einfach keine Wirkung mehr. Das moderne Publikum wünscht sich von einem Redner direkte, persönliche Worte. Das gilt für fünfzehn Personen in einem Konferenzraum ebenso wie für tausend Menschen in einem Stadion oder Millionen von Menschen vor dem Fernsehbildschirm. Die Zuhörer wollen, dass eine öffentliche Rede die gleiche Qualität hat wie eine private Unterhaltung. Paradoxerweise erwarten sie auch, dass dieser intensive Austausch mitreißend und inspirierend ist – und das ist eine ziemlich schwierige Aufgabe. Sie verlangen, dass der Redner etwas relativ Künstliches tut und es so aussehen lässt, als wäre es die natürlichste Sache der Welt.

In einigen Büchern erhalten Sie den Tipp, Ihre Gefühle mit ins Spiel zu bringen. Das Geheimnis eines hervorragenden Vortrags hat jedoch nicht nur mit Ihren Emotionen zu tun, sondern auch mit Ihrem Verstand. Eine Verbindung zu seinen Zuhörern aufzubauen ist ein ebenso rationaler wie emotionaler Prozess. Wie bei jeder Form von Zauberei ist das, was man sieht, nur ein Bruchteil dessen, was geschieht.

Ein erstes wichtiges Prinzip für einen erfolgreichen Vortrag besteht darin, sich genau zu überlegen, welche Wörter Sie betonen wollen. Die Bedeutung eines Satzes hängt in erster Linie von der Betonung der einzelnen Wörter ab, und weniger von deren lexikalischer Bedeutung. Das lässt sich ganz einfach überprüfen: Suchen Sie sich einen beliebigen Satz und wiederholen Sie ihn mehrmals. Betonen Sie dabei jedes Mal ein anderes Wort. Sie werden feststellen, dass die Bedeutung sich komplett verändert und dass einige Versionen des Satzes sehr viel überzeugender und interessanter sind als andere.

Wenden Sie diese Regel in Ihrem Vortrag an. Lesen Sie den folgenden Satz laut vor, ohne dabei ein Wort stärker zu betonen als ein anderes:

»Ich habe alles, was ich mir vorgenommen habe, geschafft, weil ich es wollte. Ich habe nie gezögert, die Dinge selbst in die Hand zu nehmen. Deshalb bin ich erfolgreich.«

Hebt man kein Wort besonders hervor, sind der Standpunkt und die Gefühle des Sprechers nicht wirklich klar. Lesen Sie den Satz nun erneut und betonen Sie dabei die zentralen Wörter:

»Ich habe *alles*, was ich mir vorgenommen habe, geschafft, weil ich es *wollte*. Ich habe *nie* gezögert, die Dinge anzugehen. Deshalb bin ich erfolgreich.«

Achten Sie darauf, wie die Betonung des Wortes *nie* den Satz viel eindrucksvoller macht. Indem Sie sagen, dass Sie *nie* gezögert haben, drücken Sie aus, dass Sie Energie aufbringen mussten, um Ihr Zögern zu überwinden. Sie sagen sogar, dass der Kampf gegen das Zögern weiterhin anhält. Warum sonst sollte man dieses Wort extra betonen? Erst die Betonung einzelner Wörter verleiht dem Satz Bedeutung. Wenn Sie jedes Wort gleich betonen, kommt der Sinn weniger stark zum Tragen oder verschwindet sogar ganz. Probieren Sie beim Üben Ihrer Präsentation verschiedene Betonungen aus, um die gewünschte Wirkung zu erzielen.

Variieren Sie zusätzlich die Tonhöhe Ihrer Stimme. In einem normalen Gespräch ändert sich die Sprechmelodie, also die Tonhöhe, ständig. Das ist absolut natürlich und angenehm für den Zuhörer. Warum aber klingt die Stimme häufig eintönig und langweilig, wenn Menschen vor Publikum sprechen? Aus zwei Gründen: Erstens sind sie angespannt oder fürchten sich sogar, vor einer Gruppe zu sprechen, wodurch ihre Stimme viel flacher wird. Und zweitens ist ihnen häufig gar nicht bewusst, dass ihre Stimme monoton klingt, oder sie können es zumindest nicht einfach abstellen. Achten Sie bewusst auf Ihren Tonfall und passen Sie ihn entsprechend an, um dies zu vermeiden.

Stellen Sie fest, dass Ihr Tonfall monoton ist oder dass Sie mit sehr hoher Stimme sprechen, halten Sie kurz inne und erinnern Sie sich daran, wie in einem normalen Gespräch zu reden.

Außer Betonung und Sprechmelodie ist auch die Sprechgeschwindigkeit ein wichtiger Punkt. Um das zu veranschaulichen, zitierte Dale Carnegie häufig folgende Passage aus einer Biographie über Abraham Lincoln:

»Lincoln sprach seine ersten Worte sehr schnell, bis er zu dem Wort oder der Wendung kam, der er besonderes Gewicht verleihen wollte. Diesen Teil sprach er dann sehr langsam und betont aus. Anschließend beendete er den Satz blitzschnell. Er verwendete genauso viel Zeit auf das eine Wort oder die zwei Wörter, die er betonen wollte, wie auf das halbe Dutzend anderer Wörter, das folgte.«

Eine Änderung der Redegeschwindigkeit kann für den Inhalt einer Aussage einen entscheidenden Unterschied machen. Stellen Sie sich vor, Sie sprächen »dreißig Millionen Dollar« sehr schnell aus, als handle es sich dabei um eine unbedeutende Summe Geld. Vielleicht ist eine derartige Summe in manchen Vorstandsbüros oder während einer Anhörung im Kongress tatsächlich keine große Sache. »Dreißig Millionen Dollar« kann man so aussprechen, als wäre es nichts. Sagen Sie anschließend »Dreiii-ßig Milliooonen Doll-aaar« und betonen Sie jede Silbe. Nun hört es sich nach einer ganzen Menge Geld an. Indem Sie mehr Zeit für das Aussprechen der Wörter aufwenden, erhöhen Sie gewissermaßen die Summe – obwohl die Worte dieselben sind.

Im Prinzip ist es also jedem möglich, ein erfolgreicher Redner zu werden, solange er oder sie sich der Hürden bewusst ist und die richtigen Methoden kennt, um diese zu überwinden. Dieses Bewusstsein zu vermitteln, war Ziel des ersten Kapitels. Sie kennen nun die Grundlagen für eine richtige Vorbereitung und wissen, wie Sie mit Hilfe von Fragen und Antworten Ihrem Vortrag Struktur geben. Sie haben erkannt, dass Computer und Internetrecherche wichtig sind – und auch, dass es sich lohnt, zunächst unabhängig von diesen Hilfsmitteln zu denken. Sie haben erfahren, dass Sie einen Vortrag laut üben sollten, sowohl mit Freunden als auch für sich allein. Und Sie wissen, dass »technische« Aspekte wie Betonung, Stimmhöhe, Sprechmelodie und Geschwindigkeit einem Vortrag erst Wirkung und Überzeugungskraft verleihen.

Wenn Sie diese Methoden beherrschen und konsequent einsetzen, steht Ihrer Entwicklung zu einem erfolgreichen Redner nichts mehr im Weg. Und doch sind wir erst am Anfang. Über das Sprechen vor Publikum gibt es so viel mehr Wissenswertes und Nützliches zu erfahren – lesen Sie deshalb so schnell wie möglich weiter!

Es gibt immer drei Reden: Die, welche Sie vorher geübt haben,
die, welche Sie tatsächlich gehalten haben, und die,
welche Sie gerne gehalten hätten.
DALE CARNEGIE

Für gewöhnlich brauche ich mehr als drei Wochen Zeit,
um eine gute Stegreifrede vorzubereiten.
MARK TWAIN

Sei aufrichtig, sei kurz, und setz dich.
FRANKLIN D. ROOSEVELT

2 Was Zuhörer wollen und Redner wissen sollten

Die Grundlage für einen erfolgreichen Vortrag ist überraschend einfach. Sie lässt sich mit drei einfachen Worten ausdrücken. Es sind dieselben Worte, die über dem Eingang der Schule für Philosophie im antiken Griechenland eingraviert waren und die seither die Basis für jegliches Wissen bilden: »Erkenne dich selbst«. Wenn wir nicht wissen, wer wir selbst sind, können wir auch die Welt um uns herum nicht verstehen. Daran sollten wir bei jeder unserer Reden denken.

An dieser Stelle wollen wir einen Blick auf zwei berühmte Persönlichkeiten werfen: Dale Carnegie und Earl Nightingale. Beide waren erfolgreiche Redner, aber sie erwarben sich diesen Ruf auf unterschiedliche Weise. Dale Carnegie wuchs auf einer Farm im Mittleren Westen von Amerika auf, in Missouri. Sein Vortragsstil war aufgrund seiner Herkunft einfach und bodenständig. Obwohl er durchaus intelligent und belesen war, wirkte er mehr wie der »Nachbar von nebenan« als wie ein Professor oder Politiker. Sein Vortragsstil entsprach seiner Persönlichkeit.

Earl Nightingale wiederum war mit der Stimme eines alttestamentarischen Propheten gesegnet. Über dreißig Jahre lang verfolgten Millionen von Hörern seine täglichen Radiosendungen – vor allem, weil man seiner Stimme einfach zuhören *musste*. Er klang wie die Weisheit in Person. Earl Nightingales Vortragsstil war völlig anders als der von Dale Carnegie, aber genauso erfolgreich, weil er ebenfalls hervorragend zu seiner Persönlichkeit passte.

Es liegt auf der Hand, warum Sie beim Halten eines Vortrags Sie selbst sein sollten. Aber möglicherweise wissen Sie gar nicht genau, wer Sie selbst sind. Beantworten Sie deshalb für sich die folgenden Fragen, um mehr Klarheit zu bekommen: Wie würden Sie zum Beispiel Ihr Verhalten gegenüber anderen Menschen beschreiben? Verhalten Sie sich eher reserviert und lassen Sie lieber die anderen reden? Oder sind Sie extrovertiert und gehen schnell auf andere Menschen zu? Sind Sie ein analytischer, logischer Denker oder erzählen Sie gerne emotionale Geschichten und Anekdoten, um Ihre Ideen mitzuteilen? Wie würden Sie Ihr Äußeres beschreiben? Sind Sie groß und sprechen mit lauter Stimme? Oder halten Sie sich eher im Hintergrund?

Dale Carnegie und Earl Nightingale waren beide als Redner erfolgreich. Das lag zum Teil auch daran, dass ihr Vortragsstil zu ihrer Zeit passte. Welcher beeindruckende Redner könnte *Ihr* Vorbild sein? Und welcher nicht? Wie kombinieren Sie das, was Sie an dem einem Redner bewundern, mit den Eigenschaften, die Sie an einem anderen Redner schätzen? Und wie behalten Sie dabei Ihr Ziel im Auge, Ihren persönlichen Vortragsstil zu entwickeln?

Bei der Beantwortung dieser Fragen gibt es kein Richtig oder Falsch. Die gute Nachricht: Der einzige Fehler, den Sie machen können, besteht darin, nicht ehrlich zu sich selbst zu sein. Die schlechte Nachricht: Fast jeder Mensch macht diesen Fehler. Beim Sprechen vor anderen kann die Selbstwahrnehmung durch zwei Gefühle beeinträchtigt werden: Hoffnung oder Angst. Angst ist sicher das häufigere der beiden Gefühle. Zunächst jedoch sehen wir uns an, warum zu hohe Erwartungen Ihre Rede genauso negativ beeinflussen können wie Angst.

Manche Menschen freuen sich darüber, anderen mitteilen zu können, wie toll sie sind. Dennoch ist es wichtig, sich klar zu machen, dass Ihnen das Interesse Ihrer Zuhörer nicht automatisch sicher ist. Ihre Zuhörer wollen natürlich hören, was Sie zu sagen haben. Und sie möchten Sie als Redner interessant finden – aber sie wollen auch, dass Sie sich ernsthaft um ihr Interesse und ihre

Sympathie bemühen. Die Zuhörer wollen als Publikum »erobert« werden. Auch wenn das Publikum Ihnen bereits aufmerksam zuhört, möchte es spüren, dass Ihr Interesse ihm gilt. Falls Sie es also gar nicht erwarten können, hinter das Mikrophon zu treten – herzlichen Glückwunsch! Das ist ein gutes Gefühl. Aber halten Sie einen kurzen Moment inne und rufen Sie sich eines der wichtigsten Prinzipien von Dale Carnegie ins Gedächtnis: *Jeder Mensch ist in erster Linie an sich selbst interessiert.* Ihre Aufgabe ist es, eine gute Balance zwischen Ihrer positiven, gesunden Eigenwahrnehmung und dem Eigeninteresse Ihrer Zuhörer zu finden.

Ein reales Beispiel: Der frühere US-Präsident Bill Clinton ist ein außergewöhnlicher Redner und ein gutes Beispiel für authentisches Auftreten vor einem großen Publikum. Er ist besonders erfolgreich in Diskussionsrunden, wo er mit erstaunlichem Faktenwissen und seiner sehr persönlichen Art glänzt. Das war jedoch nicht immer so. Beim nationalen Parteitag der Demokratischen Partei im Jahr 1988 lieferte er als damaliger Gouverneur von Arkansas eine emotionslose und langatmige Grundsatzrede. Clinton war so begeistert davon, endlich landesweit im Rampenlicht zu stehen, dass er alles andere um sich herum vergaß. Nachdem er etwa vierzig Minuten lang geredet hatte, leitete er seinen Schluss mit den Worten ein: »Zum Abschluss möchte ich Folgendes sagen …« Das Publikum seufzte erleichtert auf. Man vermutet sogar, dass Clinton sich bereits 1988 als Präsidentschaftskandidat aufstellen lassen wollte, seine Rede aber zu deutlich gezeigt hatte, dass er noch wesentlich mehr Erfahrung bräuchte. Seine Freude darüber, sich endlich vor großem Publikum zu präsentieren, war grundsätzlich eine positive Eigenschaft – aber manchmal ist es des Guten auch zu viel.

Bill Clinton brannte darauf, der Welt zu zeigen, wer er war. Im Gegensatz dazu sind viele Redner entschlossen, der Welt zu zeigen, wer sie *nicht* sind. Sie definieren ihre Persönlichkeit als Redner eher über negative als über positive Dinge. Ihre erste Priorität ist, nicht langatmig, nicht unklar, nicht langweilig zu sein – und so verstricken sie sich in eine lange Reihe von Vorschriften, wie die Rede *nicht* sein sollte. Eines der wichtigsten Prinzipien für das Sprechen vor Gruppen lautet, sich niemals zu entschuldigen. Das beschränkt sich jedoch nicht darauf, dass Sie nicht sagen sollten, dass Ihnen etwas leidtut. Sondern es heißt auch, nicht den Eindruck zu erwecken, Sie verdienten es gar nicht, hinter das Rednerpult zu treten. Versuchen Sie nicht, das Publikum für sich zu gewinnen, indem Sie erwähnen, wie nervös Sie sind oder wie unwichtig Ihre Rede ist. Vielleicht denken Sie, dass Ihre Bescheidenheit und Unterwürfigkeit das Publikum dazu bringt, Sie zu mögen. Aber die Chancen stehen hoch, dass Ihre Zuhörer Ihnen ganz einfach zustimmen werden.

Unter Umständen ist Ihnen zunächst gar nicht klar, welches Ziel Sie mit Ihrer Rede verfolgen. Möglicherweise sind Sie hin- und hergerissen zwischen einer vor Begeisterung nur so sprühenden Rede und einer extrem sachlichen. Vergessen Sie dabei einen wichtigen Punkt nicht: Niemand wird als erfolgreicher Redner geboren. Ihre Entwicklung zum Redner erfordert eine gewisse Kreativität, genauso wie Malerei oder das Herstellen einer Skulptur. Der einzige Unterschied liegt darin, dass Sie beides sind – der Künstler *und* das Kunstwerk.

Das Halten einer Rede ist aber auch eine Wissenschaft, für die sich bestimmte Axiome im Laufe der Zeit ganz einfach bewährt haben. Für die Rede*kunst* ist Versuch und Irrtum wichtig, die *Wissenschaft* von der Rede jedoch lässt sich sehr schnell erlernen. Im Folgenden finden Sie einige grundlegende Prinzipien, die nahezu alle erfolgreichen Redner anwenden.

Das erste Axiom ist sehr einfach: Ihre Rede sollte nicht nur interessant sein, sondern sie sollte die *interessanteste* Rede sein, die Ihr Publikum jemals gehört hat. Das ist nicht so schwierig, wie es scheint. Sie müssen dazu lediglich über ein Thema sprechen, das Ihr Publikum mehr interessiert als alle anderen Themen.

Welches könnte das sein? Ein von Dale Carnegie sehr bewunderter Redner war Russell Conwell. Seine bekannteste Rede, die den Titel »Diamantenfelder« trug, hielt er fast sechstausendmal. Man könnte meinen, dass bei einer so häufig gehaltenen Rede jedes Wort und jede Betonung im Gedächtnis des Redners gespeichert sind und die Rede immer und überall gleich ist. Aber das war nicht der Fall. Russell Conwell wusste, dass kein Publikum einem anderen gleicht. Er hatte erkannt, dass jedes neue Publikum das Gefühl haben wollte, er spräche nur zu ihm und hätte diese Rede niemals zuvor vor anderen Menschen gehalten. Wie schaffte Conwell das jedes Mal von neuem? »Bei einer Rede in einer neuen Stadt«, schrieb er, »fahre ich so früh wie möglich dorthin, damit ich die Gelegenheit habe, mit dem Friseur, dem Hotelmanager, dem Schuldirektor und dem Pfarrer zu sprechen. Anschließend gehe ich in die Läden der Stadt und unterhalte mich mit den Menschen. Ich frage sie nach ihrer Geschichte und ihrem Werdegang. Bei meiner Rede weiß ich anschließend genau, wie ich welchen Satz betonen muss. Auch wenn die Botschaft immer dieselbe ist, die eigentliche Rede ist jedes Mal anders.« Aus diesem Grund existiert keine endgültige schriftliche Version der Rede Conwells, obwohl es eine der berühmtesten Reden aller Zeiten ist.

Denken Sie an dieses Beispiel, bevor Sie Ihre Rede beginnen. Informieren Sie sich genau über Ihre Zuhörer. Beziehen Sie sich auf lokale Themen und die Menschen vor Ort. Ihre Zuhörer werden interessiert sein, weil sie das Gefühl haben, die Rede handle von ihnen – *ihren* Interessen, *ihren* Problemen, *ihren* Hoffnungen und Träumen. Vergessen Sie niemals, dass Ihre Zuhörer in erster Linie an sich selbst interessiert sind. Wenn Sie eine Verbindung zwischen diesem Interesse der Zuhörer und Ihrem Thema herstellen, ist Ihnen die Aufmerksamkeit des Publikums sicher. Axiom Nummer eins lautet also: Egal, welches Thema Sie haben – stellen Sie eine Verbindung zu den Interessen der Zuhörer her.

Auch beim zweiten Axiom geht es um Wertschätzung für Ihr Publikum, jedoch in anderer Weise. Diese Form der Anerkennung hat nichts mit Heuchelei zu tun, sondern im Gegenteil mit absoluter Ehrlichkeit. Ganz einfach formuliert: Drücken Sie Ihre aufrichtige Freude darüber aus, vor Ihren Zuhörern sprechen zu dürfen.

Ihr Publikum besteht aus vielen Einzelpersonen, und diese reagieren individuell auf das, was Sie sagen. Wenn Sie Ihre Zuhörer offen kritisieren, gehen diese in eine Abwehrhaltung. Zeigen Sie aber Ihre Anerkennung für etwas, was sie getan haben, gewinnen Sie ihre Zustimmung. Egal, wie viel oder wie wenig Sie über eine bestimmte Gruppe von Zuhörern wissen, Sie wissen in jedem Fall, worüber Sie sprechen wollen. Drücken Sie Ihre ehrliche Freude darüber aus, das tun zu dürfen. Seien Sie kreativ und finden Sie eine Möglichkeit, dem Publikum Ihre aufrichtige Freude zu zeigen. Egal, wie naiv oder ungebildet die einzelnen Personen im Publikum sein mögen, *als Gruppe* ist Ihr Publikum sehr intelligent. Mit einer unehrlichen Aussage führen Sie vielleicht einen einzelnen Menschen an der Nase herum, aber Sie können niemals eine ganze Gruppe von Menschen täuschen. Versuchen Sie also nicht, sich zu verstellen. Überlegen Sie, warum Sie wirklich dankbar dafür sind, vor diesen Menschen zu sprechen, und bringen Sie dieses Gefühl klar zum Ausdruck.

Eine hervorragende Methode, um dem Publikum Ihre Wertschätzung zu zeigen, besteht darin, sich vom ersten Moment an mit ihm zu identifizieren. Denken Sie nicht darüber nach, dass zwischen Ihnen als Redner und den Zuhörern ein Unterschied besteht. Weisen Sie so schnell wie möglich auf eine Gemeinsamkeit zwischen Ihren Zuhörern und sich selbst hin – am besten, sobald Sie mit der Rede beginnen. Denn diese Verbindung existiert – ob Sie sich dessen bewusst sind oder nicht. Ihre Aufgabe ist, diese Gemeinsamkeit zu finden und sie dem Publikum mitzuteilen. Als Harold Macmillan, damals englischer Premierminister, seine Rede vor den Absolventen der DePauw University in Greencastle, Indiana, hielt, war die Verbindung zwischen ihm und dem Publikum nicht gleich offensichtlich. Aber Macmillan arbeitete sie bereits in seinem ersten Satz heraus. Er sprach davon, dass seine Mutter, eine geborene Amerikanerin, in Indiana aufgewachsen war, und dass deren Vater einer der ersten Absolventen der DePauw University gewesen war. Die Welt ist wahrlich klein! Indem er die Verbindung zwischen der Universität und seiner eigenen Familiengeschichte betonte, gewann er sofort die Sympathie des Publikums.

Das nächste Axiom besagt, dass bei einer Rede nicht nur das gesprochene Wort zählt. Erfolgreiche Redner setzen gezielt visuelle Reize ein, um das Gesagte zu unterstreichen. Allein mit Worten können Sie Ihre Zuhörer niemals voll und ganz erreichen. Ein guter Weg, um eine Verbindung aufzubauen und die Zuhörer in den Vortrag einzubeziehen, besteht darin, Blickkontakt zu halten. Umgekehrt können Sie sicher sein, dass Sie keine Verbindung zum Publikum herstellen werden, wenn Sie Ihre Zuhörer nicht ansehen.

Egal, wie viele Menschen bei Ihrem Vortrag anwesend sind – jeder Einzelne von ihnen will das Gefühl haben, Sie konzentrierten sich ganz auf ihn. Nur, wenn Sie Ihre Zuhörer als Individuen betrachten, werden Sie überzeugend vermitteln, dass Sie wirklich an ihnen interessiert sind. Auch Sie als Redner profitieren vom Blickkontakt mit dem Publikum. Sie stellen damit sicher, dass die Zuhörer Ihnen konzentriert und aufmerksam zuhören. Wenn Sie eine Person nach der anderen anschauen, merken Sie, ob Ihre Botschaft wirklich ankommt. Sie werden nur dann ein erfolgreicher Redner, wenn Sie die Fähigkeit erwerben, die Reaktionen Ihres Publikums einzuschätzen und sich entsprechend darauf einzustellen.

Die Bedeutung des Blickkontakts zum Publikum wird oft unterschätzt – dabei ist dieser, richtig eingesetzt, äußerst effektiv. Probieren Sie es aus! Achten Sie beim nächsten Film, den Sie sich ansehen, darauf, dass Sie vor allem die Augen der Schauspieler beobachten – nicht deren Hände, nicht deren Kleidung, sondern die Augen. Mit etwas Übung werden Sie feststellen, wie erfahrene Schauspieler ihre Augen einsetzen, um Gedanken und Emotionen jeder Art zu kommunizieren. Zwar dauert es eine gewisse Zeit, diese Fähigkeit zu erlernen, aber es handelt sich dabei um eine der wichtigsten Eigenschaften eines guten Schauspielers – und eines guten Redners.

Ein wahrer Meister dieser Kunst ist Johnny Depp. Das ist besonders offensichtlich in seiner Filmreihe *Fluch der Karibik*. In der Rolle des Captain Jack Sparrow sagt Johnny Depp häufig einen bestimmten Satz, während seine Augen signalisieren, dass er das genaue Gegenteil meint. Johnny Depp brachte sich diese Fähigkeit bei, indem er die Stars der Stummfilm-Ära studierte. Sein größter Lehrmeister war Charlie Chaplin. Schließlich hatten Stummfilm-Schauspieler keine Möglichkeit, ihren Charakteren über das gesprochene Wort Persönlichkeit und Leben einzuhauchen. Deshalb schufen sie ein ganzes Repertoire von ausschließlich mit den Augen vermittelten Gefühlen. Lassen Sie als Redner keine Gelegenheit aus, einem wichtigen Punkt mit Ihren Augen Nachdruck zu verleihen. Denken Sie daran: Die Blicke Ihres Publikums sind auf Sie gerichtet – und zwar ganz besonders auf Ihre Augen. Lernen Sie, diese Tatsache gezielt für sich zu nutzen.

Aus Kapitel 1 wissen Sie bereits, dass es keine gute Idee ist, eine Rede Wort für Wort auswendig zu lernen. Es kann jedoch durchaus nützlich sein, Notizen als Gedächtnisstütze bei sich zu tragen. Erfahrene Redner setzen Notizen dann als Hilfsmittel ein und achten gleichzeitig auf die Interaktion mit dem Publikum. Die Augen sind dabei das wichtigste Werkzeug. Ein guter Redner schaut direkt ins Publikum, wenn er einen wichtigen Punkt präsentiert. Möglicherweise sieht er dabei sogar einem ganz bestimmten Zuhörer in die Augen. Anschließend blickt der Redner für einen kurzen Augenblick auf seine Notizen und gibt dem Publikum damit Zeit, das Gehörte zu verarbeiten. Richtet der Redner im Anschluss den Blick erneut auf das Publikum, setzt er seine Rede mit neuer Energie fort.

Ihr Aussehen ist ein weiterer wichtiger nonverbaler Aspekt Ihres Vortrags. Je länger Sie vor einer Gruppe stehen, desto länger hat diese Gruppe Zeit, Sie genau zu betrachten. Wählen Sie Ihre Kleidung mit größter Sorgfalt aus und achten Sie dabei auf jedes

Detail. Am Ende Ihrer Rede werden einige Zuhörer voraussichtlich nicht mehr genau wissen, was Sie alles gesagt haben – aber jeder im Publikum wird sich erinnern, welche Schuhe Sie getragen haben oder ob Ihre Krawatte unordentlich gebunden war. Sorgen Sie dafür, dass jedes Kleidungsstück sauber ist und perfekt passt. Tragen Sie keinen Schmuck, der glitzert oder Geräusche macht, während Sie sich bewegen oder mit den Händen gestikulieren. Und das Wichtigste: Passen Sie sich in puncto Kleidung an Ihr Publikum an. Oft haben Redner zu wenig Blickkontakt mit dem Publikum – und genauso häufig achten sie zu wenig auf ihre Kleidung. Stellen Sie sich in der Vorbereitungsphase vor einen Spiegel und tragen Sie dabei die Kleidung, die Sie auch bei der Rede tragen wollen. Sie ersparen sich so jede Menge Peinlichkeiten und stellen sicher, dass Sie dem Anlass angemessen gekleidet sind.

Ein weiterer Aspekt der nonverbalen Kommunikation besteht darin, wie Sie sich vor Ihrem Publikum bewegen. Gehen Sie mit dynamischen, selbstsicheren, ruhigen und überlegten Schritten zum Rednerpult. Lächeln Sie oder schauen Sie zumindest freundlich. Versuchen Sie, sich zu entspannen, auch wenn Sie nervös sind. Blicken Sie zunächst nicht ins Publikum, sondern auf die Person, die Sie vorgestellt hat, geben Sie ihr die Hand und bedanken Sie sich. Machen Sie anschließend eine kurze Pause, legen Sie Ihre Notizen bereit und richten Sie dann den Blick auf Ihre Zuhörer.

In einem späteren Kapitel erfahren Sie, wie Sie das Publikum vom ersten Augenblick an für sich gewinnen. Im Moment reicht es aus, kurz die Augen zu schließen und an eine erfolgreiche Rede zu denken. Stellen Sie sich vor, wie Sie sich auf der Bühne selbstsicher bewegen. Mit dieser Szene vor Augen müssen Sie nur noch umsetzen, was Sie im Geiste bereits sehen.

Im Verlauf Ihrer Rede fühlen Sie sich möglicherweise selbstsicher genug, um sich vom Rednerpult weg zu bewegen. Sie sollten dann aber wissen, wohin Sie gehen wollen. Wandern Sie nicht ziellos umher und bewegen Sie sich auch nicht ständig von einem Platz zum nächsten. Häufig bewegen sich Redner vom Podium weg, halten direkt daneben an und verlassen diese Position für den Rest der Zeit nicht mehr. Sich während eines Vortrags richtig zu bewegen ist jedoch im Grunde sehr einfach.

Stellen Sie sich Ihre anfängliche Position hinter dem Rednerpult als Ihren Ausgangspunkt vor. Suchen Sie sich anschließend zwei alternative Positionen. Im Verlauf Ihrer Rede können Sie sich zwischen diesen drei Positionen frei bewegen. Passen Sie Ihre Bewegungen an den Inhalt der Rede an. Bewegen Sie sich nicht einfach, wenn Sie gerade Lust haben, ein wenig umherzugehen. Die Bewegung von einem Standort zu einem anderen sollte einen klaren Grund haben, das Gesagte unterstreichen und Ihren Zuhörern die Möglichkeit geben, den Inhalt der Rede zu verarbeiten.

Üben Sie vorher, sich während der Rede vor Ihrem Publikum zu bewegen. Denken Sie daran: Erfolgreiche Redner wirken in ihrer Rede ganz natürlich. Aber niemandem ist die Fähigkeit, eine großartige Rede zu halten und die Zuhörer zu fesseln, von Geburt an in die Wiege gelegt.

Behalten Sie die Zeit im Blick. Selbst bei einer noch so informativen und spannenden Rede wünscht sich niemand, dass sie länger dauert als geplant. Auch wenn Sie Ihren Zuhörern nicht vorher sagen, wie lang Ihre Rede ist – diese Frage werden sie sich unter Garantie trotzdem stellen! Bleiben Sie deshalb auf jeden Fall auf der sicheren Seite. Sobald Sie das Gefühl haben, Ihre Rede sei gut genug vorbereitet, versuchen Sie zu kürzen. Niemand wird Ihnen deshalb böse sein, und Sie zwingen sich damit, die Dinge noch direkter auf den Punkt zu bringen.

Mit einer Themen-Checkliste setzen Sie unter Umständen ein ungünstiges zeitliches Signal. Zwar erwecken Sie den Eindruck, dass Sie sehr strukturiert und gut vorbereitet sind, wenn Sie dem Publikum erklären, welche Punkte Sie genau besprechen wollen. Sind es jedoch mehr als drei Punkte, dann behalten Sie diese Information lieber für sich. Waren Sie schon einmal bei einem Vortrag, bei dem der Redner vorher angekündigt hatte, über sieben Punkte zu sprechen? Dann wissen Sie bestimmt, warum das problematisch ist. Es fällt einem Zuhörer dann äußerst schwer, *nicht* im Geiste mitzuzählen, wie viele Punkte bereits angesprochen wurden, oder darüber zu grübeln, wie lange der Vortrag wohl noch dauert. Und für Sie als Sprecher ist es anstrengend, zu jedem Zeitpunkt genau im Blick zu haben, welche Punkte der Liste Sie bereits abhaken können. Kapitel 3 handelt von einem der häufigsten Probleme beim Sprechen vor Publikum: dem Lampenfieber. Sie werden feststellen, dass Sie sich vor dem Auftritt selbst gar nicht fürchten müssen, sondern, wie ein exzellenter Redner einmal sagte: »Das Einzige, was wir zu fürchten haben, ist die Furcht selbst.«

Fallstudie: Winston Churchill

Winston Churchill ist bekannt als einer der besten Redner der Geschichte. Interessanterweise hatte er von Geburt an einen schweren Sprachfehler. In seiner Jugend arbeitete er hart an sich, um diesen Sprachfehler zu überwinden. Hört man sich seine starken und inspirierenden Reden an, fällt es schwer zu glauben, dass er früher mit solchen Schwierigkeiten zu kämpfen hatte. Churchills Reden waren am erfolgreichsten in der schwersten Zeit seines Landes, in der das Volk mehr als alles andere Ermutigung und Inspiration brauchte.

Eine solche Zeit war zum Beispiel der Westfeldzug während des Zweiten Weltkriegs: Deutschland hatte Frankreich, Belgien und die Niederlande erobert. Die alliierten Truppen waren eingekesselt. Die Niederlage stand unmittelbar bevor. Im Rahmen der »Operation Dynamo« sollten die Truppen schließlich evakuiert werden. Unter Aufbietung aller Kräfte hielt die britische Armee die deutsche Luftwaffe fern und ermöglichte so die Evakuierung von mehr als dreihunderttausend britischen und französischen Soldaten – weit mehr, als man je für möglich gehalten hatte.

Am 4. Juni 1940 hielt Winston Churchill eine Rede vor dem Britischen Unterhaus, mit der er mehrere Ziele auf einmal verfolgte: Erstens sollte der unerwartete Erfolg gefeiert werden, zum anderen musste er allzu optimistische Einschätzungen dessen, was in Wahrheit eine militärische Katastrophe war, dämpfen. Und schließlich wollte er die Bürger seines Landes inspirieren, den Kampf nicht aufzugeben.

* * *

Während der ersten vier Jahre des letzten Krieges erlebten die Alliierten nichts als Desaster und Enttäuschungen. Dies war unsere ständige Angst: Ein Schlag nach dem anderen, furchtbare Verluste und schreckliche Gefahren. Alles missglückte. Und doch war am Ende dieser vier Jahre die Moral der Alliierten höher als die der Deutschen, die einen schrecklichen Sieg nach dem anderen errungen hatten und ihre Schreckensherrschaft in allen von ihnen überfallenen Gebieten ausübten. Während dieses Krieges stellten wir uns jeden Tag aufs Neue die Frage: »Wie sollen wir diesen Krieg nur gewinnen?« Lange Zeit konnte niemand eine Antwort darauf geben, bis am Ende unseren Feinden die Kraft ausging und wir so überwältigt von dem Sieg waren, dass wir ihn in unserem Wahn wieder verspielten …

Wie auch immer sich die Lage Frankreichs oder der derzeitigen oder einer kommenden französischen Regierung entwickeln mag, wir in Großbritannien und im gesamten Britischen Königreich werden niemals unsere Freundschaft zum französischen Volk aufgeben. Auch wenn wir nun ebenfalls erdulden, was sie erlitten haben, müssen wir uns an ihrem Mut ein Beispiel nehmen. Und wenn wir am Ende siegreich aus dem Kampf hervorgehen, werden auch sie daran teilhaben. Die Freiheit wird dann für alle wiederhergestellt sein. Wir lassen nicht nach in unseren berechtigten Forderungen, wir werden kein noch so kleines Zugeständnis machen. Tschechen, Polen, Norweger, Niederländer, Belgier haben sich uns angeschlossen. Und sie alle werden wieder in Freiheit leben.

Das, was General Weygand den Westfeldzug nannte, ist vorbei. Ich rechne damit, dass nun der Feldzug gegen Großbritannien beginnt. Von diesem Kampf hängt das Überleben der christlichen Zivilisation ab. Unser Leben als Bürger Großbritanniens hängt davon ab, genauso wie die lange Tradition unserer Institutionen und unseres Königreichs. Die rasende Wut und die Macht des Feindes werden sich sehr bald auch gegen uns richten.

Hitler weiß, dass er den Krieg nur gewinnen wird, wenn er Großbritannien erobert. Widersetzen wir uns ihm, kann

Europa sich befreien und die Welt einer sicheren, sonnigen Zukunft entgegengehen. Scheitern wir aber, dann stürzt die ganze Welt, auch die Vereinigten Staaten von Amerika, sowie alles, was wir aufgebaut haben, in den Abgrund eines neuen dunklen Zeitalters, das durch die heutige, pervertierte Technologie noch düsterer und noch länger sein wird.
Lasst uns darum unsere Pflicht tun und sie so tun, dass, sollte das Britische Königreich und der Commonwealth für die nächsten tausend Jahre Bestand haben, die Menschheit sagen wird: »Dies war ihre beste Stunde.«

Am Ende einer langen Predigt erhebt sich die Gemeinde
und dankt Gott – und das Gleiche würden viele Menschen
nach einem langen Vortrag gerne tun.
JOHN ANDREW HOLMES

Eine Rede ist wahre Poesie: Betonung, Rhythmus, Metaphern,
Zauberei! Eine Rede erinnert uns daran, dass Worte, wie Kinder,
die Kraft haben, selbst das kälteste Herz anzurühren.
PEGGY NOONAN

Schon immer gab es eine gewisse Tendenz unter Politikern
und Priestern, in einer Rede komplexe Themen
sehr einfach darzustellen. Von einer Kanzel oder Bühne
herab fällt es selbst dem gewissenhaftesten Redner schwer,
die ganze Wahrheit zu sagen.
ALDOUS HUXLEY

3 Lampenfieber wirkungsvoll überwinden

Dies ist ein wichtiges Kapitel. Zum Einstieg einige Gedanken aus einer Rede von Earl Nightingale:

Zwei Jungen wuchsen bei ihrem Vater auf, einem Alkoholiker. Als sie erwachsen waren, verließen sie ihr schwieriges Elternhaus, und jeder ging seiner Wege. Einige Jahre später wurden sie von einem Psychologen befragt. Dieser untersuchte die Folgen von Alkoholismus in der Familie auf Kinder. Seine Forschungen ergaben, dass die beiden Männer sich komplett unterschiedlich entwickelt hatten. Der eine war strenger Abstinenzler und rührte niemals einen Tropfen Alkohol an. Der andere war genauso hoffnungslos dem Alkohol verfallen wie sein Vater. Der Psychologe fragten jeden der beiden, warum sein Leben so verlaufen war, und beide gaben die gleiche Antwort: »Was erwarten Sie bei solch einem Vater?«

Dr. Hans Selye, ein kanadischer Mediziner von internationalem Renommee, ist bekannt unter dem Namen »Vater der Stressforschung«. Als Pionier auf diesem Gebiet untersuchte er die biologischen Grundlagen der Angst, und er erzählte die Geschichte der beiden Söhne des alkoholkranken Vaters in einem Artikel für die Zeitschrift *New Realities*.

Die Geschichte zeigt eine Regel auf, die den allermeisten Vorgängen im Zusammenhang mit Angst, Stress, Gesundheit und menschlichem Verhalten zugrunde liegt: »Nicht das, was im Leben eines Menschen geschieht, macht den Unterschied, sondern wie er damit umgeht. Jeder Mensch in einer bestimmten Situation hat die Möglichkeit zu entscheiden, ob er positiv oder negativ darauf reagiert.«

Somit lösen nicht notwendigerweise äußere Stressfaktoren unsere Angst aus, sondern die Art und Weise, wie wir diese Stressfaktoren wahrnehmen, interpretieren oder bewerten. Äußere Geschehnisse oder andere Personen beunruhigen manche Menschen stärker, weil sie diese Dinge anders betrachten oder anders mit ihnen umgehen. Die Stressfaktoren mögen dieselben sein, die Reaktion aber ist je nach Person unterschiedlich.

Häufig sagt man, Lampenfieber sei die größte Angst des Menschen. Viele Menschen fühlen sich vor großem Publikum unwohl. Wie Sie sehen werden, kann man diese Angst jedoch mit wenig Anstrengung unter Kontrolle bringen. Es ist gar nicht so schwer, sondern bedarf nur weniger entscheidender Informationen. Deshalb könnte der Titel dieses Kapitels auch lauten: »Fürchte nichts, außer die Furcht selbst«. Für kaum ein Thema ist dieser Satz so wahr wie für das Sprechen vor Gruppen.

Wovor fürchten sich Menschen wirklich, wenn sie sagen, sie hätten Angst davor, eine Rede zu halten? Falls Sie nicht gerade vor einem feindseligen Publikum sprechen, haben Sie sehr wahrscheinlich keinen Ausbruch körperlicher Gewalt zu befürchten. Sogar bei einem totalen Blackout würde das Publikum sicher nicht mit Gegenständen nach Ihnen werfen oder Sie laut auslachen. Ganz im Gegenteil: Jeder weiß, was für eine Herausforderung das Halten eines Vortrags darstellt. Ihr Publikum hätte wahrscheinlich sehr viel Verständnis für Sie. Wovor haben Menschen dann also tatsächlich Angst?

Die Angst vor sich selbst. Hinter dem Rednerpult sind Sie sich schlagartig Ihrer selbst und all Ihrer möglichen Unzulänglichkeiten bewusst. Dieses Gefühl mündet in die Frage: »Was um alles in der Welt tue ich hier? Wie um Himmels willen konnte ich mich selbst in diese Situation bringen?«

Erfahrungen der Vergangenheit. Die meist unbewusste Erinnerung an Ereignisse aus der Schulzeit, die Angst davor, sich lächerlich zu machen und ausgelacht zu werden.

Gedanken daran, was andere von Ihnen denken. Sie stellen Ihre Kompetenz in Frage, vor einer so großen Gruppe zu sprechen.

Schlechte Vorbereitung. Das panikartige Gefühl, dass die Rede noch verbessert werden müsste, komplett neu geschrieben werden sollte oder völlig unbrauchbar sei.

Zu wenig Mut, Neues auszuprobieren. Die Angst davor, ungewohnte Dinge zu tun.

Zu wenig Ermutigung von anderen. Häufig hilft es schon, einen Satz wie den folgenden zu hören: »Das Publikum freut sich sehr darauf, Ihren Vortrag zu hören.«

Wie können Sie mit diesen Problemen umgehen?

- Denken Sie daran, dass andere Menschen die gleichen Befürchtungen haben.
- Analysieren Sie, wovor Sie Angst haben und warum.
- Zwingen Sie sich, zu sprechen. Sagen Sie sich, dass Sie wichtige Dinge zu sagen haben und dass Sie diese Dinge auch sagen wollen.
- Bereiten Sie sich gut vor.
- Nehmen Sie an einem Präsentationstraining teil.
- Tun Sie es einfach – das ist die beste Methode!
- Sprechen Sie nur über Themen, die Sie gut kennen, in denen Sie Experte sind und mit denen Sie sich wohl fühlen.

In Wahrheit fürchten sich Menschen gar nicht so sehr davor, total zu versagen. Sondern sie fürchten sich davor, *nicht ganz perfekt zu sein*. Menschen, die vor einem Vortrag nervös sind, haben meistens weniger Angst davor, es überhaupt nicht zu schaffen. Sondern sie fürchten sich vor allem davor, dass die Rede hinterher nicht auf der ganzen Linie als voller Erfolg bezeichnet wird. Sie befürchten zum Beispiel, dass man ihnen ihre Unsicherheit ansieht – und das verstärkt die Angst noch. Aus irgendeinem Grund scheinen Perfektionismus und das Sprechen vor Publikum untrennbar verbunden zu sein. Aber Perfektionismus hilft einem Redner überhaupt nicht weiter. Das gilt sowohl auf emotionaler Ebene als auch für die körperlichen Reaktionen.

Bestimmt haben Sie schon von der sogenannten Fight-or-Flight-Reaktion gehört. Es handelt sich dabei um die erste Frage, die Ihr Gehirn in einer stressigen Situation beantwortet: Flucht oder Angriff? Dieses Relikt aus der Steinzeit ist auch im 21. Jahrhundert noch in unserem Körper gespeichert. Gehen wir mit einer Bedrohung um wie ein mutiger Jäger und kämpfen? Oder flüchten wir uns in die sichere Höhle? Dabei spielt es keine Rolle, dass die Bedrohung heutzutage nicht als Mammut daherkommt, sondern lediglich in Form der wöchentlichen Teamsitzung. Auf der untersten Ebene macht unser Gehirn diesen Unterschied nicht. Auf Stress durch ungewohnte Situationen reagiert es gleich, egal, um welche Form von Stress es sich handelt.

Die Fight-or-Flight-Reaktion führt zu gewissen körperlichen Reaktionen, und viele davon sind beim Sprechen vor Publikum sehr unvorteilhaft. Erweitern sich die Pupillen Ihrer Augen oder fährt Ihr Verdauungssystem herunter, ist das nicht weiter schlimm. Die Fight-or-Flight-Reaktion hemmt jedoch auch die Tätigkeit der Stimmbänder. Die Fähigkeit zu sprechen ist auf neurobiologischer Ebene blockiert, ja geradezu gelähmt. Und damit nicht genug: Ihre Gesichtsmuskulatur verkrampft sich. Sie sind dann weder in der Lage, etwas zu sagen, noch zu lächeln. Die Fight-or-Flight-Reaktion hat Sie zu einer Salzsäule erstarren lassen. Genau davor hatten Sie Angst, oder? Und genau darum ist es passiert: Weil Sie Angst davor hatten!

Viele sehr erfolgreiche Redner haben auch nach unzähligen Reden immer noch Lampenfieber. Sie akzeptieren das jedoch als Teil des Spiels. Sie müssen die Angst gar nicht komplett loswerden, um sie zu kontrollieren. Sie denken darüber eher pragmatisch als perfektionistisch. Lampenfieber kommt und geht, aber es verschwindet niemals ganz. Das Geheimnis des Erfolgs liegt darin, die Angst richtig einzuordnen und positiv zu kanalisieren.

Dale Carnegie war weder Psychologe noch Neurologe, aber er war definitiv ein Pionier, was den richtigen Umgang mit Lampenfieber betraf. Er führte häufig das Beispiel eines Managers an, der an einem seiner Rhetorikkurse teilnahm. Dieser Mann hatte immer ein aktives Leben geführt. Er war Eigentümer eines Produktionsbetriebs und engagierte sich kirchlich und sozial. Vor der ersten Kursstunde bei Dale Carnegie gab er jedoch zu: »Man hat mich schon mehrmals gebeten, vor einer größeren Gruppe zu sprechen, aber ich konnte diese Einladungen niemals annehmen. Sobald ich nur daran denke, hinter dem Rednerpult zu stehen, bekomme ich Panik. Und nun wurde ich eingeladen, dem Board of Trustees meiner ehemaligen Universität beizutreten. Das ist eine große Ehre für mich, aber ich müsste dann auch Versammlungen leiten und ganz sicher vor anderen Menschen sprechen. Glauben Sie, dass ich das in meinem Alter noch lernen kann?«

Dale Carnegies Antwort war eindeutig: »Die Frage ist nicht, was ich denke. Ich *weiß*, dass Sie das schaffen können. Und ich weiß, dass Sie es auch schaffen *werden*, wenn Sie anwenden, was Sie in diesem Kurs lernen.«

Der Teilnehmer wollte gerne glauben, was er gehört hatte. Aber es schien ihm viel zu optimistisch. Er dachte, Dale Carnegie wollte einfach nur nett zu ihm sein und ihn nicht entmutigen.

Nach Ende des Kurses verloren der Teilnehmer und Dale Carnegie sich einige Jahre lang aus den Augen. Als sie sich schließlich wieder begegneten, fragte Carnegie ihn, ob seine Einschätzung damals bei ihrem ersten Gespräch zu optimistisch gewesen sei. Der Mann zog ein Notizbuch aus der Tasche und zeigte ihm eine ganze Reihe von Reden und Vorträgen, die er demnächst halten würde. Er hatte mittlerweile nicht nur zahlreiche Vorträge gehalten, sondern sogar eine beachtliche Karriere als Redner gemacht. »Und dieser Mann«, schrieb Dale Carnegie, »hatte mich einst gefragt, ob ich glaubte, dass er jemals vor Publikum sprechen könne.«

Dies war nur ein Beispiel, aber viele weitere Menschen haben ähnliche Erfahrungen gemacht. So auch ein Arzt aus New York City – nennen wir ihn Dr. Curtis –, der seinen Urlaub gerne in Florida in der Nähe eines Trainingscamps der Los Angeles Dodgers verbrachte. Er sah der Baseball-Mannschaft häufig beim Training zu und freundete sich mit der Zeit mit den Spielern und deren Teammanager an. Eines Tages lud man ihn zu dem Bankett zum Abschluss des Trainingscamps ein.

Gegen Ende des Abendessens wurden einige Gäste aufgefordert, »ein paar Worte zu sagen«. Dr. Curtis hatte den Abend in vollen Zügen genossen, aber plötzlich fühlte er sich sehr unwohl – und dann trat auch noch ein, wovor er sich am meisten fürchtete. Er hörte den Teammanager sagen: »Heute Abend ist ein echter Baseballfan und sehr guter Arzt unser Gast. Ich würde mich freuen, von Dr. Curtis ein paar Worte über die gesundheitlichen Aspekte im Baseball zu hören.«

Der Arzt wusste kaum, wie ihm geschah. Er hatte überhaupt nicht damit gerechnet, dass man ihn bitten würde zu sprechen. War er überhaupt vorbereitet? Nun, in gewisser Weise war er optimal vorbereitet, denn er war seit dreißig Jahren Arzt. Er hätte sich den ganzen Abend mit seinem Tischnachbarn über jedes beliebige medizinische Thema unterhalten können. Aber aufzustehen und die gleichen Dinge vor einem – wenn auch kleinen – Publikum vorzutragen, war eine ganz andere Sache. Und in dieser Hinsicht wiederum war er komplett unvorbereitet. Sein Herz raste, seine Hände waren schweißnass, seine Kehle war trocken. Er hatte noch niemals in seinem ganzen Leben vor einer Gruppe gestanden. Jegliches Wissen über das Thema war mit einem Mal aus seinem Kopf verschwunden.

Was sollte er tun? Das Publikum applaudierte, und gespannte Blicke waren auf ihn gerichtet. Er zögerte, aber das verstärkte den Applaus nur noch und erhöhte die Spannung. Einige Zuhörer riefen bereits seinen Namen.

Der Arzt befand sich in einer furchtbaren Lage. Er wusste, dass er es nicht schaffen würde, einen vernünftigen Satz herauszubringen. Er stand auf, kehrte seinen Freunden den Rücken und verließ den Raum. Die Situation hätte kaum schlimmer sein können.

Dr. Curtis wollte nie wieder in eine solche Situation geraten. Zurück in New York, meldete er sich zu einem Dale-Carnegie-Kurs an und verpasste keine einzige Kursstunde. Bereits nach den ersten Kursstunden ging seine Nervosität deutlich zurück, und in den kommenden Wochen wurde er immer selbstsicherer. Innerhalb von zwei Monaten wurde er zum besten Redner des Kurses. Und nicht nur das: Er nahm bald darauf Einladungen für Vorträge an. Nach weniger als einem Jahr wäre es ihm nie wieder passiert, dass er wegen seiner Redeangst fluchtartig einen Saal verlassen musste.

Selbstsicherheit und Mut beim Sprechen vor Publikum sind nicht so schwer, wie es scheint. Es handelt sich dabei keineswegs um eine Gabe, mit der nur einige wenige Menschen gesegnet sind. Wir alle haben sprechen gelernt – wahrscheinlich die größte intellektuelle Leistung im Leben eines Menschen. Und weil wir sprechen gelernt haben, können wir auch lernen, *vor Gruppen* zu sprechen – auch wenn dieser Gedanke Ihnen im Moment noch Angst macht. Jeder, der es wirklich will, kann diese Fähigkeit erlernen.

Lampenfieber ist nicht der beste Ausdruck für die Angst, die man vor einem Vortrag hat. Denn in der Regel fürchtet man sich am meisten, *bevor* man die Rede hält. Sobald man sich auf der Bühne befindet, ist das Lampenfieber meist schnell vergessen. Diese Nervosität hat sogar einige positive Aspekte. Sie erfassen Dinge klarer und haben mehr Energie. Unter Stress nehmen Sie Ihre Körperhaltung und Ihren Atem viel genauer wahr. Viele Menschen sehen in einer solchen Stresssituation äußerlich gesünder und attraktiver aus.

Auch erfahrene Redner fühlen sich verantwortlich für den Erfolg ihrer Rede. Dieses Verantwortungsbewusstsein äußert sich in einem Gefühlsspektrum, das von mühsam unterdrückter Panik bis zu freudiger Erwartung reichen kann. Vor zweitausend Jahren sagte der römische Redner Cicero, das Sprechen in der Öffentlichkeit sei zwangsläufig mit Nervosität verbunden, und ein guter Redner stehe vor einem Vortrag immer etwas unter Spannung, wie ein Vollblutpferd, das an seinem Zaumzeug zerrt.

Sogar Abraham Lincoln wirkte zu Beginn seiner Reden zunächst eher schüchtern. Sein Kanzleipartner William Herndon beschrieb das so: »Lincoln wirkte zunächst sehr unbeholfen, und es schien ihm große Mühe zu bereiten, sich an seine Umgebung zu gewöhnen. Ich habe ihn häufig in solchen Momenten erlebt und mit ihm gefühlt. Zu Beginn einer Rede war seine Stimme schrill, hoch und unangenehm. Sein Verhalten, seine äußere Erscheinung, seine komische Körperhaltung – alles schien gegen ihn zu sprechen. Aber dieser Eindruck blieb nur kurze Zeit bestehen. Innerhalb weniger Augenblicke gewann er die Fassung wieder und vermittelte fortan einen warmherzigen und ernsthaften Eindruck – und dann erst begann die eigentliche Rede.«

Vielleicht haben Sie ähnliche Erfahrungen gemacht wie Lincoln – dann befinden Sie sich in bester Gesellschaft. Um jedoch die Kunst der öffentlichen Rede so schnell wie möglich zu beherrschen, sind vier Dinge entscheidend.

Erstens: Der starke und ehrliche Wunsch, zu Ihren Zuhörern zu sprechen und eine Verbindung zu ihnen aufzubauen. Das ist wichtiger, als Sie vielleicht glauben. Könnte ein erfahrener Redner Ihre Gedanken lesen, wäre er in der Lage, sofort zu sagen, ob Sie Erfolg haben werden – schlicht und einfach, weil er sehen würde, ob sie es wirklich *wollen*. Setzen Sie Ihre ganze Energie und Ihren Willen ein, dann haben Sie schon so gut wie gewonnen.

Sagen Sie sich, dass Sie froh über die Chance sind, vor Publikum zu sprechen. Konzentrieren Sie sich auf die Vorteile. Denken Sie daran, was die Fähigkeit, überzeugender zu reden, für Sie bedeutet, persönlich und beruflich: Sie werden neue Bekanntschaften schließen, mehr Einfluss haben, als Führungsperson wahrgenommen werden. Die Fähigkeit, effektiv vor einer Gruppe zu präsentieren, stellt Ihre Kompetenz als Führungskraft wirkungsvoller unter Beweis als alles andere.

Das gilt heute genauso wie früher. Vor hundert Jahren war Andrew Carnegie der vermögendste und einflussreichste Geschäftsmann in Amerika. Nach seinem Tod im Jahr 1919 fand man in seinem Nachlass einen Plan für sein Leben, den er im Alter von dreiunddreißig Jahren verfasst hatte. Demnach hatte er beabsichtigt, sich mit fünfunddreißig zur Ruhe zu setzen. Danach wollte er die Oxford University besuchen und dort ein geisteswissenschaftliches Studium absolvieren, mit »besonderem Fokus auf der Redekunst«, wie er sagte. Andrew Carnegie setzte sich zwar nicht wie geplant nach zwei Jahren zur Ruhe, aber er vergaß nie, wie wichtig es ist, souverän vor Publikum sprechen zu können. Diese Fähigkeit beeindruckte ihn weit mehr als jede noch so große Summe Geld – vielleicht auch deshalb, weil er bereits einer der reichsten Menschen der Welt war.

Manche Menschen geben zu schnell auf. Nämlich *bevor* sie ihr volles Potential ausgeschöpft und ihre Ziele erreicht haben. Der Wunsch, Erfolg zu haben, ist ganz einfach nicht so groß wie der Einsatz, den sie zu leisten bereit sind. Denken Sie beim Lesen dieses Buches immer daran, was Erfolg für Sie bedeutet, damit der Wunsch, erfolgreich zu sein, ständig in Ihren Gedanken präsent ist. Bringen Sie Ihre ganze Begeisterung in den Lernprozess ein, vom Anfang bis zum Ende. Gehen Sie mit Freude und Entschlossenheit ans Werk. Erzählen Sie Ihren Freunden, dass Sie Ihre rhetorischen Fähigkeiten verbessern wollen. Reservieren Sie jeden Tag einen bestimmten Zeitraum, um in diesem Buch zu lesen und das Gelernte zu üben. Sorgen Sie dafür, dass Sie rasch Fortschritte machen. Und lassen Sie in Ihren Anstrengungen niemals nach.

Dale Carnegie sagte, dass sich nur wenige Dinge mit dem Sprechen vor einer Gruppe von Menschen vergleichen lassen. Das Halten einer Rede sei ein beinahe magischer Vorgang. »Zwei Minuten, bevor ich meinen Vortrag beginne«, gibt ein Redner zu, »würde ich mich lieber erschießen lassen, als auf die Bühne zu gehen. Aber zwei Minuten vor Ende des Vortrags würde ich mich lieber erschießen lassen, als damit aufzuhören.«

Der ehrliche Wunsch, erfolgreich zu sein, ist der erste Schritt, um Lampenfieber zu überwinden. Der zweite Schritt besteht darin, dass Sie genauestens über das Themengebiet informiert sind. Sie müssen das Thema, über das Sie sprechen, ganz genau kennen, bevor Sie Ihren Vortrag beginnen. Wissen Sie nämlich nicht genau über Ihr Thema Bescheid, können Sie sich auf der Bühne gar nicht wohl fühlen. Und wenn Sie sich derart unwohl fühlen, ist die logische Konsequenz, dass Sie sich fürchten, zögern und sich schämen, weil Sie bei der Vorbereitung nachlässig waren.

Machen Sie sich Gedanken darüber, welche Botschaft Sie vermitteln wollen. Und sehen Sie sich dann als Bote, der genau das tut. Die Menschen achten wenig auf den Überbringer der Nachricht, sie wollen vor allem den Inhalt erfahren. Denken Sie deshalb intensiv an Ihre Botschaft. Sie sollten sie in- und auswendig kennen. Glauben Sie fest daran. Sprechen Sie so zu Ihrem Publikum, als wären genau Sie dazu auserwählt, ihm diese Botschaft zu überbringen. Denn dann akzeptiert Ihr Publikum Sie als Autorität, und Sie bekommen Ihre Angst unter Kontrolle.

»Als ich in das Parlament des Staates New York gewählt wurde«, schrieb Theodore Roosevelt in seiner Autobiographie, »war ich dort das jüngste Mitglied. Ich brachte mir unter größten Mühen selbst bei, vor den Abgeordneten zu sprechen. Dabei halfen mir einige gute Ratschläge, darunter der folgende: Man sollte erst dann die Stimme erheben, wenn man wirklich etwas zu sagen hat und genauestens darüber Bescheid weiß. Dann kann man aufstehen und es sagen. Und sich anschließend wieder hinsetzen.«

Sie finden im Folgenden einige weitere Ratschläge, die Theodore Roosevelt geholfen hätten und die sicher auch Ihnen helfen werden: Suchen Sie nach etwas, was Sie Ihrem Publikum zeigen können, um Ihre Angst zu vergessen: Zeigen Sie auf einen Gegenstand oder ein Wort, das Sie an das Whiteboard oder auf eine Flipchart schreiben. Deuten Sie auf einen Punkt auf einer Landkarte, schieben Sie einen Tisch zur Seite oder öffnen Sie ein Fenster. Jede körperliche Betätigung mit einem konkreten Ziel hilft Ihnen, sich vor der Gruppe wohler zu fühlen.

Der dritte wichtige Faktor, um ein erfolgreicher Redner zu werden, ist Ihre Selbstsicherheit. William James, ein berühmter amerikanischer Psychologe, schrieb: »Häufig denken wir, dass unsere Handlungen unseren Gefühlen folgen, aber tatsächlich gehen unser Handeln und unsere Gefühle Hand in Hand. Indem wir unsere Handlungen verändern, weil wir diese direkt kontrollieren können, verändern wir auch unsere Gefühle, die wir nicht direkt kontrollieren können.«

Nehmen Sie diesen Rat an und handeln Sie so, als wären Sie mutig, um tatsächlich mutig zu sein. Handeln Sie so, als wären Sie schon selbstsicher, um die nötige Selbstsicherheit zu entwickeln, vor Ihrem Publikum zu sprechen. Selbstverständlich ist die Voraussetzung dafür optimale Vorbereitung. Sobald Sie sich ausreichend auf Ihr Thema vorbereitet haben, können Sie mutig nach vorne treten und tief Luft holen. Atmen Sie etwa dreißig Sekunden lang tief ein, bevor Sie ins Publikum blicken. Richten Sie sich auf und sehen Sie Ihren Zuhörern direkt in die Augen – und sprechen Sie so selbstsicher zu ihnen, als schuldete jeder Einzelne Ihnen Geld. Stellen Sie sich vor, Ihre Zuhörer schuldeten Ihnen tatsächlich Geld und wären hier, um Sie um eine Verlängerung des Kredits zu bitten.

Der nächste Punkt ist der wichtigste. Selbst, wenn Sie alles, was Sie bisher gelesen haben, vergessen haben, sobald Sie vor Ihrem Publikum stehen: Vergessen Sie niemals, dass der beste, sicherste und einzige Weg, um selbstsicher vor einer Gruppe zu sprechen, darin besteht, damit anzufangen. Letztlich ist nämlich nur eine Sache entscheidend: *Übung, Übung und nochmals Übung.* Um vor Gruppen zu sprechen, müssen Sie nicht besonders mutig sein, sondern einfach einen kühlen Kopf bewahren. Und das gelingt nur mit ausreichend Erfahrung, kontinuierlicher Anstrengung und dem unbedingten Willen, es zu schaffen.

Lassen Sie darin niemals nach. Lampenfieber hat vor allem mit mangelnder Selbstsicherheit zu tun. Und mangelnde Selbstsicherheit kommt von fehlender Übung. Mit genug Übung verschwindet auch Ihre Angst. Das ist die gute Nachricht – aber nicht die einzige. Seien Sie sich auch darüber im Klaren, dass Lampenfieber nie gänzlich verschwindet. Es wird Sie während Ihrer gesamten Laufbahn als Redner begleiten. Sogar sehr erfahrene Redner werden unerwartet vor einem Vortrag nervös. Wie es dazu kommt, ist nicht bekannt. Sehr wohl bekannt ist jedoch, wie man am besten damit umgehen kann.

Die Entwicklung zu einem erfolgreichen Redner ist niemals abgeschlossen, es ist ein dynamischer Prozess, in dem immer wieder neue Faktoren auftauchen. Und auch alte, längst überwunden geglaubte Gefühle wie Lampenfieber können plötzlich wieder zum Vorschein kommen. Im Folgenden erfahren Sie, warum das so ist und wie Sie damit umgehen.

Ein Wiederauftreten von Lampenfieber beginnt ganz harmlos. Vielleicht entdecken Sie von Ihrem Platz hinter dem Rednerpult aus in der ersten Reihe einen Zuhörer mit einem gelangweilten Gesichtsausdruck. Sie fragen sich, ob Sie genug Energie einsetzen. Vielleicht sehen Sie, wie jemand seinem Nachbarn etwas ins Ohr flüstert, und überlegen sich daraufhin, ob Ihre Haare durcheinander sind oder Ihre Krawatte unordentlich gebunden ist. Oder noch schlimmer, Sie fragen sich, ob Ihre Gedanken womöglich nicht gut ankommen. Bald beginnen Sie zu schwitzen, obwohl Sie dachten, Sie hätten das längst unter Kontrolle. Und plötzlich denken Sie, dass es keine gute Entscheidung war, diese Rede zu halten.

Früher oder später in Ihrer Karriere als Redner werden Sie solch ein Erlebnis haben. Das passiert fast jedem Redner – Anfängern wie auch erfahrenen Rednern. Auf diese Weise erzeugen Sie selbst während Ihrer Rede negative Gedanken – als wollten Sie sich selbst außer Gefecht setzen.

Dieser Prozess beginnt, sobald Sie den Fokus auf das Wesentliche verlieren. Es bedarf lediglich einer kleinen Ablenkung, und Ihre Konzentration lässt nach. Die Folge sind Nervosität, Erinnerungslücken, plötzliche Angst und ein unangenehmes Gefühl. All das lässt sich jedoch vermeiden, wenn Sie an einige grundlegende Dinge denken, bevor Sie Ihre Rede beginnen. Ob als Anfänger oder erfahrener Redner, gehen Sie diese mentale Checkliste im Geiste durch, bevor Sie auf die Bühne gehen. Diese wenigen Minuten sind wichtig, um zu verhindern, dass Sie sich hinterher stundenlang Vorwürfe machen müssen.

Sagen Sie sich zunächst, dass Sie so gut wie möglich vorbereitet sind. Sie haben zum Thema recherchiert und Ihre Rede geübt, wie in Kapitel 1 dieses Buches beschrieben. Vielleicht fragen Sie sich, ob Sie noch mehr hätten tun können, aber diese Art der Spekulation ist in diesem Moment nicht angebracht. Schalten Sie auf »Autopilot«: Ihre sorgfältige Vorbereitung wird auf jeden Fall Früchte tragen. Sagen Sie sich, dass Sie das Schwierigste schon geschafft haben. Sie können nun darauf vertrauen, dass Ihre Rede dank Ihrer perfekten Vorbereitung ein Erfolg sein wird. Sie brauchen keine weiteren Anstrengungen zu unternehmen und sich auch keine Sorgen mehr zu machen. Alles, was notwendig ist, um eine gute Rede zu halten, steht Ihnen bereits zur Verfügung.

Versprechen Sie sich anschließend, sich während der Rede nicht selbst zu bewerten, denn das führt schnell zur Selbstverurteilung. Damit katapultieren Sie sich aus der Gegenwart in die Vergangenheit oder Zukunft und bremsen den natürlichen Fluss Ihrer Rede. Statt sich ein Urteil über Ihre eigene Rede zu bilden, sollten Sie sich beobachten, jedoch ohne inneren Kommentar. Wollen Sie zum Beispiel einen sehr wichtigen Punkt ansprechen, dann nehmen Sie es sich vor und erleben dann, wie sie ihn mit Verve vermitteln. So wird aus der bloßen Absicht eine konkrete Handlung.

Drittens, denken Sie daran, dass keine Handlung Ihrer Zuhörer Ihre Leistung beeinflussen darf. Nichts, was Sie im Publikum sehen oder hören, darf dazu führen, dass Sie über Ihre Wirkung auf das Publikum nachdenken. Wenn Sie sehr viel geübt haben, denken Sie möglicherweise, Sie wüssten, wie die Zuhörer auf Ihre Rede reagieren werden. Aber Übung allein ist noch keine Garantie. Die Reaktionen Ihrer Freunde und Familienmitglieder können nur zum Teil vorhersagen, wie ein komplett neues Publikum reagieren wird. Haben Sie erst einmal angefangen, sich zu fragen, was der Herr in der ersten Reihe wohl denkt, dann zerbrechen Sie sich auch bald den Kopf über die Dame in der vierten Reihe. Mit der Folge, dass Ihre Selbstsicherheit immer mehr schwindet. Der Versuch, sich vorzustellen, was die Zuhörer gerade denken, ist sinnlos und lenkt Sie vom eigentlichen Vorhaben ab. Das ist auch eine einzige Energieverschwendung. Solange Sie vor der Gruppe stehen und sprechen, müssen Sie ausschließlich sich selbst gefallen.

Anders ausgedrückt: Denken Sie an das, was auf der Bühne geschieht, nicht an das, was im Publikum los ist. Stellen Sie sich darauf ein, Ihrem Publikum etwas zu geben, nicht darauf, etwas von ihm zu bekommen. Bleiben Sie im Moment und in Ihrer Rede. Sie können nicht Redner und Zuhörer gleichzeitig sein – überlassen Sie deshalb das Zuhören dem Publikum. Ihre Aufgabe ist, zu kommunizieren, was Sie denken, fühlen und geübt haben. Das ist alles – und vollkommen ausreichend.

Denken Sie kurz vor Beginn Ihrer Rede an den Aspekt Ihrer Rede, der für Sie am wichtigsten ist. Was dürfen Sie auf gar keinen Fall vergessen? Denken Sie nicht erst daran, wenn Sie sprechen, sondern *vorher*. Möglicherweise ist Ihnen wichtig, eine gute Körperhaltung zu haben. Erinnern Sie sich in diesem Fall daran, sich aufrecht hinzustellen. Oder sagen Sie sich, dass Sie deutlich und mit angenehm modulierter Stimme sprechen möchten. Auch wenn es unzählige solcher Punkte gibt, an die Sie ganz besonders denken wollen: Wählen Sie nicht mehr als einen Punkt aus, sonst erreichen Sie am Ende von vielen Punkten überhaupt keinen. Ein einziger Punkt, den Sie im Vorfeld sorgfältig ausgewählt haben, ist genug.

Einen weiteren, zugegeben sehr unangenehmen Fall wollen wir an dieser Stelle ebenfalls ansprechen: Stellen Sie sich vor, Ihre Rede geht sprichwörtlich den Bach hinunter. Das ist selbst dem besten Redner schon passiert und kann somit auch Ihnen passieren. Stellen Sie sich nur eine einzige Frage, falls das geschieht: *Na und?*

Kennen Sie die alte Fabel über das Geschäft des Teufels? Wie die meisten alten Fabeln hat sie einen wahren Kern. Die Handlung ist folgende: Der Teufel verkaufte seine Waren. An seinem Marktstand bot er feil: das Schwert der Eifersucht, den Dolch der Angst und die Schlinge des Hasses. Jede Ware hatte ihren eigenen, hohen Preis. Neben den Waren jedoch, auf einem purpurnen Podest und im Sonnenlicht glitzernd, stand ein abgenutzter Keil. Er war der teuerste Besitz des Teufels und stand nicht zum Verkauf. Nur durch ihn konnte der Teufel weiterhin Geschäfte machen. Es war der Keil der Entmutigung.

Für den Teufel ist der Keil der Entmutigung die wichtigste Ware, weil er die Menschen schwächt und demoralisiert. Hass, Angst oder Eifersucht können dazu führen, dass jemand unklug handelt, um sich schlägt, wegläuft oder stiehlt. Aber zumindest handelt diese Person dann. Entmutigung jedoch ist schädlicher als alles andere. Sie führt dazu, dass man sich hinsetzt, sich selbst bedauert und *gar nichts* mehr tut.

Leider geschieht das nur zu oft. Wir müssen erkennen, dass Entmutigung häufig dazu führt, dass wir in Selbstmitleid versinken. Nur mit dieser Erkenntnis können wir aktiv werden, um die Situation zu ändern und uns aus unserer misslichen Lage zu befreien. Denn die Antwort auf Entmutigung und Selbstmitleid ist kluges, aktives Handeln.

Der kürzlich verstorbene W. Clement Stone, Milliardär und Gründer der Combined Insurance Company, machte es sich am Anfang seiner Karriere zur Gewohnheit, jedes Ereignis, ob gut oder schlecht, zunächst mit dem Wort »Exzellent!« zu kommentieren. Meistens waren es selbstverständlich positive Ereignisse, die er so bezeichnete. Aber sogar angesichts eines sehr schlimmen Vorfalls oder einer drohenden Katastrophe, die jeden anderen zum Verzweifeln gebracht hätte, lächelte er und sagte: »Exzellent!« Während seine Mitarbeiter nur resigniert und ungläubig den Kopf schüttelten, stürzte er sich kopfüber in das Problem und versuchte herauszufinden, was die positiven Aspekte davon waren. Denn schließlich konnte einiges davon durchaus vorteilhaft sein. Er würde diese Vorteile finden und entsprechend handeln.

Jeder Mensch kennt Tage oder sogar Wochen und Monate, in denen scheinbar alles schiefläuft. Aber fast jede Situation hat auch ihre guten Seiten. Mit dieser Erkenntnis können wir ruhig und effizient den wichtigsten Teil des Problems angehen – den, welchen wir zu unserem Vorteil nutzen können. Selbstmitleid und Untätigkeit ändern die Situation nicht. Die einzige vernünftige Vorgehensweise ist, die Situation anders zu beurteilen und weiterzumachen.

Auch einige der erfolgreichsten Redner waren bisweilen gezwungen, ihre Methoden und ihre Tätigkeit in Frage zu stellen. Nicht immer läuft alles gut. Das geht jedem Menschen so. Eine schwierige Phase will niemand gerne erleben, aber häufig sind wir erst in einer wirklich schlimmen Situation bereit, uns Gedanken darüber zu machen, was wir tun, warum wir es tun und was sich ändern muss, um ein optimales Ergebnis zu erzielen. Emerson sagte: »Nur, wenn ein Mensch unter Druck steht, gequält oder besiegt wird … hat er die Chance, etwas zu lernen.« Emerson war übrigens ein sehr bekannter Redner.

In einer Krise sind Menschen häufig mutlos. Krisen sind jedoch keine Einbahnstraßen, denn wir können jede Richtung nehmen, nach vorne oder zurück. Vorwärts gehen wir, wenn wir konstruktiv handeln. Wir bewegen uns jedoch rückwärts, wenn wir in unseren eigenen Problemen verharren und uns selbst bemitleiden. Die Mutlosigkeit, die alle Menschen früher oder später spüren, ist eine Prüfung der Natur. Wer nicht aufgibt, geht nach solchen Phasen der Mutlosigkeit sonnigeren Zeiten entgegen. Selbst der heftigste, verheerendste Sturm gerät dann sehr schnell in Vergessenheit.

Wenn Sie sich mutlos fühlen, vergessen Sie nicht die folgenden drei Punkte: Erstens: Entmutigung ist häufig eine Form von Selbstmitleid – ein Gefühl, das uns teuer zu stehen kommt und auf das wir besser verzichten sollten. Das wirksamste Gegenmittel gegen Selbstmitleid ist entschlossenes, kluges Handeln. Zweitens: Hinter nahezu jeder entmutigenden Situation versteckt sich die Möglichkeit, zu wachsen, zu reifen und in der Zukunft erfolgreich zu sein. Irgendein Aspekt der Situation lässt sich meistens positiv nutzen. Drittens: Betrachten Sie Phasen der Mutlosigkeit unter dem richtigen Blickwinkel. Was zu einer bestimmten Zeit wie das Ende der Welt erscheint, ist in zehn Tagen oder zehn Monaten schon wieder vergessen. Sehen Sie die Dinge mit einer langfristigen Perspektive, dann bringen unerwartete Rückschläge Sie nicht aus der Fassung.

Ein chinesisches Sprichwort sagt: »Wenn du drei Jahre lang mit einer Katastrophe gelebt hast, gereicht sie dir zum Segen.« Anders ausgedrückt: Scheitern ist lediglich eine Verzögerung, aber nicht das endgültige Aus. Es ist ein kleiner Umweg, aber keine Sackgasse. Scheitern lässt sich nur vermeiden, wenn wir nichts sagen, nichts tun und nichts sind.

Vielleicht motiviert es Sie, weiter für Ihre Ziele zu kämpfen, wenn Sie wissen, dass einige der berühmtesten und bekanntesten Persönlichkeiten der heutigen Zeit schwierige Hindernisse zu überwinden hatten, bevor sie den Gipfel ihres Erfolgs erreichten? Auch sie kämpften mit Ausdauer und Engagement für ihre Ziele, und am Ende wurden sie belohnt:

Thomas Edison wurde von seinem Vater »Dummkopf« genannt. Der Direktor seiner Schule prophezeite ihm, er würde es niemals zu etwas bringen.

Henry Ford hätte beinahe seinen High-School-Abschluss nicht geschafft.

Die Maschinen des größten Erfinders der Geschichte, Leonardo da Vinci, wurden niemals gebaut, und viele davon hätten technisch auch gar nicht funktioniert.

Edwin Land, Erfinder der Polaroid-Sofortbildkamera, scheiterte an der Entwicklung von Filmen für seine Kamera. Seine Arbeit beschrieb er als den Versuch, eine unmögliche chemische Reaktion sowie eine nichtexistierende Technologie einzusetzen, um ein nicht herstellbares Produkt zu produzieren, für das zudem überhaupt keine Nachfrage bestand. Genau diese Hindernisse waren seiner Meinung nach die optimalen Arbeitsbedingungen für einen kreativen Geist.

Joe Paterno, der über achtzigjährige Haupttrainer des Footballteams der Penn State University, wurde von Journalisten gefragt, wie er sich fühlte, wenn sein Team ein Spiel verlor. Er antwortete, dass eine Niederlage optimal sei, denn nur so könnten die Spieler aus ihren Fehlern lernen.

Rückschläge und Niederlagen als solche bedeuten wenig oder gar nichts. Die Bedeutung einer Niederlage – oder eines Erfolgs – liegt darin, wie man damit umgeht und was man daraus macht.

Häufig sehen Menschen zu erfolgreichen Persönlichkeiten auf und nehmen an, dass sie eine Reihe von glücklichen Zufällen erfahren haben und sich für ihren Erfolg nicht wirklich anstrengen mussten. Normalerweise ist jedoch genau das Gegenteil der Fall. Auch der sogenannte »Superstar« musste schwierige Zeiten überstehen, bevor der Erfolg sich einstellte.

Kennen Sie den Mann, der als Bügler für 60 Dollar die Woche in einer Wäscherei arbeitete? Sein größter Wunsch war, Schriftsteller zu werden. Seine Frau arbeitete nachts, während er die Nächte und Wochenenden damit verbrachte, Manuskripte zu schreiben, die er an Verlage und Lektoren schickte. Jedes Mal erhielt er ein unpersönliches Absageschreiben und konnte sicher sein, dass sein Manuskript nicht einmal gelesen worden war.

Einmal jedoch erhielt er eine freundlicher formulierte, personalisierte Absage, in der stand, dass sein Werk zwar noch nicht gut genug für eine Veröffentlichung sei, er aber ein großes Talent zum Schreiben habe und auf keinen Fall damit aufhören solle.

Er schickte innerhalb der nächsten achtzehn Monate zwei weitere Manuskripte an den freundlichen Verleger. Diese wurden, wie bereits das erste, abgelehnt. Die finanzielle Situation des jungen Paares war inzwischen so prekär, dass es seinen Telefonanschluss kündigen musste, um Medikamente für das Baby kaufen zu können.

Vollkommen entmutigt warf der Mann sein letztes Manuskript in den Müll. Seine Frau, die voll und ganz hinter seinen Lebenszielen stand, nahm das Manuskript aus dem Mülleimer und schickte es an Doubleday, den Verleger, der die freundlichen Absagen geschickt hatte. Das Buch mit dem Titel »Carrie« verkaufte sich über 5 Millionen Mal. Die Verfilmung aus dem Jahr 1976 war ein Kassenschlager. Der Mann war Stephen King.

Denken Sie an eine Zeit in Ihrem Leben, die extrem schwierig war. Versuchen Sie zu analysieren, was Sie in dieser Zeit gewonnen und gelernt haben, welche Stärke Sie auch durch die schwierigsten Zeiten begleitet hat – oder welche neuen Fähigkeiten Sie erst dadurch erworben haben. Vielleicht war Ihnen die positive Seite der Situation bisher noch gar nicht bewusst? Ein chinesisches Sprichwort sagt: »Iss Bitteres, um Süßes zu schmecken.« Das bedeutet, dass wir stärker werden, wenn wir schwierige und schmerzhafte Zeiten überstehen. Der Trick besteht darin, etwas zu entdecken, was über den Schmerz hinausgeht.

Folgender Punkt ist beim Halten eines Vortrags letztlich am wichtigsten: *Genießen Sie es.* Jetzt endlich können Sie Ihren Zuhörern mitteilen, woran Sie bisher so hart gearbeitet haben. Das ist ein Grund zur Freude und nicht der richtige Zeitpunkt, um tatsächliche oder vermeintliche Fehler zu korrigieren. Dafür haben

Sie hinterher noch genug Zeit. Überlassen Sie in den Minuten vor Ihrem Vortrag den Gedanken und Gefühlen Ihrer Rede das Feld. Lassen Sie nicht zu, dass unwichtige Details Sie vom Eigentlichen abbringen. Freuen Sie sich über die großartige Gelegenheit, dem Publikum Ihre Gedanken mitzuteilen. Lassen Sie Ihre Begeisterung für Ihre Botschaft zu – denn das Einzige, was Sie zu fürchten haben, ist die Furcht selbst!

Fassen Sie sich stets kürzer,
als Ihr Publikum zu hoffen gewagt hätte.
LORD READING

Redekunst ist die Fähigkeit,
die vorgefasste Meinung anderer
durch Worte zu verändern.
JOSEPH CHATFIELD

Wer die Kunst der Rede beherrscht,
muss kein brillanter Redner sein,
er muss nur von ganzem Herzen
von einer Sache überzeugt sein.
RALPH WALDO EMERSON

4 Humor effektiv einsetzen

Oscar Wilde sagte einmal: »Merkwürdigerweise erzielt man häufig mit den besten Absichten das schlechteste Ergebnis und sind Menschen genau dann am langweiligsten, wenn sie sich selbst am meisten ernst nehmen.«

Selbstverständlich heißt das nicht, dass man nie etwas ernst nehmen sollte. Im Fall von Krankheit oder Verletzung ist die Situation zweifellos ernst. Sich selbst zu ernst zu nehmen bedeutet jedoch etwas ganz anderes.

Eine gute Faustregel in Bezug auf das Sprechen vor Publikum ist folgende: Misstrauen Sie einem Redner, der sich selbst zu ernst nimmt. Daran ist meistens etwas faul, und die Person verhält sich unnatürlich oder ist unehrlich. Diese Art von Ernsthaftigkeit hat mit »Erwachsensein« im schlimmsten Sinne des Wortes zu tun. Für Kinder ist das Leben ein Spiel. Sie geben bei jeder Tätigkeit ihr Bestes, aber sie verlieren niemals ihren Sinn für Humor, und man sieht in ihren Augen immer ein Lächeln. Das lieben wir an Kindern und auch an guten Rednern.

Diktatoren sind berüchtigt für ihre Humorlosigkeit. Das Kennzeichen eines grausamen Menschen ist, dass er scheinbar nichts auf der Welt komisch findet. Mark Twains Sinn für Humor war der Schlüssel zu seinem Erfolg. Er war zweifellos der berühmteste Redner seiner Zeit. Egal, wie ernst das Thema, er konnte daran etwas Humorvolles finden und es seinem Publikum vermitteln. Viele hervorragende Redner haben genau diese Fähigkeit, an einer vermeintlich ernsten Situation etwas Humorvolles zu entdecken. Sie können vor allem über sich selbst lachen.

Menschen, die emotional stabil sind und die Fähigkeit haben, die Dinge im richtigen Licht zu betrachten, sind fröhlich. Sie sehen das Leben positiv und haben Spaß im Alltag. Sie sind nicht etwa einfältig – sie wissen genau, was in der Welt vor sich geht und dass vieles davon keineswegs lustig ist. Trotzdem lassen sie nicht zu, dass negative Dinge ihr Leben beherrschen. Der Schriftsteller Samuel Butler drückte das so aus: »Ein scharfer Sinn für Humor, der einem Menschen seine eigenen komischen Seiten und die der anderen zeigt, hält ihn von jeder Sünde ab. Oder zumindest fast. Außer von den Sünden nämlich, die zu begehen es wert sind.«

Um so etwas schreiben zu können, ist ein gewisser Sinn für Humor nötig. Nur, wer überhaupt keinen Sinn für Humor hat, fühlt sich von einem solchen Satz angegriffen. Lachen ist gesund, vor allem, wenn wir über uns selbst lachen können.

Jeder Mensch hat schon Zeiten erlebt, in denen ihm das Lachen vergangen ist. Aber man sollte nicht zulassen, dass solche Zeiten zu lange dauern. Ohne einen gewissen Sinn für Humor bleibt nicht viel übrig, wofür es sich zu leben lohnt. Wir verhalten uns dann extrem lächerlich. Wir glauben, die ganze Welt habe sich gegen uns verschworen. Aber niemand kann Krieg gegen die ganze Welt führen.

Humor kann in einer Rede sehr wirkungsvoll sein. Aber hier geht es nicht einfach nur darum, zu lachen. Humor sollte vorsichtig eingesetzt werden, und manchmal auch lieber gar nicht. Können Sie Ihre Botschaft amüsant und unterhaltsam kommunizieren, ist das wunderbar. Wird Humor jedoch unbeholfen oder auf unangenehme Weise eingesetzt, bewirkt er mehr Schaden als Nutzen für Ihre Sache.

Nicht immer ist einfach zu erkennen, wann Humor angemessen ist und wann nicht, und jeder hat dazu seine eigene Meinung, die er für richtig hält. Selten behauptet jemand von sich: »Ich habe einfach keinen Sinn für Humor.« Und man kann einer solchen

Person auch nur schwer das Gegenteil beweisen, denn Humor ist eine sehr subjektive Angelegenheit. Behaupten Sie, Sie könnten einen Wimbledon-Sieger in einem Tennismatch schlagen, dann zeigt die Anzeigetafel den objektiven Beweis an, ob Ihnen das tatsächlich gelungen ist. Erklären Sie jedoch, dass *Seinfeld* (US-amerikanische TV-Sitcom, Anm. d. Ü.) überhaupt nicht lustig ist, dann ist das Ihre ganz eigene Meinung. Jeder andere im Raum mag sich über die Show kaputtlachen. Sie aber können mit den Schultern zucken und behaupten, es gäbe überhaupt nichts zu lachen. Die anderen haben dann eben einfach keinen guten Geschmack – im Gegensatz zu Ihnen.

Bei einer Rede jedoch spielt überhaupt keine Rolle, ob *Sie* etwas für lustig halten. Wichtig ist, wie das Publikum darüber denkt. In der Theorie schadet ein bisschen Humor keiner Rede, in der Praxis hängt es jedoch von verschiedenen Faktoren ab, ob Humor beim Publikum gut ankommt oder schlecht. Welche Faktoren sind das? Um diese Frage beantworten zu können, sollten Sie sich eine Reihe weiterer Fragen stellen: Haben Sie Humor? Setzen Sie Humor effektiv ein?

Sicher kennen Sie Menschen, die niemals einen Witz erzählen könnten, selbst wenn ihr Leben davon abhinge. Dennoch können solche Menschen komisch sein – und zwar gerade deshalb, weil sie so wenig Talent für Humor haben. Wenn sich zum Thema Humor überhaupt eine generelle Aussage treffen lässt, dann vielleicht diese: Jeder Mensch kann Humor effektiv einsetzen, wenn er weiß, welche Art von Humor zu seiner Persönlichkeit und seinem Stil passt. Letztlich handelt es sich um das Axiom, das Sie bereits im ersten Teil des Buches kennengelernt haben: *Erkenne dich selbst*. Fragen Sie sich beim Lesen der Vorschläge in diesem Kapitel, ob Sie sich wohl damit fühlen würden, sie in Ihren Vortrag einzubauen. Humor ist eine zu ernste Angelegenheit, um auf die leichte Schulter genommen zu werden. Aber Humor ist auch eine wichtige Eigenschaft, die Sie in jedem Fall beherrschen sollten, um als Redner erfolgreich zu sein.

Wenn Sie ins Kino gehen, um sich eine Komödie anzuschauen, lässt sich ein interessantes Phänomen beobachten: Die Zuschauer fangen oft schon an zu lachen, bevor überhaupt etwas Lustiges passiert. Der Anfang des Films mag überhaupt nicht lustig sein, aber die Menschen lachen trotzdem. Warum? Nun, sie haben Karten für eine Komödie gekauft, deshalb lachen sie, ganz egal, ob schon etwas Lustiges geschehen ist oder nicht.

Humor in einer Rede bedeutet mehr, als die Rede ein bisschen unterhaltsamer zu gestalten. Sie erfüllen damit ein grundlegendes Bedürfnis der Zuhörer. Menschen wollen nicht nur lachen, sie *müssen* sogar lachen. Sie dabei zu unterstützen, ist, wie einer hungrigen Person Nahrung zu geben. Sie haben nicht nur das Leben Ihrer Zuhörer ein wenig angenehmer gemacht, Sie haben ihnen geholfen, zu überleben. Und deshalb werden sie Ihre Botschaft gerne annehmen.

Häufig sagt man, der Mensch sei das einzige Lebewesen auf der Welt mit der Fähigkeit zu lachen. Aber worüber lachen wir eigentlich? Lässt sich ganz allgemein definieren, was Menschen für lustig halten? Oder, um klein anzufangen: Wissen Sie, was Sie selbst lustig finden?

Sobald Sie das nächste Mal ein Publikum lachen hören, fragen Sie sich: »Worüber lachen sie?« Häufig lautet die Antwort: »Über gar nichts.« Das Lachen hat nicht unbedingt etwas damit zu tun, dass wirklich etwas Lustiges auf dem Bildschirm oder der Bühne geschieht, sondern damit, dass das Publikum lachen *muss*. So, wie hundert Menschen in einem Restaurant zu Abend essen, weil das Essen so köstlich ist. Aber auch, wenn das nicht der Fall wäre, würden sie irgendwo essen, weil sie essen *müssen*. Mittags und abends haben die meisten Menschen ganz einfach Hunger. Und auch ohne ein Fünf-Sterne-Koch zu sein, können Sie sie dazu bringen, in Ihrem Restaurant zu essen. Sie müssen lediglich zeigen, dass Sie das angeborene Bedürfnis jedes Menschen nach Nahrung ansprechen und erfüllen können.

Aus diesem Grund ist Talent gar nicht zwingend notwendig, um

Humor in einer Präsentation effektiv einzusetzen. Entscheidend jedoch ist der *Wunsch*, lustig zu sein, und die Fähigkeit, Ihrem Publikum diesen Wunsch zu zeigen. Wenn Sie Ihren Zuhörern vermitteln, dass Sie sie zum Lachen bringen wollen, dann werden diese auch lachen. Sie scheitern nur dann, wenn die Menschen sich nicht sicher sind, was sie von Ihnen zu erwarten haben. Haben sie eine Karte für eine Komödie gekauft, dann verhalten sie sich so, wie man es für eine Komödie erwarten würde. Sind sie jedoch nicht sicher, in welcher Art von Vorstellung sie sich befinden, dann können sie nicht einfach in den »Lach-Modus« schalten. Und dann lachen sie auch nicht, weil sie nicht sicher sind, ob man es von ihnen erwartet.

Befindet sich ein Publikum im »Lach-Modus«, dann nimmt es Ihren Humor und Ihre Worte spielerisch auf und genießt den Vortrag. Sind die Zuhörer jedoch im »ernsten Modus«, bringt sie nichts zum Lachen. Entweder verstehen sie nicht, was von ihnen erwartet wird, oder sie werden sich darüber ärgern, dass eine Person sie zum Lachen bringen will, die sie keineswegs lustig finden.

Humor lässt sich nicht erzwingen oder planen. Er kommt – zumindest scheinbar – von selbst, wenn Sie die Fähigkeit dazu haben. Falls Sie über diese Fähigkeit verfügen: Herzlichen Glückwunsch! Setzen Sie Ihren Humor klug ein. Verfügen Sie nicht über diese Fähigkeit, setzen Sie Humor sparsam ein und stellen Sie sicher, dass etwas wirklich lustig ist, bevor Sie es in einer Rede zum Besten geben. Versuchen Sie sich keinesfalls an einem der schwierigsten Berufe überhaupt, dem des Stand-up-Comedian.

Bevor Sie einen Witz in Ihre Rede einbauen, fragen Sie sich: Warum erzähle ich diesen Witz? Witze sind nicht unbedingt notwendig, um eine Rede zu eröffnen, genauso wenig wie lustige Kommentare – außer, sie haben wirklich einen klaren, für das Publikum erkennbaren Bezug zur Rede.

Viele weniger erfolgreiche Redner beginnen gleich nach den einführenden Worten mit: »Das erinnert mich an folgende Geschichte ...« und erzählen anschließend eine Story, die nicht das

Geringste mit dem Thema zu tun hat. In Wahrheit hat der Beginn der Rede sie nämlich an überhaupt nichts erinnert, sie wollten einfach nur einen Witz erzählen. Und alle Zuhörer wissen das und fangen bereits an, mit den Füßen zu scharren, sich zu räuspern und sehnsüchtig zum Ausgang zu blicken.

Beachten Sie folgende Regel: Haben Sie auch nur den geringsten Zweifel oder fühlen Sie sich unwohl mit einer Geschichte, erzählen Sie sie nicht. Dieses ungute Gefühl ist Ihr überaus kluges Unterbewusstsein, das Ihnen sagen will, dass Sie es lieber lassen sollten. Erzählen Sie die Geschichte im Umkleideraum Ihres Sportvereins, wenn es unbedingt sein muss.

Gehört Humor ohnehin zu Ihren Stärken, dann brauchen Sie keine weiteren Ratschläge oder Unterstützung mehr. Anderenfalls sollten Sie Humor sparsam und angemessen verwenden. Es ist wunderbar, wenn Sie in puncto Humor Ihr Handwerk verstehen. Aber das genaue Gegenteil, wenn Sie ihn falsch einsetzen.

Erfahrene Redner wenden manchmal einen einfachen Test an: Vor ihrer eigenen Rede bitten sie den Gastgeber der Veranstaltung, in seiner Einführung einen Witz zu erzählen. Anhand der Reaktion des Publikums weiß der Redner, wie empfänglich die Zuhörer für Humor sind. Ist das Publikum nicht bereit für Humor und Lachen, könnte ein Witz sich als schlechte Wahl erweisen. Sie müssen in der Lage sein, Ihr Publikum genau zu analysieren. Möglicherweise ist es besser, gar nicht erst zu versuchen, ihm ein Lachen zu entlocken, statt bei dem Versuch zu scheitern.

Sobald die Zuhörer auf Humor eingestellt sind, sehen sie die Welt mit anderen Augen. Angenehme Dinge erscheinen in einem positiven Licht und auch unangenehme Dinge bringen sie zum Lachen. Das ist eins der wichtigsten Dinge, die es zum Thema Humor zu sagen gibt: Auch problematische Aspekte können das Publikum zum Lachen bringen, wenn sie mit Humor und Fingerspitzengefühl vermittelt werden. Zum Beispiel ist es völlig in Ordnung, sich über andere Menschen lustig zu machen, aber es darf niemals in bösartiger Weise geschehen. Eine einfache Regel ist, sich nie über persönliche Eigenschaften von Menschen lustig zu machen, wenn die Personen nichts daran ändern können. Sie dürfen jederzeit einen Witz über einen Menschen machen, der Probleme hat, mit dem Auto einzuparken – aber niemals über jemanden, der von einem Auto angefahren wurde.

Einzige Ausnahme: Sie selbst sind die Person, die angefahren wurde. Über sich selbst dürfen Sie sich natürlich lustig machen. Sich selbst zum Gegenstand eines Witzes zu machen ist eine sehr wirkungsvolle Methode, um das Eis zu brechen und die Zuhörer positiv zu stimmen. Mit selbstkritischem Humor sind Sie immer auf der sicheren Seite und wirken menschlicher auf Ihr Publikum. Sie riskieren außerdem in keiner Weise, dass Sie jemand anderen damit beleidigen. Je mehr Witze Sie über sich selbst machen, desto eher dürfen Sie Witze über andere Dinge oder sogar andere Menschen machen. Eine gute Faustregel ist folgende: Machen Sie mindestens einen Scherz über Ihre eigene Person, bevor Sie sich über andere lustig machen. Flechten Sie immer wieder selbstironischen Humor in die komischen Passagen Ihrer Rede ein.

Dies sind sehr allgemeine Regeln. Die genaue Art des Humors, die Sie einsetzen können, hängt von Ihrem eigenen Redestil ab. Fühlen Sie sich wohler mit leisem, subtilem Witz oder brechen Sie lieber in lautstarkes Gelächter aus? Möglicherweise wissen Sie selbst noch gar nicht, welche Art von Humor am besten zu Ihnen passt. Im Folgenden lernen Sie verschiedene Arten von Humor kennen. Sie werden feststellen, dass Humor sich auf zahlreiche Arten in einen Vortrag einbauen lässt. Einige davon werden Sie extrem lustig finden, andere wiederum überhaupt nicht. Überlegen Sie beim Lesen dieser Zusammenfassung, welcher Humor am besten zu Ihrer Persönlichkeit passt.

Eine der wirkungsvollsten Arten von Humor in einem Vortrag ist die Anekdote. Um genau zu definieren, was eine Anekdote ist, wollen wir sie im Folgenden mit einem nahen Verwandten, dem Witz, vergleichen. Ein Witz ist eine kurze Erzählung mit einer humorvollen, unerwarteten Pointe. Eine Anekdote ist ebenfalls eine Erzählung, die aber in der Regel länger ist als ein Witz. Und der lustige Inhalt der Anekdote wird nicht zwingend erst am Ende enthüllt. Eine Anekdote kann die ganze Zeit über lustig sein. Die Wirkung des Witzes beruht darauf, dass man bis zum Ende nicht weiß, was daran lustig ist.

Die höhere Flexibilität der Anekdote im Vergleich zum Witz macht sie so wirkungsvoll. Am Ende seines Lebens war Mark Twain aufgrund finanzieller Schwierigkeiten gezwungen, lange Reisen zu machen und auf der ganzen Welt Vorträge zu halten. In diesen Vorträgen erzählte er immer wieder dieselben Anekdoten – und erstaunlicherweise war das Ergebnis immer gleich: Das Publikum bog sich vor Lachen. Zuhörer seiner Reden berichteten sogar, dass einige der Anwesenden vor lauter Lachen das Gesicht schon schmerzvoll verzerrt hatten. Einerseits war der Inhalt von Twains Anekdoten ganz einfach lustig. Noch wichtiger jedoch war, dass er seine Anekdoten je nach Publikum verschieden erzählen konnte. Diese Möglichkeit hat man bei einem Witz nicht wirklich, denn hier ist die Zeit zwischen Anfang, Mitte und Ende genau festgelegt. Deshalb haben erfolgreiche Redner immer einen Vorrat an humorvollen Anekdoten, informativen Geschichten und inspirierenden Erzählungen parat. Und sie wissen, wie sie diese Anekdoten mit dem größtmöglichen Erfolg erzählen. Sie analysieren die Gedanken ihres Publikums anhand der Reaktionen und wissen, wie sie die Anekdote für das jeweilige Publikum anpassen können.

Die Anekdote hat verschiedene Unterarten, die ein Redner für seine Zwecke auswählen kann. Fühlen Sie sich mit einem eher informellen Redestil wohl, können Sie die sogenannte »Nebenbemerkung« für sich nutzen. Das ist eine vermeintlich zufällige Abweichung vom eigentlichen Thema der Rede – eine Art Umweg, den man scheinbar spontan und ungeplant im Verlauf der Rede einschlägt. Von Abraham Lincoln wird berichtet, er sei ein wahrer Meister der Nebenbemerkung gewesen. Häufig machte Lincoln eine Pause, während er gerade einen wichtigen Punkt darlegte, und schlug dann eine ganz neue Richtung ein – normalerweise eingeleitet mit den Worten »Das erinnert mich an folgende Geschichte …« Die Nebenbemerkung eignet sich hervorragend, um Ihr Publikum bei nachlassender Aufmerksamkeit neu zu fesseln. Sie funktioniert am besten, wenn das Interesse Ihrer Zuhörer langsam schwindet. Nachdem die Zuhörer Ihnen über längere Zeit zugehört haben und Ihren Gedankengängen gefolgt sind, werden Sie sich über eine humorvolle Nebenbemerkung freuen, wie ein Marathonläufer über eine Flasche Wasser. Mit der Nebenbemerkung geben Sie dem Publikum neuen Schwung und neue Energie, bevor Sie zu Ihrem eigentlichen Thema zurückkehren. Und bei korrekter Anwendung passt sie hervorragend zum Thema und Aufbau Ihrer Rede. Sie können sogar so tun, als wären Sie selbst überrascht darüber, dass die Geschichte an dieser Stelle so gut passt – besonders, nachdem Sie sie vorher stundenlang in Ihrem Hotelzimmer geübt haben.

Eine weitere Unterart der Anekdote ist der »Reinfall«. Der Name sagt schon, worum es letztlich geht: Sie erzählen eine humorvolle Geschichte über einen groben Fehler, der Ihnen passiert ist. Dadurch gewinnen Sie nicht nur die Sympathie des Publikums, sondern auch seine Bewunderung. Ihre Zuhörer finden Sie sympathisch, weil Sie wie jeder Mensch Fehler machen, und bewundern Sie, weil Sie in der Lage sind, das auch zuzugeben.

Mit einigen Tricks ist diese Technik sogar noch effektiver. In der Vergangenheit lachten Menschen am meisten über schlimme Fehler. Eine gewisse Portion Schmerz und Grausamkeit hielt man für essentiell, damit eine Geschichte lustig war. Ein Missgeschick, das etwa dazu führte, dass ein Haus abbrannte oder ein Schiff sank, brachte die Zuhörer dazu, sich vor Lachen zu biegen. Eine moderne Geschichte von einem Reinfall funktioniert jedoch ganz anders. Jeder Fan von *Seinfeld* wird Ihnen sagen, dass der Trick darin besteht, die Geschichte auf dem kleinstmöglichen Vorfall aufzubauen. Es ist viel lustiger, den Deckel seiner Zahnpastatube zu verlieren, als vor der Königin von England auf einer Bananenschale auszurutschen. Außerdem ist es sehr viel einfacher, solche kleinen Geschichten im täglichen Leben zu finden. Denken Sie an die kleinen Begebenheiten in Ihrem Leben, wo etwas schiefgelaufen ist, und überlegen Sie, wie Sie daraus humorvolle Anekdoten à la *Seinfeld* machen können. Jerry Seinfeld selbst sagte, dass die Sendung eigentlich als Show geplant war, in der überhaupt nichts passiert. Tatsächlich war das, was passierte, so nah an nichts wie nur irgend möglich – und genau deshalb so komisch. Wenn Sie diese Regel befolgen, werden Sie in Ihrem Alltag unzählige Dinge finden, die wirklich lustig sind.

Seien Sie aber auch für den schlimmsten Fall gewappnet: Stellen Sie sich vor, Sie stehen vor dem Publikum und haben Anekdoten erzählt, Nebenbemerkungen in Ihre Rede eingeflochten und berichtet, wie Sie den Deckel Ihrer Zahnpastatube verloren haben – und nichts davon hat funktioniert. Es war einfach nicht lustig. Sie wissen es, und Ihr Publikum weiß es auch. Falls Ihnen das passiert – herzlichen Glückwunsch, Sie haben damit eines der wirkungsvollsten Mittel zeitgenössischen Humors entdeckt! Amerikanische Talkshow-Moderatoren und Komiker von Jay Leno bis David Letterman haben ihre Karriere darauf aufgebaut, dass das Publikum gerade *nicht* über ihre Witze lachte. Ein Komiker kann denselben Witz wieder und wieder machen, indem er jedes Mal, wenn der Witz nicht ankommt, eine bestimmte Geste ausführt. Lernen Sie als humorvoller Redner, eine eigene Schwäche für sich zu nutzen. Jeder Redner sollte diese Art des zeitgenössischen Humors kennen.

Es gibt vielfältige Arten von Humor. Viele davon haben Sie vermutlich noch nie analytisch betrachtet – Sie haben einfach nur gelacht, weil Sie etwas lustig fanden. Sehen Sie sich an, welche verschiedenen Arten von Humor Ihnen zur Verfügung stehen, und überlegen Sie sich, welche davon Sie wirklich komisch finden. So bringen Sie andere Menschen effektiver zum Lachen.

Zu diesem Thema gibt es wiederum eine gute und eine schlechte Nachricht. (Übrigens kann die Technik »Gute Nachricht/

Schlechte Nachricht« auch sehr komisch sein!). Die gute Nachricht ist: Sie können definitiv lernen, verschiedene Arten von Humor zu erkennen und Ihre eigene Sammlung amüsanter Begebenheiten anlegen. Die schlechte Nachricht: Sie können diese komischen Anekdoten zwar sammeln, aber Sie müssen dann auch in der Lage sein, sie dem Publikum zu vermitteln.

Dazu müssen Sie Ihr Material so humorvoll wie möglich präsentieren. Sicher haben Sie schon öfter erlebt, dass jemand eine lange, komplizierte Anekdote zum Besten gegeben und am Ende die Pointe ruiniert hat. Dasselbe kann bei einem kurzen Witz oder sogar einem Einzeiler geschehen. Witze und Anekdoten stellen lediglich das Rohmaterial dar. Sie müssen jedoch auch perfekt in Ihre Rede passen. Und am wichtigsten: Sie müssen zum Thema der Rede passen. Humor an sich darf nicht das Ziel Ihrer Rede sein. Er dient dazu, Ihre Botschaft zu verstärken, und so sollten Sie ihn auch einsetzen.

Erfolgreiche Redner sind nicht deshalb witzig, weil sie das Publikum zum Lachen bringen wollen. Sie setzen Humor ein, um ihre Botschaft zu unterstreichen. Möglicherweise dient Ihre Rede dazu, das Publikum zu informieren oder ihm etwas beizubringen. Indem Sie es auch noch unterhalten, erreichen Sie Ihr eigentliches Ziel viel besser. Der wohlüberlegte Einsatz von Humor bringt das Publikum auf Ihre Seite. Aber wie viel Humor verträgt ein Publikum in einem Vortrag? Wie viele Witze oder Anekdoten hören sich Ihre Zuhörer an, bevor der Humor seinen eigentlichen Zweck verfehlt? Auf diese Fragen gibt es keine einfache Antwort, denn alles hängt davon ab, wie Sie es anstellen.

Um Humor effektiv zu vermitteln, müssen Sie Ihr Material perfektionieren und einstudieren. Nachdem Sie vielversprechende Inhalte gesammelt haben, ist der nächste Schritt, diese sorgfältig im Geiste durchzugehen. Sie müssen sie dazu nicht intellektuell analysieren – tatsächlich würden Sie damit ziemlich sicher jede Komik sofort zunichte machen. Präsentieren Sie sich das Material stattdessen selbst in Gedanken. Üben Sie anschließend, es laut vorzutragen, sowohl allein als auch vor Freunden. Mit jedem Mal lernen Sie etwas Neues!

Mark Twain sagte: »Das Erzählen einer humorvollen Geschichte kann manchmal höchste Kunst sein, vorausgesetzt, ein Künstler erzählt die Geschichte. Aber um eine komische Geschichte zu erzählen, bedarf es keines Künstlers. Das kann jeder.« Das stimmt zwar, aber auch das Erzählen eines einfachen Witzes erfordert gewisse Fertigkeiten. Rhythmus, Betonung und Pausen sind entscheidend dafür, ob Humor ankommt oder nicht. Hier ist jede Menge Übung notwendig, und es funktioniert vielleicht nicht auf Anhieb. Probieren Sie Ihren Humor deshalb nicht vor großem Publikum aus, ehe Sie hundertprozentig sicher sind, dass es klappt, und Sie mehrfach geübt haben. Sobald Sie das Material in einem Vortrag verwendet haben und es funktioniert, sollten Sie es so oft wie möglich einsetzen und dabei Vortragsweise und Betonung variieren.

Halten Sie sich vor Augen, dass in erster Linie das richtige Timing den komischen Effekt ausmacht. Timing bedeutet der Abstand zwischen den verschiedenen Teilen einer Geschichte oder eines Witzes – die Zeit, die zwischen dem Beginn der lustigen Erzählung und dem Lachen der Zuhörer vergeht. Sehen Sie sich professionelle Komiker an, um von ihnen in puncto Timing zu lernen. Achten Sie dabei darauf, wie das Timing je nach Art des Publikums verändert werden muss. Jüngere, energiegeladene Zuhörer vertragen ein schnelleres Tempo als ein älteres Publikum. Sprechen Sie also vor Studenten, ist Ihr Timing im Idealfall anders als bei einer Rede vor einer Gruppe Rentner.

Je mehr Sie über Ihr Publikum wissen, desto besser können Sie Ihren Humor auf die Zuhörer abstimmen. Finden Sie so viel wie möglich über die Zusammensetzung Ihres Publikums, seine Interessen, politische Ausrichtung, von den Zuhörern favorisierte Sportteams etc. heraus. Jede Organisation oder Gruppe hat eine Geschichte, über die man vorab Informationen einholen kann. Bestimmte Vorgehensweisen, Rituale und einzelne Personen liefern Ansatzpunkte für Humor. Sprechen Sie mit den Organisatoren der Veranstaltung und mit langjährigen Mitgliedern der Organisation. Analysieren Sie auch, um welche Art von Veranstaltung es sich handelt. Eine Feier zur Verleihung einer Auszeichnung – mit dem ernsthaften Anliegen, Menschen zu feiern, die Herausragendes geleistet haben – ist möglicherweise nicht der richtige Ort für eine humorvolle Präsentation. Ein Fachvortrag zu einem wissenschaftlichen Thema scheint ebenso wenig der richtige Ort für Humor zu sein, aber möglicherweise ist gerade hier Humor willkommen, weil das Thema selbst eher trocken ist. Mit zunehmender Übung und Erfahrung können Sie besser beurteilen, ob Humor angebracht ist oder nicht, und so als Redner noch erfolgreicher werden.

Manche Menschen sagen: »Ich könnte niemals Humor in meine Rede einbauen, ich fühle mich damit einfach nicht wohl.« Aber wirklich jeder kann Humor einsetzen, und jeder Redner sollte lernen, dieses wirkungsvolle Instrument für sich zu nutzen. Zum Abschluss eine Zusammenfassung der wichtigsten Punkte:

Erstens: Sorgen Sie dafür, dass Ihr Humor der Situation angemessen und wirklich komisch ist. Halten Sie selbst etwas nicht für lustig, dürfen Sie nicht erwarten, dass Ihr Publikum darüber lacht. Das liegt so klar auf der Hand, dass man es eigentlich gar nicht erst erwähnen müsste, oder? Aber erstaunlich viele Redner beachten diese wichtige Voraussetzung nicht. Sie setzen abgedroschenes, allgemein bekanntes Material ein, über das sie selbst niemals lachen würden. Sie tun das, weil es ihnen sicherer erscheint als eigenes Material. Das ist jedoch ein großer Fehler. So, wie ein Verkäufer niemals ein Produkt verkaufen sollte, das er selbst nicht verwenden würde, sollten Sie niemals einen Witz erzählen, über den Sie selbst nicht lachen würden.

Zweitens: Üben Sie mit einem Freund oder einer kleinen Gruppe von Menschen, bevor Sie Humor in einer Rede einsetzen. Geben Sie nicht auf, wenn Ihr Übungspublikum nicht gleich reagiert. Vielleicht ist das eigentliche Problem, *wie* Sie den Witz oder die lustige Geschichte vortragen. Beim Erzählen einer lustigen Geschichte ein gutes Gefühl zu haben erfordert einiges an Übung. Setzen Sie Humor in einer Rede nur ein, wenn Sie sich damit wirklich wohl fühlen und es mehrfach ausprobiert haben.

Drittens: Stellen Sie sicher, dass der Humor etwas mit dem Inhalt Ihrer Rede zu tun hat. Humor als solcher darf nicht das Ziel sein. Das Publikum zum Lachen zu bringen ist eine gute Sache, aber nicht Ihre eigentliche Absicht. Ohne eine Verbindung zwischen Ihren Witzen und dem Thema Ihrer Rede findet das Publikum die Witze zwar lustig, aber es wird sich fragen, was Sie ihm damit sagen wollen.

Achten Sie schließlich darauf, dass der Humor Ihre eigentliche Aufgabe als Redner nicht überlagert. Sie wollen schließlich als guter Redner wahrgenommen werden, nicht als Komiker. Humor ist lediglich eines von vielen Elementen Ihrer Präsentation. Wenn Sie sich als Sprecher hinter Ihrem Humor verstecken, wird Ihr Publikum Sie bei einem schwierigen Thema kaum ernst nehmen.

Oft schon wurde versucht, genau zu definieren, was Menschen zum Lachen bringt. Wer auf diese Frage eine Antwort findet, könnte damit sicher ein Vermögen verdienen. Aber Sie müssen nicht über Humor philosophieren, um ihn in Ihren Vorträgen einzusetzen. Wenn Sie ihn klug für sich nutzen, gewinnen Sie die Zuhörer damit für sich. Die Herausforderung besteht darin, den Humor so einzusetzen, dass Ihr Publikum sich nicht nur an Ihre Witze, sondern auch an Ihre Botschaft erinnert.

Wenige Reden, die ein Publikum in Begeisterung versetzt haben,
können die Farblosigkeit des gedruckten Papiers ertragen.
Archibald Philipp Primrose

Freiheit funktioniert in der Praxis weit weniger gut als in der Rede.
Will Rogers

Bei einer Abschlussrede an einer Universität
sollte man alles vermeiden, was auch nur im Entferntesten
mit Parteigängerschaft, politischen Präferenzen, dem Geschlecht,
der Religion oder einer unangemessen festen Meinung zu tun hat.
Dennoch muss es immer eine Rede geben:
Reden sind in unserer Kultur das Vakuum, das ein Vakuum füllt.
John Kenneth Galbraith

5 Mit Geschichten Aufmerksamkeit und Respekt gewinnen

Die Informationen in diesem Kapitel machen aus Ihnen sehr schnell einen professionellen Redner, selbst wenn Sie ein kompletter Neuling auf dem Gebiet sind. Lesen Sie dieses Kapitel daher aufmerksam, üben Sie das Gelernte sorgfältig und setzen Sie es anschließend in die Praxis um.

Stellen Sie sich zum Einstieg einen festlichen Anlass zur Pensionierung eines langjährigen Mitarbeiters vor, bei dem zwei der Gäste eine Rede für den Jubilar halten. Die erste Rede stammt vom Leiter der Finanzabteilung. Er sagt Folgendes: »Ich bewunderte ihn immer für seinen Weitblick in finanziellen Angelegenheiten. Er hat seinen Gewinn konstant in jedem Geschäftsjahr erhöht.« Höflicher Applaus ertönt, und der Sprecher setzt sich wieder.

Anschließend hält ein anderer Kollege des zu Verabschiedenden eine Rede. Dieser Kollege kennt den Ehrengast seit vielen Jahren. Er spricht über das Spiel, in dem sein Freund die einzigen zwei Tore seiner eher bescheidenen Basketball-Karriere warf. Er sagt: »Wenige Sekunden vor Spielende war er im Besitz des Balls. Kein Gegner stand zwischen ihm und dem Korb. Dann geschah etwas wirklich Merkwürdiges. Er fiel hin, was seltsam war, weil sich niemand in seiner Nähe befand. Vielleicht fiel er über seinen Schnürsenkel oder stolperte über seine eigenen Füße. Jedenfalls musste er den Ball loswerden, bevor er zu Boden ging. Deshalb warf er ihn einfach weg. Und so kam er zu seinem Spitznamen, der, wie ihr alle wisst, ›Swish‹ lautet.«

Beide Redner sprachen über dasselbe Thema: ihren Kollegen. Aber sie näherten sich dem Thema auf komplett unterschiedliche Weise. Der Inhalt der ersten Rede kann nur schwer auf lebendige Weise vermittelt oder bildhaft dargestellt werden. Die zweite Rede beschreibt ein konkretes Ereignis lebendig und humorvoll und stellt eine Verbindung zur Gegenwart her, indem die Herkunft des Spitznamens des Mitarbeiters erklärt wird. Die Zuhörer erfahren etwas Interessantes über ihren Kollegen und bekommen eine humorvolle Geschichte erzählt, und der Redner schlägt damit zwei Fliegen mit einer Klappe. Dieses Kapitel handelt von den Bausteinen jeder erfolgreichen Rede – egal, ob es sich um eine kurze Rede anlässlich der Pensionierung eines Mitarbeiters oder eine offizielle Präsentation vor den Aktionären eines Unternehmens handelt.

Bestimmte Elemente kommen in jeder Rede vor. Die einzige Ausnahme sind Präsentationen, in denen lediglich PowerPoint-Folien gezeigt werden, oder sehr informelle Besprechungen in einem Büro oder Konferenzraum. Zu allen anderen Anlässen – bei jeder zwanzig- bis dreißigminütigen Rede vor Publikum – sollten die folgenden Punkte unbedingt beachtet werden:

Erstens: Kommunizieren Sie die Botschaft Ihrer Rede so klar wie möglich. Vermitteln Sie dem Publikum Zahlen und Fakten. Sie müssen ein konkretes Thema und eine These haben und diese klar und überzeugend präsentieren. Denn genau deshalb stehen Sie ja vor Ihren Zuhörern. Für die Wirkung Ihrer Rede jedoch ist das wahrscheinlich der unwichtigste Teil. Niemand wird sich an diesen Teil Ihrer Rede erinnern, wenn die anderen Teile nicht von hervorragender Qualität sind. Informationen sind wichtig, aber Ihr Publikum wird diese schnell vergessen, wenn Sie nicht die notwendige emotionale Wirkung erzielen.

Das zweite wichtige Element einer Rede sind Geschichten oder Anekdoten über andere Menschen – nicht über sich selbst! Im vorherigen Kapitel haben Sie erfahren, dass ein Publikum nicht nur lachen *möchte*, sondern auch lachen *muss*. Und es *muss* auch

Geschichten erzählt bekommen. Vermitteln Sie Ihren Zuhörern also lediglich Informationen, erfüllen Sie eines ihrer Hauptbedürfnisse nicht – und damit auch Ihre Aufgabe als Redner nur sehr unzureichend.

Welche Art von Geschichten können Sie erzählen? Das hängt von Ihrer Selbstsicherheit und Ihren Fähigkeiten ab. Ein professioneller Redner macht aus jeder Rede eine ganz besondere intellektuelle und emotionale Erfahrung. Das heißt, dass das Publikum zum Nachdenken gebracht wird und Sie Emotionen bei ihm wecken – und das wiederum bedeutet: Die Zuhörer sind *fröhlich und traurig*.

Denken Sie an einige der besten Redner, die Sie kennen. Wie haben Sie sich am Ende ihrer Rede gefühlt? Vermutlich so, als hätten Sie gerade ein sehr breites Spektrum an Gefühlen durchlebt, Lachen genauso wie Weinen. Einem erfahrenen Redner gelingt es spielend, seinen Zuhörern all diese unterschiedlichen Gefühle in einer einzigen Rede zu vermitteln. Der richtige Einsatz von Geschichten ist dafür entscheidend. Im letzten Kapitel haben Sie von Abraham Lincolns Fähigkeit erfahren, seinen Zuhörern humorvolle Geschichten zu erzählen. Sicher konnte er auch andere Geschichten wunderbar erzählen. Vermutlich war Lincoln gerade deshalb so erfolgreich, weil es in seinen Reden eigentlich nicht um das Erzählen von Geschichten ging. Seine Zuhörer waren gekommen, um eine politische Rede oder Debatte zu hören. Sie konnten sich auf seine Geschichten einlassen, weil diese eine Abwechslung bedeuteten und unterhaltsam waren.

In nahezu jeder Rede können Sie Material unterschiedlichster Art verwenden. Verbinden Sie Ihren wichtigsten Punkt mit einer Geschichte. Wann immer Sie Menschen zum *Denken* bringen wollen, versuchen Sie gleichzeitig, sie zum *Fühlen* zu bringen. Je selbstsicherer Sie sind, desto besser können Sie den Zuhörern Ihre Gefühle vermitteln. Genau das wünschen sich die Menschen von einem Redner, auch wenn ihnen das vielleicht gar nicht bewusst ist.

Bestimmte Arten von Geschichten sind scheinbar immer erfolgreich. Sie funktionieren einfach, weil die Menschen sich in die Situation einfühlen und die Gedanken und Emotionen nachvollziehen können. Geschichten über Flugzeuge und Flughäfen sind ein heißer Tipp. Die meisten Menschen reisen gerne und finden Fliegen interessant. Geschichten über Familien und Kinder sind ebenfalls fast immer erfolgreich. Fast jeder, der Kinder hat, weiß von einer langen Autofahrt mit seinen Kindern auf dem Rücksitz zu berichten. Deshalb eignet sich diese Situation hervorragend als Geschichte für Ihre Rede. Wollen Sie eine Geschichte über die Besteigung des Mount Everest erzählen, müssen Sie etwas Zeit investieren, um die Situation zu beschreiben. Wollen Sie jedoch sofort eine Verbindung zu Ihrem Publikum aufbauen, reicht es aus, die Stimme Ihres Kindes nachzumachen: »Papa, wann sind wir endlich da?«

Allerdings erzählt man eine Geschichte in einer Rede niemals nur um ihrer selbst willen. Sie sollte schon etwas mit dem Thema der Rede zu tun haben oder einen wichtigen Punkt daraus veranschaulichen. Dale Carnegie drückte das so aus: »Geschichten sind der Zuckerguss auf dem Kuchen, nicht der Kuchen selbst.« Um die Metapher noch zu erweitern: Geschichten sind eine der zwei Schichten des Kuchens, die Sie bis jetzt kennengelernt haben. Die erste Schicht ist der informative Inhalt Ihrer Rede. Die zweite Schicht besteht aus den Geschichten, die Sie einsetzen, um Ihre Botschaft zu veranschaulichen. Wie bereits erwähnt, geht es in diesen Geschichten nicht um Sie selbst. Erst im nächsten Baustein geben Sie etwas von sich selbst preis.

Zwar werden die meisten Geschichten als Unterhaltung betrachtet, aber sie können das Publikum auch zum Nachdenken anregen. Und das sollten sie auch. Der Erfolg Ihrer Rede hängt davon ab, ob Sie die Einstellung Ihrer Zuhörer verändern können. Sie haben bereits erfahren, dass eine effektive Methode das Erzählen von Geschichten über andere Menschen ist. Aber über sich selbst zu sprechen – etwas über sich selbst preiszugeben und von den Herausforderungen zu berichten, die Sie meistern mussten – kann sogar noch wirkungsvoller sein.

Gehen Sie dabei jedoch sehr vorsichtig vor. Denken Sie daran: Die wichtigste Erkenntnis von Dale Carnegie ist, dass das Lieblingsthema der meisten Menschen sie selbst sind. Sehr wahrscheinlich geht es Ihnen genauso. Diese Tatsache führt dazu, dass Sie mit viel Energie von sich selbst erzählen können. Achten Sie darauf, rechtzeitig wieder eine Verbindung zum Publikum herzustellen.

Heutzutage liegt die Messlatte sehr hoch, wenn es darum geht, wie viel Menschen von sich selbst preisgeben. Anders gesagt: Sie werden ganz bestimmt keine Verbindung zu Ihrem Publikum herstellen, nur weil Sie zugeben, den Deckel Ihrer Zahnpastatube verloren zu haben. Dieses Geständnis funktioniert in einer humorvollen Anekdote sehr gut, aber in diesem Fall haben wir es mit einer anderen Schicht des Kuchens zu tun. Hier gewinnen Sie die Sympathie und den Respekt Ihres Publikums, indem Sie ein Risiko eingehen. Sie gewinnen sein Vertrauen, wenn Sie ihm etwas anvertrauen.

Wie weit Sie dabei gehen können, hängt zum einen davon ab, wie wohl Sie sich damit fühlen, zum anderen vom Thema Ihrer Rede. Bei einem Workshop über persönliche Finanzplanung können Sie erwähnen, dass Sie Ihre Kreditkarte schon einmal bis zum Anschlag belastet haben – aber Sie würden wahrscheinlich nicht über ein gesundheitliches Problem oder eine tragische Situation in Ihrer Familie sprechen. Solche Themen sind jedoch absolut passend für ein Publikum, das sich eine emotionale Verbindung zum Redner wünscht.

In dem Workshop zum Thema Finanzplanung können Sie zum Beispiel sagen »Ich fragte mich, ob ich mir nicht besser eine Kreditkarte mit einem geringeren Zinssatz suchen sollte.« Bei einem Wochenendseminar zum Thema Selbstverwirklichung will jedoch niemand etwas über Kreditkarten hören. Hier sollten Sie lieber sagen: »Ich begann mich zu fragen, ob ich meine Zeit nicht mit völlig sinnlosen Dingen verbrachte.« Sie können sogar noch weitergehen und sagen »Ich erkannte, dass ich für das Scheitern meiner Ehe verantwortlich war.«

Eine derartige Aussage jedoch führt möglicherweise dazu, dass einzelne Zuhörer sich persönlich angegriffen fühlen, auch wenn Sie eigentlich von sich selbst berichten. Denn eine solche Aussage kann bei Ihren Zuhörern starke Gefühle hervorrufen. Indem Sie sich selbst genau analysieren, können Sie Ihre Zuhörer dazu bringen, das Gleiche bei sich zu tun. Was aber, wenn sie dazu noch gar nicht bereit sind? Möglicherweise hören sie Ihnen anschließend nicht mehr besonders aufmerksam zu. Deshalb ist wichtig, dass Sie jeder Geschichte über sich selbst ein positives Ende geben. Dann können Sie so viel von den schwierigen Herausforderungen Ihres Lebens erzählen, wie Sie wollen – vorausgesetzt, Sie bringen sie mit den positiven Veränderungen in Verbindung, die am Ende eingetreten sind.

Von sich selbst zu berichten ist der effektivste Weg, um die Herzen der Zuhörer zu gewinnen. Aber das ist nicht das Gleiche, wie die Zuhörer auf Ihre Seite zu bringen. Indem Sie Ihre persönlichen Erlebnisse mitteilen, zeigen Sie ihnen, dass Sie einer von ihnen sind. Egal, welche erfolgreiche Rede Sie sich anhören, Sie werden darin immer eine persönliche Geschichte finden. Denken Sie zum Beispiel an die bewegende Trauerrede des Earl of Spencer für seine Schwester Diana. Vor den Augen der ganzen Welt sagte er:

»Das letzte Mal traf ich sie an ihrem Geburtstag, dem ersten Juli, in London. Wie üblich nahm sie sich nicht die Zeit, ihren Ehrentag zu feiern, sondern sammelte Spenden bei einer Wohltätigkeitsveranstaltung. Sie war wie immer der strahlende Ehrengast. Aber noch lieber erinnere ich mich an die Tage, die ich im März mit ihr verbrachte, als sie mich und meine Familie in unserem Haus in Südafrika besuchte. Ich bin froh darüber, dass kein einziges Foto dieses Besuches veröffentlicht wurde, außer als sie Präsident Nelson Mandela einen offiziellen Besuch abstattete. Das bedeutete Diana sehr viel, und mir auch.«

Der Redner ruft hier private Momente mit der Familie in Erinnerung, obwohl er eine der öffentlichsten Persönlichkeiten der Welt beschreibt. Durch diese wenigen Worte bekommen wir eine Ahnung von den Gefühlen Dianas und ihres Bruders. Das war nur ein kurzer Abschnitt aus einer sehr viel längeren Rede, aber ohne diese Passage wäre die Rede weniger wirkungsvoll gewesen.

Die Fähigkeit, eine enge Verbindung zum Publikum aufzubauen, war zu allen Zeiten eine Eigenschaft hervorragender Redner. Das können Sie ebenfalls erreichen! Sie müssen dazu lediglich verstehen, dass ein großartiger Redner grundsätzlich nur zu einer einzigen Person spricht, egal, wie groß das Publikum ist. Denken Sie an Franklin D. Roosevelt, der mehrere Radioansprachen an die Nation sendete, nachdem er zum ersten Mal zum Präsidenten gewählt worden war. Das war im Jahr 1933, in der schlimmsten Zeit der Großen Depression. Das Land sehnte sich nach Führung, aber nach einer sanften Form der Führung. Sogar der Titel, den Roosevelt seinen Radioansprachen gab – er nannte sie »Kamingespräche« – zeigte, wie meisterhaft der Präsident in der Lage war, einem derart großen Unterfangen ein menschliches Gesicht zu verleihen.

Das Wichtigste dabei war, dass Roosevelt sich sein Publikum als einzelne Personen vorstellte, niemals als eine Masse von Menschen. Er wusste, dass seine Zuhörer allein vor dem Radio saßen. Aus diesem Grund sprach er auch zu ihnen, als würde er mit einer einzigen Person sprechen. Genau das sollten Sie tun, um eine persönliche Verbindung zu Ihrem Publikum herzustellen. Stellen Sie sich eine einzelne Person vor, die für das gesamte Publikum steht. Denken Sie sich eine Geschichte über das Leben dieser Person aus. Welche Herausforderungen und Chancen hat sie? Welche Wünsche und Bedürfnisse? Je konkreter Sie über Ihren fiktiven Zuhörer Bescheid wissen, desto besser können Sie eine Verbindung zu ihm herstellen. Welche Augenfarbe hat er? Welche Kleidung trägt er? Wo lebt er? Welche Ausbildung hat er? Wie sieht seine finanzielle Situation aus? Denken Sie sich eine Antwort auf diese und unzählige weitere Fragen aus.

Sagen Sie sich, dass der imaginäre Zuhörer Ihre Botschaft hören will. Stellen Sie ihn sich als einen Menschen vor, der Ihnen wohlgesonnen ist und Ihre Position unterstützt. Sprechen Sie nur mit dieser einen Person – egal, wie groß Ihr Publikum in Wirklichkeit ist – sogar, wenn Sie zu Tausenden Menschen im Fernsehen sprechen. Mit etwas Übung lässt sich das Gesicht Ihres imaginären Zuhörers auf jedes denkbare Publikum übertragen.

Roosevelt stellte sich manchmal vor, diese Person säße mit ihm auf seiner Veranda oder sogar am Abendbrottisch. Diese Vorstellung erzeugte ein Gefühl der Intimität und des Vertrauens. Obwohl er in das Mikrophon eines Radiosenders sprach, waren sein Tonfall und sein Gesichtsausdruck so, als spräche er zu einem guten Freund. Wenn Sie das Gesicht verziehen, klingt Ihre Stimme barsch und kalt. Mit einem Lächeln im Gesicht jedoch klingen Sie warmherzig und angenehm. Präsident Roosevelts Gesichts war so freundlich, als säße er tatsächlich mit einem Gesprächspartner am Kaminfeuer. Dieses Gefühl übertrug er auf die Menschen zu Hause und schuf damit eine starke Verbindung zu seinen Hörern.

Beim Sprechen bewegten sich Roosevelts Hände mit einfachen, natürlichen Gesten. Viele Menschen glauben, dass gute Kommunikation nur mit dem zu tun hat, was man sagt. Aber gute Kommunikation ist noch viel mehr. Ein überzeugender Redner setzt seinen ganzen Körper ein, um seine Botschaft zu vermitteln. Dadurch können Sie Ihren Zuhörern auf natürliche und elegante Weise Ihre Gefühle zeigen. Sie haben damit die Basis geschaffen, etwas von sich selbst preiszugeben. Nach Abschluss Ihres Vortrags sollten Ihre Zuhörer das Gefühl haben, Sie zu kennen. Sie brauchen gar nicht alles über Sie zu wissen. Es ist sogar sinnvoll, dem Publikum Raum für eigene Vorstellungen zu lassen. Aber die wichtigsten Informationen sollten Sie Ihrem Publikum durchaus mitteilen. Erzählen Sie zum Beispiel eine Geschichte über Ihre Kinder, falls Sie welche haben und falls es zum Redethema passt. Das ist eine hervorragende Möglichkeit, eine Verbindung zu allen Eltern im Publikum herzustellen.

Das Erzählen von Geschichten in einem Vortrag ist gar nicht so einfach. Einerseits ist dabei wichtig, sich auf seine Intuition zu verlassen, andererseits müssen Sie sich genau überlegen, welche Geschichte Sie wie erzählen wollen. Denken Sie darüber nach, wie Ihre echten Gefühle die größtmögliche Wirkung erzielen. Seien Sie dabei ehrlich und gehen Sie klug vor. Wenn Sie Ihre eigenen Gefühle in einer Rede zum Ausdruck bringen, sollten Sie bedenken, dass Sie damit die gleichen Gefühle in Ihren Zuhörern wecken könnten. Beachten Sie dabei einige taktische Regeln. Diese Regeln sind vergleichbar mit dem Netz und den Linien auf einem Tennisplatz. Sie stellen die Grenzen für den emotionalen Gehalt Ihrer Rede dar. Ohne das Netz und die Linien ist ein hervorragender Aufschlag nicht viel wert. Dann wird der Ball einfach nur kraftvoll mit dem Schläger irgendwohin geschlagen. Analog dazu sollten emotionale Geschichten stets rational in den Kontext einer Rede eingebaut werden.

Im Folgenden finden Sie einige Regeln, die Sie in jedem Fall beachten sollten, egal, wie sehr Sie das Publikum in Ihrer Rede emotional mitreißen. Bei jeder Rede und insbesondere beim Erzählen von Geschichten treffen Sie ständig jede Menge emotionaler, aber auch rationaler Entscheidungen – zum Beispiel, ob Sie lieber dieses oder jenes Wort verwenden wollen. Derartige Entscheidungen sind nicht immer einfach, und häufig entscheidet sich ein Redner auch falsch. Zwei Regeln sind wichtig bei der Entscheidung, welche Worte Sie verwenden wollen: Die erste Regel heißt Sparsamkeit. Das bedeutet, so wenige Worte wie möglich zu verwenden, um zu sagen, was Sie sagen wollen. Können Sie einen Gedanken mit zehn Worten ausdrücken, dann verwenden Sie nicht zwanzig. Verwenden Sie nicht einmal zwölf. Sondern überprüfen Sie, ob nicht vielleicht schon acht Worte ausreichen. Vermeiden Sie schwammige, verworrene Gedanken. Liebgewonnene Sätze zu streichen, fällt manchmal schwer, aber falls sie zum Thema nichts Entscheidendes beitragen können, müssen Sie darauf verzichten.

Sicher hat Ihnen diesen Rat schon Ihr Deutschlehrer in der dritten Klasse gegeben. Aber möglicherweise hat er Ihnen eine Sache verschwiegen, die Sie unbedingt wissen müssen, um als Redner erfolgreich zu sein: In einem Satz sollten Sie deshalb so wenige Wörter wie möglich verwenden, weil Sie diesen Satz mit gewissen Abwandlungen mindestens zwei- oder sogar dreimal wiederholen werden. Das ist ein grundlegender Unterschied zwischen gesprochener und geschriebener Sprache. Wenn Sie ein Buch schreiben, hat der Leser Ihre Worte schwarz auf weiß vor Augen. Versteht er nicht gleich, was Sie meinen, dann kann und sollte er die Passage noch einmal lesen. Ein Publikum, das vor Ihnen sitzt, hat diese Möglichkeit nicht. Es hört Ihre Worte, und im nächsten Augenblick sind sie bereits verklungen. Es kann Ihre Rede nicht zurückspulen. Deshalb muss derselbe Gedanke in mehr als einem Satz vermittelt werden, und zwar so präzise und klar wie möglich.

Aber das ist nur der Anfang. Verwenden Sie nicht nur möglichst *wenige*, sondern auch möglichst *einfache* Worte. Es ist ein großer Fehler, das Vokabular Ihres Publikums zu überschätzen. Denn damit riskieren Sie, seine Aufmerksamkeit sofort zu verlieren. Als Ronald Reagan, der als der »große Kommunikator« bekannt war, zu Michail Gorbatschow sprach, sagte er nicht: »Sehr geehrter Herr Generalsekretär, ich bitte Sie jetzt, diese materielle und ideelle Staatsgrenze zu entfernen.« Sondern er sagte: »Mr. Gorbatschow, reißen Sie diese Mauer nieder!« Denken Sie an dieses Beispiel, sobald Sie in Versuchung kommen, eine zu ausgefeilte Sprache zu verwenden!

Stellen Sie sicher, dass Geschichten, die Sie erzählen, oder persönliche Informationen, die Sie preisgeben, klar verständlich sind und keinen im Publikum verletzen. Zum Beispiel könnten Ihre Geschichten so mitreißend sein, dass die Zuhörer den eigentlichen Grund für Ihre Rede vergessen. Oder aber die Geschichten sind eher langweilig, dann verlieren die Zuhörer schnell die Konzentration. Betonen Sie deshalb immer wieder die Verbindung zu Ihrem Thema. Als Martin Luther King Jr. seine berühmte Rede am Lincoln Memorial hielt, wiederholte er einen einzigen Satz immer wieder: »Ich habe einen Traum.« Die Zuhörer mögen vergessen haben, was er dazwischen sagte, aber sie erinnern sich sicher an diesen einen Satz, weil er ihn so häufig wiederholte. Das war seine wichtigste Aussage, und er sorgte dafür, dass keiner der Zuhörer sie jemals vergessen konnte.

Verwenden Sie zusätzliches Anschauungsmaterial, wann immer sich die Möglichkeit dafür bietet. Halten Sie einen Gegenstand hoch, den das Publikum betrachten kann. Spielen Sie eine Tonaufzeichnung ab oder zeigen Sie ein Bild auf einer Leinwand. Erinnern Sie sich noch an den »Spielzeugtag« in der Grundschule? An diesem Tag bringen die Kinder ihr liebstes Kuscheltier oder Spielzeug mit in die Schule und berichten ihren Klassenkameraden davon. Der Bericht war meistens der langweilige Teil. Aber alle Kinder waren gespannt darauf, das Kuscheltier zu sehen. Auch wenn Sie Ihrem Publikum kein Spielzeug vorführen, können Sie Gesten und Körpersprache verwenden, um Ihrer Rede eine visuelle Komponente zu verleihen. Setzen Sie Energie ein, um deutlich zu machen, dass Sie Ihr Thema interessant finden. Stehen Sie nicht einfach nur stocksteif auf der Bühne. Sorgen Sie dafür, dass Ihre Rede eine audiovisuelle Erfahrung für das Publikum ist. Denn genau darin liegt der Unterschied zwischen dem bloßen Ablesen einer Rede vom Papier und einem gutem Vortrag.

Achten Sie auf Verlegenheitslaute wie »Hm« und »Ähm«. Den meisten Menschen ist nicht bewusst, wie häufig sie derartige Laute beim Sprechen von sich geben, besonders beim Sprechen vor Publikum. »Hm« und »Ähm« sind Zeichen für Nervosität. Sie versuchen damit unbewusst, Zeit zu gewinnen, weil Sie nicht genau wissen, was Sie als Nächstes sagen wollen. Je besser Sie also vorbereitet sind, desto weniger nervös sind Sie, und desto weniger künstliche Pausen setzen Sie ein. Sie sollten grundsätzlich mit einem freundlichen Tonfall sprechen, aber Ihre Stimme muss auch Fokus und Entschlossenheit vermitteln. Oprah Winfrey ist in dieser Disziplin wahrhaft meisterhaft. Sie wirkt immer interessiert und aufmerksam, aber auch konzentriert und kontrolliert. Und diese Haltung überträgt sich auf das Publikum.

Mit dem Thema, wie ein Redner das Publikum für sich gewinnen kann, ließen sich ganze Bücher füllen. Sie wissen bereits, dass Sie Ihr Publikum über das Thema und die wichtigsten Fakten informieren sollten. Sie haben auch erfahren, dass eine emotionale Verbindung zum Publikum für den Erfolg Ihrer Rede entscheidend ist. Außerdem haben Sie zwei Möglichkeiten kennengelernt, um diese Verbindung zu schaffen: Zum einen mit Hilfe von Geschichten über andere Menschen, zum anderen, indem Sie etwas über sich selbst preisgeben. Nutzen Sie diese Tools, um den Respekt und die Sympathie Ihrer Zuhörer zu gewinnen. Des Weiteren haben Sie praktische Tipps erfahren, um die Wirkung Ihrer Rede zu maximieren, zum Beispiel durch die Auswahl des richtigen Vokabulars und den Einsatz von visuellen Hilfsmitteln.

All diese Methoden sind jedoch nur Mittel zum Zweck. Jeder gute Redner möchte letztlich mehr erreichen, als lediglich die Aufmerksamkeit und die Sympathie seines Publikums zu gewinnen. Ein guter Redner will seine Zuhörer zum Handeln auffordern. Wie ihm das gelingt, erfahren Sie in Kapitel 6.

Fallstudie: Eleanor Roosevelt

Auszug aus Eleanor Roosevelts Rede »Kampf für die Menschenrechte« am 28. September 1948 in Paris, Frankreich:

> Ich stehe heute Abend hier, um mit Ihnen über eines der wichtigsten Themen unserer Zeit zu sprechen – die Bewahrung der menschlichen Freiheit. Ich habe mich entschieden, in Frankreich an der Sorbonne über dieses Thema zu sprechen, weil hier in diesem Land die Freiheit tief verwurzelt ist und erst hier zu ihrer vollen Blüte gelangte. Denn hier wurden die Menschenrechte verkündet, und das Motto der Französischen Revolution – Freiheit, Gleichheit, Brüderlichkeit – hat das Denken der Menschen entscheidend verändert. Ich habe mich entschieden, in Europa über dieses Thema zu sprechen, denn hier fand einer der größten Kämpfe der Geschichte der Freiheit gegen die Tyrannei statt. Ich habe mich entschieden, in den frühen Tagen der Generalversammlung darüber zu sprechen, denn die menschliche Freiheit ist entscheidend für die Beilegung der politischen Differenzen unserer Zeit und für die Zukunft der Vereinten Nationen.

Präsident Franklin D. Roosevelt war ein hervorragender Redner. Als er jedoch körperlich zu stark angeschlagen war, um mit seinen Vorträgen durch das Land zu reisen, beauftragte er seine Frau Eleanor, statt seiner zu den Menschen zu sprechen. Eleanor war intelligent und sehr sprachgewandt, aber sie hatte große Angst davor, vor anderen Menschen aufzutreten. Ihr Ehemann hatte in einer berühmten Rede gesagt: »Das Einzige, was wir zu fürchten haben, ist die Furcht selbst.« Eleanor nahm sich diesen Ausspruch zu Herzen, sah ihrer Angst ins Auge, besiegte sie und wurde so die erfolgreichste weibliche Rednerin ihrer Zeit.

In ihrem Buch *You Learn by Living* riet Eleanor ihren Lesern, sich nicht vor den Gefahren der Welt zu fürchten, sondern ihnen direkt ins Auge zu sehen, um sie zu bezwingen – wie sie selbst es mit ihrem Lampenfieber getan hatte. »Sie werden stärker, mutiger und selbstsicherer in jeder Situation, in der Sie innehalten und der Angst ins Gesicht schauen … Sie müssen genau das tun, was Sie glauben, niemals tun zu können.«

Das, wovon Eleanor Roosevelt glaubte, sie könne es niemals tun – zu anderen Menschen sprechen –, wurde zu der Sache, die sie am besten konnte. Sie hielt auf der ganzen Welt Reden zu einer Vielzahl von Themen.

Über den Tag der Kapitulation Japans

Der Tag, für den Menschen auf der ganzen Welt gebetet haben, ist endlich gekommen. Unsere Herzen sind voller Dankbarkeit. Der Frieden wurde jedoch nicht durch die Stärke erreicht, die wir aus der Vergangenheit kennen, sondern infolge einer neuen Erfindung, die wir noch nicht wirklich verstehen und deren Entwicklung noch nicht abgeschlossen ist.

Über die Bürgerrechte

Die Vereinigten Staaten haben eine große Verantwortung. Denn unser Land ist weltweit das beste Beispiel dafür, dass unterschiedliche Rassen friedlich zusammenleben können, wenn sie mehr voneinander wissen.

Über den Angriff auf Pearl Harbor

Sehr geehrte Damen und Herren, ich spreche heute Abend aus einem sehr ernsten Anlass zu Ihnen. Das Kabinett tagt zur Stunde, und die führenden Kongressmitglieder beraten sich mit dem Präsidenten. Das Außenministerium sowie Offiziere der Armee und der Marine haben den ganzen Nachmittag mit dem Präsidenten zusammengesessen. Der japanische Botschafter sprach genau in dem Augenblick mit dem Präsidenten, als japanische Flugzeuge unsere Bürger auf Hawaii und den Philippinen bombardierten und eines unserer Frachtschiffe, das gerade auf dem Weg nach Hawaii war, versenkten.

Über die Künste

Ich denke, für jeden von uns ist ein gewisser Sinn für Schönheit wichtig, aber wir wissen auch, dass wir uns als sehr junges Land unseres guten Geschmacks nicht immer sicher sein können.

Über die Rente für ältere Menschen

Ich glaube nicht, dass ich Sie erst noch von den Vorteilen einer Rente für ältere Menschen überzeugen muss. Vor vielen Jahren hat sich – so denke ich, landesweit – der Gedanke durchgesetzt, dass es das Recht älterer Menschen ist, in den letzten Jahren ihres Leben unterstützt zu werden, wenn sie jahrzehntelang hart gearbeitet haben und ohne eigenes Verschulden keine Rücklagen für das Alter bilden konnten.

Die Persönlichkeiten, die heute in der Öffentlichkeit stehen,
können ihre Reden und Bücher nicht mehr selbst schreiben.
Und es gibt gewisse Anzeichen dafür, dass sie auch nicht mehr
in der Lage sind, sie abzulesen.
GORE VIDAL

Die Abschlussfeier-Rede hat man vor allem deshalb erfunden,
weil man fand, dass Studenten nicht in die Welt entlassen werden
sollten, ohne ausreichend gelangweilt worden zu sein.
G. B. TRUDEAU

Die beste Methode, so zu klingen, als wüssten Sie,
wovon Sie sprechen, besteht darin, tatsächlich zu wissen,
wovon Sie sprechen.
UNBEKANNTER AUTOR

6 Die Zuhörer zum Handeln motivieren

Ein guter Redner ist wie ein Kapitän: Sein Schiff fährt in eine bestimmte Richtung und hat ein Ziel. Der Kapitän kennt das Ziel und weiß zu jedem Zeitpunkt, wie weit das Schiff davon entfernt ist. Jeder Kapitän jedes Schiffes auf dem Ozean kann Ihnen die Frage, wohin sein Schiff fährt, sofort beantworten – und zwar in einem Satz.

Bei wie vielen Rednern ist das der Fall? Viele von ihnen wollen zu viele Dinge auf einmal. Sie sind dann nicht in der Lage, ihr Handeln, ihre Gedanken und ihre Emotionen auf ein konkretes Ergebnis zu fokussieren. Das führt zu Zweifel und Verwirrung, zunächst beim Redner selbst und schließlich auch bei seinem Publikum. Sie haben nicht verstanden, dass sie zunächst einen einzigen Zielhafen auswählen und diesen konsequent ansteuern müssen. Gelingt das, erreichen sie ihre Ziele, eines nach dem anderen. Bis sie schließlich am Ende eine Liste ihrer Erfolge als Redner vorweisen können, auf die sie wirklich stolz sein können.

Seltsamerweise haben manche Redner noch ein ganz anderes Problem: Sie haben nicht nur keine Ahnung, wohin ihr Schiff fährt, sondern es fährt tatsächlich nirgendwohin. Die Rede liegt wie ein Schiff im Hafen vor Anker, das dort bleibt, bis es verrostet und unbrauchbar ist. Den Motor eines Schiffes startet man erst, nachdem ein konkretes Ziel feststeht. Genauso verhält es sich mit einer Rede. Deshalb muss der Redner einen Zielhafen vor Augen haben: einen Ort, an den er gelangen möchte und an dem sich das Publikum wohler fühlt als dort, wo es sich aktuell befindet. Hat der Redner kein klares Ziel vor Augen, gewinnt sein Vortrag niemals an Fahrt. Der Motor startet nicht, und das Publikum macht nie die Erfahrung, dass es sich auf einem definierten Kurs zu einem Ziel befindet, das im Laufe der Reise immer näher rückt.

Unterbräche Sie jemand mitten in Ihrem Vortrag und fragte, worauf Sie eigentlich hinauswollen – wo Ihr nächster Zielhafen sei –, könnten Sie diese Frage in einem einfachen Satz beantworten, so wie der Kapitän eines Schiffes? Wenn nicht, sollten Sie sich Gedanken machen. Selbstverständlich ist der richtige Zeitpunkt dafür nicht während der Rede, sondern lange vorher. Falls Sie in nächster Zeit einen Vortrag halten wollen, ist möglicherweise der richtige Zeitpunkt genau *jetzt*.

Welchen Aspekt Ihres Vortrags wollen Sie als Redner verbessern? Möchten Sie Ihre Ideen klarer zum Ausdruck bringen? Oder wollen Sie die Gefühle Ihres Publikums stärker ansprechen? Bevor Sie antworten, sollten Sie jedoch eine weit wichtigere Frage beantworten. Warum wollen Sie als Redner überhaupt Ihre intellektuelle und emotionale Wirkung verbessern? Warum halten Sie überhaupt einen Vortrag? Die Antwort liegt auf der Hand: Sie wollen Ihre Zuhörer zum Handeln motivieren! Sie wollen sie dazu bringen, nach Ihrer Rede aufzustehen und aktiv zu werden. Sie wollen nicht, dass sie lediglich sagen: »Diese Rede war ganz nett«, sondern: »Lasst uns anfangen!«

Eine Rede hält man aus drei Gründen: um andere Menschen zu informieren, zu unterhalten oder zum Handeln zu motivieren. Letzterer ist bei weitem der häufigste und wichtigste Grund – aber auch der mit der größten Herausforderung. Ihre Zuhörer motivieren Sie nicht zufällig zum Handeln, und es handelt sich dabei auch nicht um ein Talent, das manche Redner von Anfang an haben und andere nicht, sondern um eine *Fertigkeit*, die erlernbar ist. Dafür gibt es zahlreiche bewährte Strategien.

Der erste Schritt besteht darin, das Interesse, die Aufmerksamkeit und das Vertrauen Ihrer Zuhörer zu gewinnen. Erreichen Sie diese grundlegenden Ziele nicht – besonders das Ziel, das Vertrauen Ihres Publikums zu gewinnen –, werden Ihre Zuhörer dem, was Sie sagen, keinen Glauben schenken.

Die beste Methode, Vertrauen zu gewinnen, liegt darin zu zeigen, dass Sie es verdienen. Das bedeutet viel mehr, als in einer Rede lediglich Fakten und Zahlen vorzutragen. Zu diesem Punkt zitierte Dale Carnegie häufig J. Pierpont Morgan, zu Beginn des 20. Jahrhunderts einer der reichsten Männer der Welt. Morgan sagte, Charakter sei der wichtigste Faktor, um einen Kredit bei einer Bank zu erhalten, und in gleicher Weise sei der Charakter eines Menschen entscheidend, um das Vertrauen der Zuhörer zu gewinnen. Vermutlich haben Sie das selbst bereits festgestellt: Wortgewandte und witzige Redner sind nicht annähernd so erfolgreich wie Redner, die zwar weniger brillant, dafür aber ehrlich sind.

Einmal nahm an einem Rhetorikkurs von Dale Carnegie ein Mann teil, dem schon allein aufgrund seiner körperlichen Erscheinung der Respekt der Zuhörer sicher war. Sein Vortrag war außerdem hervorragend strukturiert, und der Mann war äußerst sprachgewandt. Jeder im Publikum merkte, wie intelligent er war und wie gut er sich selbst auf der Bühne präsentieren konnte. An der Oberfläche machte er einen sehr guten Eindruck – aber eben nur dort.

Im gleichen Kurs befand sich eine Frau, die als Versicherungsvertreterin arbeitete. Sie war sehr klein, suchte manchmal nach Worten und war weit weniger ausdrucksstark. Aber an ihren Augen und ihrer Stimme erkannte man deutlich, dass sie wirklich meinte, was sie sagte. Das Publikum hing an ihren Lippen. Unbewusst fassten die Zuhörer sofort Vertrauen zu ihr und wollten ihre Ideen umsetzen.

Für einen Redner ist die wichtigste Eigenschaft Ehrlichkeit, um für sein Publikum glaubwürdig zu sein. Kein Publikum will und kann die Wahrheit von Gefühlen leugnen, die es selbst empfindet. Im Gegenteil: Die Zuhörer wollen genau das fühlen, was der Redner ebenfalls in seinem tiefsten Inneren fühlt. Sie wollen die

Erfahrungen seines Lebens während der kurzen Zeitspanne, die er vor ihnen steht, mit ihm teilen.

Um Ihrem Publikum dieses Geschenk zu machen, müssen Sie sich jedoch zunächst Ihrer eigenen Gefühle klarwerden. Erst dann können Sie andere daran teilhaben lassen. Besonders in sehr emotionalen oder stressigen Situationen suchen Menschen häufig nach einem Ausweg, um dieser Herausforderung zu entfliehen: Sie verlassen sich auf das, was sie glauben, fühlen zu müssen, statt auf das, was sie tatsächlich fühlen. Vermeiden Sie diese Falle und seien Sie ehrlich zu sich selbst, dann entdecken Sie sehr viele Gefühle, die Sie mit Ihren Zuhörern teilen können. Sie werden bemerken, dass Ehrlichkeit die beste Methode ist, das Vertrauen und die Sympathie Ihrer Zuhörer zu gewinnen.

Verknüpfen Sie Ihre Botschaft mit persönlichen Erfahrungen. Falls Sie einfach nur Ihre Meinung zum Besten geben, setzen die Zuhörer ihre eigene Meinung dagegen. Erzählen Sie in Ihrer Rede lediglich etwas, was Sie gehört oder gelesen haben, merken Ihre Zuhörer, dass Sie Wissen aus zweiter Hand weitergeben. Was Sie jedoch selbst erlebt und erfahren haben, klingt authentisch. Die Wahrheit ist dann nicht Ihre Meinung, sondern Ihre persönliche Geschichte und Ihr Leben. Und das Publikum muss Ihnen einfach glauben, denn Sie sind der Experte für Ihr eigenes Leben, und niemand sonst.

Lassen Sie sich bei dem Vorhaben, das Vertrauen Ihrer Zuhörer zu gewinnen, unterstützen. Viele Redner machen es sich selbst schwer. Sie versäumen es nämlich, dafür zu sorgen, dass man sie dem Publikum richtig vorstellt. Eine Einführung in ein bestimmtes Thema bringt dem Zuhörer dieses Thema so nahe, dass er mehr darüber erfahren möchte. Die Einführung oder Vorstellung eines Redners vermittelt den Zuhörern wichtige Informationen über dessen Person und zeigt ihnen, dass der Redner kompetent ist, über das Thema zu sprechen. Die einführenden Worte »verkaufen« dem Publikum sowohl das Thema als auch den Redner, und zwar so wirkungsvoll und kurz wie möglich.

Leider gelingt das häufig nicht optimal. Dale Carnegie erkannte das, als er miterlebte, wie der bekannte irische Dichter William Butler Yeats vor einer Lesung seiner Gedichte vorgestellt wurde. Drei Jahre zuvor hatte Yeats den Literaturnobelpreis erhalten, die höchste Auszeichnung für einen Schriftsteller. Jedoch wussten nicht einmal zehn Prozent der Zuhörer von dieser Auszeichnung oder von Yeats' Bedeutung für die Literatur. Beides hätte bei der Vorstellung des Dichters erwähnt werden müssen – selbst wenn sonst kein weiteres Wort über sein Leben und Werk gefallen wäre.

Der Leiter der Veranstaltung sprach jedoch nicht über diese Fakten. Stattdessen gab er seine eigenen Gedanken zur Mythologie und griechischen Dichtkunst zum Besten. Zweifellos bemerkte er nicht, dass sein Ego ihn dazu verleitete, das Publikum mit seinem eigenen Wissen und seiner eigenen Person beeindrucken zu wollen. In der Tat war er eine wichtige Persönlichkeit und international als Redner bekannt – und somit bereits Tausende Male selbst einem Publikum vorgestellt worden. Seine hohe Meinung von sich selbst hielt ihn davon ab, die Bedeutung einer anderen Person hervorzuheben.

Wie verhindern Sie, dass Ihnen Ähnliches passiert? Dazu ist lediglich ein wenig Diplomatie nötig. Treten Sie in aller Bescheidenheit an die Person heran, die Sie vorstellen wird, und geben Sie Ihr einige wichtige Informationen. Sie wird Ihnen für Ihre Vorschläge dankbar sein. Geben Sie an, welche Aspekte Sie unbedingt erwähnt haben wollen. Betonen Sie besonders die, die Ihre Kompetenz für das Thema zeigen. Das Publikum sollte diese Fakten kennen, damit es Ihnen aufmerksam zuhören kann. Ein guter Trick ist, die wichtigsten Punkte auf eine Karteikarte zu schreiben und sie Ihrem Vorredner zur Verfügung zu stellen.

Sie haben bereits erfahren, wie wichtig Ehrlichkeit für eine gute Verbindung zum Publikum ist. Eine weitere Eigenschaft, nämlich Ernsthaftigkeit, ist mit Ehrlichkeit verwandt, unterscheidet sich aber nicht unerheblich von ihr. Dale Carnegie erzählte häufig folgende Geschichte, um den Unterschied zu erklären:

An einem seiner Rhetorikkurse in New York City nahm einer der erfolgreichsten Verkäufer der Stadt teil. Während einer Übung hielt er eine vollkommen absurde Rede, in der er behauptete, er sei in der Lage, blaues Gras anzupflanzen. Er erklärte, er habe Asche auf frisch gepflügter Erde verteilt, und anschließend sei blaues Gras gewachsen. Er bestand darauf, die Asche allein sei verantwortlich für die ungewöhnliche Farbe der Grashalme.

Bei der anschließenden Diskussion meinte Dale Carnegie, dieses Phänomen sei einmalig in der Geschichte der Botanik und vermutlich sogar in der Geschichte der gesamten Wissenschaft – sofern es denn wahr sei. Es könne dem Redner sogar eine Menge Geld einbringen, weil nie zuvor jemand blaues Gras gepflanzt hätte.

Dale Carnegie betonte jedoch auch, wie unglaublich der Inhalt der Rede war. Es lohne sich nicht einmal, dagegen zu argumentieren, weil die Lüge für alle offensichtlich sei.

Der Redner beharrte jedoch hartnäckig auf seiner Aussage. Er nahm den Widerspruch ernst und versuchte, sich zu verteidigen. Er sprang auf und verkündete, er habe ganz bestimmt die Wahrheit gesagt. Dies sei keine Theorie, sondern seine ganz persönliche Erfahrung. Er wisse genau, wovon er spreche. Er fügte weitere Informationen hinzu und führte zusätzliche Beweise an. Seine Stimme bebte vor Leidenschaft, Ehrlichkeit und Aufrichtigkeit.

Dale Carnegie betonte nochmals, dass er nicht im Entferntesten die Wahrheit sagen könne. Der Mann sprang erneut auf und bot an, das Landwirtschaftsministerium werde sich des Falles annehmen, um seine Aussage zu beweisen. Er war sogar bereit, eine große Summe Geld auf die Wahrheit seiner Geschichte zu wetten.

Nun geschah etwas sehr Überraschendes: Der Verkäufer hatte einige Teilnehmer des Kurses auf seine Seite gebracht. Erstaunt über ihre Leichtgläubigkeit, fragte Dale Carnegie, warum sie plötzlich an die Existenz von blauem Gras glaubten. Die Teilnehmer nannten alle denselben Grund: die Ernsthaftigkeit des Redners. Man könne niemals so ernsthaft und leidenschaftlich auf einer Sache beharren, außer, sie sei wahr.

Ernsthaftigkeit hat eine phantastische Wirkung, besonders bei einem Publikum, das über das Thema nicht gut informiert ist. Denn leider denken Menschen häufig nicht besonders logisch. Aber alle Menschen haben Gefühle, und diese wiederum lassen sich durch den ernsthaften Vortrag eines Redners beeinflussen. Glaubt ein Redner nur fest genug an seine Sache und bringt er sie mit der nötigen Ernsthaftigkeit zum Ausdruck, gewinnt er Anhänger, auch wenn der Inhalt seiner Botschaft völlig absurd ist. Die Zuhörer vertrauen seiner Botschaft, weil sie spüren, dass er selbst ihr vertraut.

Hat ein Redner diese Hürde überwunden und das Vertrauen der Zuhörer gewonnen, beginnt jedoch erst die eigentliche Arbeit: die Zuhörer zum Handeln zu motivieren. An dieser Stelle informieren Sie Ihre Zuhörer darüber, welche Vorteile es für sie hat, Ihren Vorschlag in die Tat umzusetzen. Das ist der wichtigste Teil Ihrer Rede. Hier trägt Ihre gute Vorbereitung Früchte. Dafür sollten Sie sehr viel mehr über Ihr Thema wissen, als Sie einsetzen können. Dale Carnegie führte dazu häufig ein Beispiel aus einer Geschichte von Lewis Carroll mit dem Titel *Alice hinter den Spiegeln* an. Als der Weiße Ritter in der Geschichte seine Reise unternahm, bereitete er sich auf jede Eventualität vor. Er nahm eine Mausefalle mit, falls Mäuse ihn nachts heimsuchten, und packte einen Bienenkorb ein, falls er auf einen herrenlosen Schwarm Bienen träfe. Hätte der Weiße Ritter eine Rede halten müssen und diese genauso sorgfältig vorbereitet, wäre er mit Sicherheit erfolgreich gewesen. Er hätte mit einer wahren Flut von Informationen jeden Widerstand überwunden. Er hätte auf jeden denkbaren Einwand reagieren können. Er hätte sein Thema so meisterhaft beherrscht, dass der Erfolg ihm sicher gewesen wäre.

Ein weiteres Beispiel: Der Geschäftsführer eines Unternehmens hatte erkannt, dass der Preis einiger der beliebtesten Produkte des Unternehmens erhöht werden musste. Seine Verkaufsleiter waren dagegen. Sie fürchteten, viele Kunden zu verlieren, und wollten die Preise unbedingt stabil halten. Daraufhin berief der Geschäftsführer eine Versammlung seines gesamten Verkaufsteams ein. Er stellte sich vor sein Team auf die Bühne. An der Wand hinter ihm hing ein großes Blatt Papier.

Der Geschäftsführer bat jeden einzelnen Verkäufer, seine Einwände gegen die Preiserhöhung zu nennen – und sie kamen wie aus der Pistole geschossen. Während die Verkäufer die Einwände vorbrachten, notierte der Geschäftsführer sie auf dem großen Blatt. So verging der gesamte Vormittag. Mindestens hundert verschiedene Gründe wurden aufgeführt, warum die Preise nicht erhöht werden durften. Es gab keinen Grund, der nicht genannt worden wäre. Für alle Anwesenden schien die Sache eigentlich klar zu sein.

Nachmittags jedoch entkräftete der Geschäftsführer jeden einzelnen Einwand, einen nach dem anderen. Das gelang ihm nur deshalb, weil er über jedes Argument bereits im Vorfeld nachgedacht hatte. Keiner der Einwände überraschte ihn. Er war perfekt vorbereitet und konnte jeden Einwand widerlegen.

Das mag beeindruckend erscheinen, ist aber noch nicht alles. Das Ergebnis einer solchen Besprechung sollte nicht nur einhelliges Kopfnicken sein, sondern sie muss dazu führen, dass die Teilnehmer mit neuer Begeisterung an ihre Arbeit gehen. Sie sollten nicht nur dem Gesagten zustimmen, sondern auch zum Handeln motiviert werden. Dafür reicht es nicht aus, lediglich ein paar Einwände zu entkräften. Der entscheidende Schritt ist ein ganz anderer: Sprechen Sie die Motive Ihrer Zuhörer an, um sie zum Handeln anzuregen.

Dieser Strategie liegt das Prinzip von Ursache und Wirkung zugrunde: Kein Ereignis auf der Welt geschieht zufällig. Alles, was geschehen ist oder in der Zukunft geschehen wird, ist die logische und unvermeidliche Folge eines vorangegangenen Ereignisses. Und zugleich die logische Ursache eines sich anschließenden Ereignisses. Aber welches ist die erste Ursache jeder Handlung? Was verursacht jede bewusste und willentliche Handlung, die ein Mensch ausführt? Die Antwort lautet: der *Wunsch*.

Menschen wünschen sich im Grunde nicht viel. Jeden Tag, jede Stunde, bei Tag und bei Nacht, werden sie von erstaunlich wenigen Wünschen geleitet. Finden Sie als Redner heraus, welche Motive hinter den Handlungen Ihrer Zuhörer stehen, und sprechen Sie genau diese Motive an. Dann werden Sie außergewöhnliche Ergebnisse erzielen, denn genauso geht ein erfolgreicher Redner vor.

Stellen Sie sich zum Beispiel einen Vater vor, der herausgefunden hat, dass sein Sohn im Teenageralter raucht. Die normale Reaktion wäre sicher, dass der Vater wütend wird. Er wird seinen Sohn warnen – oder ihm sogar drohen –, dass Rauchen seine Gesundheit ruiniert.

Das Problem dabei ist, dass die wenigsten Jugendlichen Angst haben, ihrer Gesundheit zu schaden. Sie fürchten weniger die langfristig auftretenden gesundheitlichen Probleme, sondern sind fasziniert davon, gegen die Regeln der Erwachsenen zu verstoßen. Was bedeutet das? Der Vater erreicht wahrscheinlich gar nichts, weil er nicht klug genug ist, ein für seinen Sohn wirklich wichtiges Motiv anzusprechen. Er redet stattdessen nur von seinen eigenen Wünschen.

Der Vater wäre sehr viel erfolgreicher, wenn er seine eigenen Gefühle außer Acht ließe und die Dinge aus der Sicht seines Sohnes betrachtete. Vielleicht ist sein Sohn ein ehrgeiziger Sportler, und das Rauchen ist schlecht für seine Kondition. Vielleicht möchte er, dass die Mädchen aus seiner Klasse ihn attraktiv finden. Vielleicht möchte er sich von dem Geld, das er für Zigaretten ausgibt, etwas anderes leisten. Das Rauchen könnte die Erfüllung all dieser Wünsche verhindern. Deshalb sollte der Vater diese Wünsche ansprechen, um seinen Sohn zu motivieren, mit dem Rauchen aufzuhören. Holen Sie den Zuhörer dort ab, wo er im Moment steht – nicht dort, wo er Ihrer Meinung nach stehen sollte!

Hierfür gibt es effektive Strategien. Erfolgreiche Redner wissen, wie sie ihre Zuhörer zum Handeln bewegen, indem sie einen Wunsch einem anderen, attraktiveren gegenüberstellen. Raucht ein Jugendlicher, sollte man sich fragen, was er *noch mehr* will als rauchen. Anschließend kann man diesen Wunsch einsetzen, um eine Verbindung herzustellen. Indem Sie bestimmte grundlegende menschliche Motive ansprechen, lenken Sie subtil das Verhalten Ihrer Zuhörer. Die universellen menschlichen Wünsche zu verstehen und sie geschickt zu nutzen, ist entscheidend für Ihren Erfolg als Redner. Im Folgenden erfahren Sie, welche Wünsche das sind.

Einer der stärksten Wünsche eines Menschen ist der nach Gewinn. Aus diesem Grund stehen unzählige Menschen jeden Morgen zwei oder drei Stunden früher auf, als sie es unter anderen Umständen tun würden, und gehen zur Arbeit. Ein noch stärkeres Motiv ist der Wunsch nach Sicherheit. Für die meisten Menschen ist die Aussicht, Geld zu verdienen, zwar bereits ein starker Antrieb, kein Geld zu verlieren jedoch ist eine absolute Notwendigkeit. Sprechen Sie dieses Motiv Ihrer Zuhörer so effektiv wie möglich an, indem Sie einen Bezug zu ihrem Leben herstellen.

Um auf das Beispiel mit dem Rauchen zurückzukommen: Keine gute Strategie ist, eine Reihe von Lungenkrankheiten aufzuzählen, die Ihr Gegenüber in der Zukunft bekommen könnte. Zeigen Sie stattdessen, welche Konsequenzen das Rauchen *heute* hat. Die zeitliche Nähe ist in diesem Fall wichtiger als die Größe des Verlustes. Bekommt ein Jugendlicher kein Date mit seiner Angebeteten, weil sie Rauchen unattraktiv findet, wiegt das viel schwerer als die Vorstellung, in vierzig Jahren am Sauerstoffgerät zu hängen. So bedauerlich diese Eigenschaft der menschlichen Natur auch sein mag, sie ist eine Tatsache.

Neben dem Wunsch nach Gewinn und dem noch stärkeren Wunsch, keinen Verlust zu erleiden, erkannte Dale Carnegie ein noch weitaus stärkeres menschliches Motiv. Dale Carnegie nannte es *Stolz*. Man könnte dieses Bedürfnis mit den Worten »der Wunsch, von anderen bewundert zu werden« beschreiben, denn genau das bedeutet Stolz in diesem Zusammenhang. Dale Carnegie erklärte, wenn es gelänge, den Stolz der Zuhörer anzusprechen, sei die Wirkung absolut verblüffend.

Warum lesen Sie dieses Buch? Hatten Sie möglicherweise den Wunsch, einen besseren Eindruck auf Ihre Zuhörer zu machen? Wollen Sie zufrieden mit sich selbst sein, weil Sie eine erfolgreiche Rede gehalten haben? Und wenn Sie es geschafft haben, sind Sie dann nicht verständlicherweise stolz darauf, als Redner eine Wirkung auf Ihr Publikum zu haben, es zu aktiven Handlungen zu motivieren und von ihm respektiert zu werden?

Menschen lassen sich von ihren Gefühlen leiten und streben nach körperlichem Wohlbefinden und Lust. Rein materiell ist dieser Wunsch eine relativ oberflächliche Angelegenheit. Kaum jemand kauft sich ein teures Auto, um es dann in der Garage stehen zu lassen und sich heimlich über die teuren Ledersitze zu freuen. Sondern er will damit herumfahren und gesehen werden. Warum sind die Menschen in der westlichen Welt heutzutage so bedacht auf ihre körperliche Fitness? Millionen von Menschen treiben nicht deshalb Sport, weil sie den nächsten Marathon gewinnen wollen, sondern um am Strand, beim Einkaufen in der Stadt oder jeden Tag auf dem Weg zur Arbeit attraktiver zu sein.

Sie haben bereits Abraham Lincoln als herausragenden Redner kennengelernt. Aber auch Lincoln war nur ein Mensch, obwohl er den größten Teil seines Lebens in der Öffentlichkeit stand. Warum ließ er sich einen Bart wachsen? Nur deshalb, weil er keine Lust mehr hatte, sich jeden Tag zu rasieren? Oder wollte er schon morgens beim Blick in den Spiegel das Gefühl haben, einer berühmten Persönlichkeit ins Gesicht zu blicken? Der eigentliche Grund war, dass jemand ihm gesagt hatte, er besäße mit einem Bart mehr Autorität bei anderen Menschen. Er sei glaubwürdiger. Er würde *bewundert*.

Lincoln war über 1,90 Meter groß. Das war eine sehr beachtliche Größe zu einer Zeit, in der die Durchschnittsgröße eines Mannes bei 1,70 Meter lag. Dennoch trug Lincoln häufig einen

Hut, der ihn noch größer aussehen ließ. Lincoln war ein sehr erfolgreicher Mensch und im Grunde seines Herzens bescheiden. Trotzdem wollte er bewundert werden und aus der Menge herausstechen. Das ist eine grundlegende Eigenschaft des Menschen, und genau diese Eigenschaft bietet den besten Anknüpfungspunkt, um andere Menschen zum Handeln zu bewegen.

Stellen Sie sich bei der Vorbereitung auf Ihren Vortrag die folgenden Fragen: Was bieten Sie Ihren Zuhörern an, damit diese von Menschen, die ihnen wichtig sind, Bewunderung erfahren? Wer ist stolz auf den Verkäufer, der sein Monatsziel erreicht? Wer schreibt einen Brief an den Personalleiter, nachdem der Abteilungsleiter einen Streit erfolgreich beigelegt hat? Bei genauem Nachdenken finden Sie immer eine Art von *externem* Publikum, dem *Ihr* Publikum gefallen will. Haben Sie herausgefunden, welches Publikum das ist, dann zeigen Sie Ihren Zuhörern, was sie tun können, um dessen Anerkennung zu erhalten. Dann werden Ihre Zuhörer auch entsprechend handeln. Wenn Sie diese Handlungen mit Ihren wichtigsten Themen verknüpfen, ist Ihre Rede ganz sicher ein Erfolg.

Zum Abschluss eine kurze Zusammenfassung der wichtigsten Punkte dieses Kapitels: Erstens: Vor Gruppen sprechen bedeutet nicht, rhetorische Kunstgriffe zu verwenden. Möglicherweise war das in der Antike der Fall, heute jedoch ist die Kunst, sich elegant auszudrücken, bei weitem nicht das einzige Ziel. Es geht nicht mehr darum, was Ihre Zuhörer denken, während sie Ihnen zuhören. Es geht nicht einmal darum, was sie fühlen. Sondern ganz allein darum, was sie tun, sobald sie aufstehen und den Raum verlassen. Als Redner wollen Sie erreichen, dass Ihre Zuhörer die von Ihnen vorgeschlagene Richtung einschlagen.

Zweitens: Sie können bestimmte grundlegende Techniken anwenden, um dieses Ziel zu erreichen. Wichtig ist, einen Bezug zu dem herzustellen, was Ihre Zuhörer *wirklich* wollen. Möglicherweise haben Ihre Zuhörer nicht so edle Motive, wie Sie es sich wünschen. Aber Sie müssen Ihre Zuhörer dort abholen, wo sie gerade stehen, um Ihre Ziele zu erreichen. Erfolgreiche Redner haben dieses Prinzip immer beherzigt und es zu ihrem Vorteil eingesetzt. Nur mittelmäßige Redner versuchen, gegen die menschliche Natur anzukämpfen.

Drittens: Gewinnen Sie das Vertrauen der Zuhörer. Dieses Vertrauen müssen Sie sich jedoch erst verdienen – durch Ihre Ehrlichkeit, indem Sie auf die richtige Weise vorgestellt werden, weil Sie qualifiziert sind, über Ihr Thema zu sprechen, indem Sie Beweise und Informationen sowie eigene Erfahrungen mitteilen. Auch Ernsthaftigkeit ist ein wirkungsvolles Mittel, um Vertrauen zu schaffen, sogar bei sehr skeptischen Zuhörern.

Bringen Sie außerdem so viele Fakten wie möglich vor, um Ihren Punkt zu unterstreichen. Bereiten Sie sich auf jeden denkbaren Einwand vor. Je besser Sie auf Einwände vorbereitet sind, desto geringer ist die Chance, dass sie überhaupt aufkommen. Das mag seltsam klingen, hat sich aber häufig bewahrheitet.

Der wichtigste Punkt: Schaffen Sie eine Verbindung zwischen dem Wunsch nach Gewinn, dem Bedürfnis nach Sicherheit und dem Stolz darauf, von anderen Menschen bewundert zu werden, und dem Thema Ihrer Rede. Indem Sie diese universellen menschlichen Bedürfnisse ansprechen, erreichen Sie als Redner Ihre Ziele. Die Kunst der öffentlichen Rede besteht darin, zu erkennen, wie diese Bedürfnisse bei einem ganz bestimmten Publikum zu einer ganz bestimmten Zeit und an einem ganz bestimmten Ort wirkungsvoll angesprochen werden können.

Menschen zum Handeln zu motivieren ist ein wichtiges Ziel jedes Redners. In diesem Kapitel haben Sie konkrete Werkzeuge kennengelernt, um dieses Ziel zu erreichen. Im 7. Kapitel erfahren Sie, warum Sie nur wenige Minuten – in Wirklichkeit sogar nur wenige Sekunden – Zeit haben, um diese Strategien tatsächlich anzuwenden.

Die Kunst der öffentlichen Rede besteht darin,
eine Idee, die man innerhalb von zwei Minuten erklären könnte,
zwei Stunden lang zu erläutern.
EVAN ESAR

Dieses Land braucht mehr Reden, die es wert sind,
gehört zu werden.
HANSELL B. DUCKETT

Lediglich zwei Dinge sind schwieriger, als eine Rede zu halten:
eine nach vorne geneigte Wand hochzuklettern
und ein Mädchen zu küssen, das vor Ihnen flieht.
WINSTON CHURCHILL

7 Die erste Minute zählt! Sofort einen positiven Eindruck machen

Fragen Sie einen professionellen Redner nach der wichtigsten Lektion, die er oder sie lernen musste, werden Sie immer dieselbe Antwort erhalten: »Legen Sie sofort los. Ihre Rede muss schnell an Fahrt gewinnen, damit Sie sofort die Aufmerksamkeit Ihres Publikums gewinnen.«

Um das zu erreichen, planen erfolgreiche Redner genau, mit welchen Worten sie ihre Rede eröffnen und schließen wollen. Ein Anfänger tut das leider selten, und das ist ein großer Fehler. Die Aufmerksamkeit der Zuhörer bereits in der ersten Minute für sich zu gewinnen erfordert Zeit, sorgfältige Überlegung und Willenskraft. Wählen Sie nicht den einfachen Weg. Zwingen Sie sich, genau darüber nachzudenken, was Sie Ihrem Publikum sagen möchten. Überlegen Sie sich, welchen Eindruck Sie auf Ihr Publikum machen wollen. Und handeln Sie dann so, dass dieser Eindruck so schnell wie möglich entsteht.

Schon im antiken Griechenland bestand eine Rede aus drei Teilen: einer Eroffnung, einem Hauptteil und einem Schluss. Der Inhalt dieser drei Teile hat sich seitdem stark verändert. Früher war eine Eröffnung eine sehr einfache Angelegenheit. Redner hatten die Aufgabe, Nachrichten zu überbringen und das Publikum zu unterhalten. Die Zuhörer sehnten das Ende der Rede nicht herbei, weil öffentliche Vorträge ihr einziger Zeitvertreib waren.

In der heutigen Zeit jedoch haben Menschen zahlreiche andere Möglichkeiten, sich zu informieren und selbst zu unterhalten.

Unsere Welt ist geprägt von Fernsehen, iPods, Internet und Mobiltelefonen. In den letzten hundert Jahren gab es mehr technische Innovationen als in der gesamten Geschichte der Menschheit. Für Sie als Redner bedeutet das, sich dem von Ungeduld geprägten Rhythmus unserer Zeit anzupassen. Ihre Eröffnung muss so kurz und auffällig wie ein Banner auf einer Webseite sein. Denn länger kann das Publikum Ihnen gar nicht zuhören. Sie müssen sein Interesse sofort gewinnen. Gelingt Ihnen das, können Sie Ihre Rede fortsetzen – aber nur dann.

Martin Luther King Jr. war einer der berühmtesten Redner des 20. Jahrhunderts. Er wusste, wie er sein Publikum sofort fesseln konnte. Das sieht man besonders deutlich in der Eröffnung seiner berühmten Rede »Ich habe einen Traum«:

»Vor einem Jahrhundert unterschrieb ein berühmter Amerikaner, in dessen symbolischem Schatten wir heute stehen, die Freiheitsproklamation. Dieser bedeutungsvolle Erlass kam als heller Stern der Hoffnung zu Millionen von Negersklaven, die in den Flammen der vernichtenden Ungerechtigkeit versengt worden waren. [...] Aber einhundert Jahre später sind die Sklaven noch immer nicht frei.«

Eine solche Eröffnung kann niemand ignorieren. Niemand, der diese Sätze hört, wird gleichzeitig an sein Handy oder seinen iPod denken. Sie müssen nicht Martin Luther King Jr. sein, um als Redner erfolgreich zu sein, aber Sie sollten sich definitiv ein Beispiel an ihm nehmen. Nur so vermeiden Sie die häufigsten Fehler, die bei Reden gemacht werden.

Durchschnittliche Präsentatoren eröffnen ihren Vortrag normalerweise auf eine von zwei Arten – und beide sind falsch. Der erste Fehler besteht darin, zur Eröffnung eine lustige Geschichte zu erzählen. Sie haben bereits ein ganzes Kapitel darüber gelesen, warum Humor ein wichtiger Bestandteil einer Rede ist. Aber das heißt nicht, dass Humor das Erste sein sollte, was Ihr Publikum von Ihnen hört. Konzentrieren Sie sich darauf, die volle Aufmerksamkeit und den Respekt Ihrer Zuhörer zu gewinnen. Anschließend können Sie darüber nachdenken, wie sich die Stimmung ein wenig auflockern lässt. Eine gute Rede ist wie ein Menü mit mehreren Gängen. Humor ist dabei das Dessert, nicht der Hauptgang. Servieren Sie Ihren Zuhörern den Humor nicht zu früh, weil Sie glauben, sie damit schnell für sich zu gewinnen. In Wahrheit werden Sie das Publikum auf diese Weise sofort verlieren.

Mit Humor beginnen heißt, das Publikum auf seine Seite ziehen zu wollen, ohne sich dieses Privileg ehrlich verdient zu haben. Das zeugt von großer Unsicherheit – genau wie der zweite häufige Fehler, den ein Redner bei der Eröffnung seines Vortrags begehen kann. Kaum zu glauben: Die meisten Redner beginnen ihre Rede, indem sie sich dafür entschuldigen, dass sie überhaupt eine Rede halten! Sie sagen Dinge wie »Ich bin sicher kein begnadeter Redner ...«, »Ich bin nicht besonders gut auf diese Rede vorbereitet ...«, »Ich bin nicht sicher, ob ich wirklich etwas zu diesem Thema zu sagen habe« – und Ähnliches.

Auch das zeigt die Unsicherheit des Redners. Diese Menschen glauben, dass das Publikum sie kritisieren wird, deshalb versuchen sie, die Kritik vorwegzunehmen, indem sie sich selbst kritisieren. Tun Sie das auf keinen Fall! Wenn Sie nicht gut vorbereitet sind, finden einige Zuhörer das auch ohne Ihre Hilfe schnell genug heraus. Andere werden es gar nicht bemerken – also warum die Aufmerksamkeit darauf lenken? Eins ist jedenfalls sicher: Niemand will hören, wie Sie sich bereits vor Beginn der Rede entschuldigen.

In dem Moment, wo Sie vor Ihr Publikum treten, haben Sie bereits seine Aufmerksamkeit – aber nur für sehr, sehr kurze Zeit. Sie haben eine »Gnadenfrist« von fünf Sekunden, aber Sie müssen es schaffen, diese Zeitspanne auf mindestens fünf Minuten auszudehnen. Dann sind die Zuhörer auf Ihrer Seite, und Sie können mit dem Hauptteil der Rede beginnen. Verlieren Sie Ihre Zuhörer jedoch bereits zu Beginn, ist es sehr schwer, sie zurückzuholen. Beginnen Sie deshalb in der ersten Minute Ihrer Rede mit einer für die Zuhörer interessanten Sache – nicht erst in der zweiten oder dritten Minute, sondern sofort!

Wie geht das? Hierfür gibt es einige klare Richtlinien.

Im Folgenden finden Sie eine Eröffnung, die einer der Schüler aus Dale Carnegies Rhetorikkurs verwendete. Weckt diese Eröffnung Ihre Aufmerksamkeit?

»Vor zweiundachtzig Jahren und ungefähr um diese Jahreszeit wurde in London eine Geschichte veröffentlicht, die unsterblich werden sollte. Viele Menschen nannten sie ›das schönste kleine Buch der Welt‹. Nach der Veröffentlichung des Buches fragten die Menschen, wenn sie einander auf der Straße begegneten: ›Haben Sie es schon gelesen?‹ Und die Antwort war: ›Ja, Gott segne ihn, ich habe sein Buch gelesen.‹

Am Tag der Veröffentlichung wurden tausend Exemplare verkauft. Nach zwei Wochen waren bereits fünfzehntausend Exemplare verkauft. Seit damals gab es unzählige Auflagen in verschiedenen Sprachen. Das Originalmanuskript wurde für eine schier unglaubliche Summe verkauft und befindet sich nun mit weiteren unbezahlbaren Schätzen in einer privaten Bibliothek.«

Halten Sie das für eine gelungene Eröffnung, die Ihre Aufmerksamkeit weckt? Das geht den meisten Lesern so, und das Prinzip dahinter ist sehr einfach. Er lässt sich mit einem Wort ausdrücken: *Neugier.* Diese Eröffnung funktioniert deshalb so gut, weil sie eine Frage stellt und Spannung erzeugt, so dass jeder sich fragt, was wohl die Antwort sein mag. Der Redner tut nicht so, als ob das Schicksal der gesamten Menschheit auf dem Spiel stünde. Dennoch spricht er so beeindruckend von dem großartigen Erfolg des Buches, dass man sich einfach fragen muss, um welches Buch es sich handelt. Der Redner aber verrät es nicht. Er spannt die Zuhörer weiter auf die Folter und enthüllt erst nach mehreren Sätzen, dass es sich um Charles Dickens' *Eine Weihnachtsgeschichte* (*A Christmas Carol*) handelt. Zu diesem Zeitpunkt jedoch hat die Eröffnung bereits ihren Dienst getan. Der Redner konnte in den ersten Minuten die Aufmerksamkeit des Publikums gewinnen, und die Zuhörer sind bereit, sich den Rest der Rede anzuhören.

Neugier ist der Schlüssel. Dale Carnegie beschrieb das folgendermaßen: »Wer ist nicht empfänglich für Neugier? Mir sind schon Vögel im Wald nachgeflogen, die mich einfach aus reiner Neugier beobachtet haben. Ich kenne einen Jäger, der Elche anlockt, indem er, unter einem Bettlaken versteckt, am Boden kriecht. Auf diese Weise weckt er ihre Neugier. Hunde sind neugierig, genauso wie Katzen und alle anderen Tiere, und somit auch der uns bestens bekannte *Homo sapiens*.«

Gewinnen Sie das Interesse Ihrer Zuhörer in der ersten Minute, ist Ihnen deren ungeteilte Aufmerksamkeit für mindestens eine Stunde sicher. Der Grund dafür liegt in der Natur des Menschen: Menschen sind die neugierigsten Wesen der Welt. Um diese natürliche Neugier zu wecken, sollten Redner zwei Dinge über ihre Zuhörer wissen: Erstens, wie viel Interesse bringen die Zuhörer einem bestimmten Thema bereits entgegen? Und zweitens, welchen Wert sieht ein Zuhörer in dem Thema für sich, der ihn zu aktivem Handeln motivieren könnte?

Dazu ein hypothetisches Beispiel: Stellen Sie sich vor, Sie hielten eine Rede vor der Handelskammer oder einer lokalen Handelsorganisation. Stellen Sie sich weiter vor, Ihre Rede mit folgenden Worten zu beginnen: »Sehr geehrte Damen und Herren, ich beginne meine Rede mit einer wichtigen Mitteilung. Ich habe soeben erfahren, dass ein sehr wohlhabender Menschenfreund den ersten hundert Unternehmern, die zu ihm kommen, Schecks über fünftausend Dollar schenken möchte. Wenn Sie wissen wollen, wo Sie diesen Menschenfreund finden, dann fragen Sie mich einfach, und ich gebe Ihnen gerne seine Adresse.« Es liegt auf der Hand, dass jeder der Anwesenden sofort nach der Adresse fragen würde, weil Menschen grundsätzlich an Geld interessiert sind. Sie sind neugierig, woher sie ohne eigene Anstrengungen so viel Geld bekommen können. Sie sind ungemein interessiert an den Dingen, die Sie ihnen soeben mitgeteilt haben.

Stellen Sie sich nun vor, Sie hätten vor der Erwähnung des großzügigen Menschenfreundes etwas ganz anderes gesagt, und zwar Folgendes: »Reichtum hängt in hohem Maße davon ab, wie gut wir uns ausdrücken können. Deshalb lege ich Ihnen dringend ans Herz, sich ein Wörterbuch zu kaufen und jede Woche zwanzig neue Vokabeln zu lernen.« Sie haben keine klare Verbindung zwischen dem Wunsch, reich zu sein, und der Idee, durch das Lernen von neuen Wörtern zu Reichtum zu gelangen, geschaffen. Deshalb wird Ihr Publikum es wahrscheinlich nicht besonders eilig haben, in die nächste Buchhandlung zu laufen, um ein Wörterbuch zu kaufen. Dazu müssten Sie den Zusammenhang zwischen dem Gesagten und dem Interesse Ihrer Zuhörer sehr viel ausführlicher erläutern. Versprächen Sie zum Beispiel demjenigen, der einen schwierigen Vokabeltest besteht, eine größere Summe Geld, würden Sie erleben, dass viele Menschen bereit sind, schwierige Wörter zu lernen.

Ein weiteres Beispiel. Ein Student eröffnete ein Referat mit der Frage: »Wussten Sie, dass die Sklaverei auch heute noch in siebzehn Ländern der Erde existiert?« Das weckte nicht nur die Neugier der Zuhörer, sondern schockierte sie auch. »Sklaverei? In unserer Zeit? In siebzehn Ländern? Das erschien ihnen nahezu unglaublich. Um welche Länder handelt es sich? Wo sind diese Länder?

Neugier wecken Sie auch damit, dass Sie von einer außergewöhnlichen Sache berichten und die Menschen den Grund dafür wissen wollen. Ein weiterer Student begann seinen Bericht mit der folgenden erstaunlichen Aussage: »Ein Parlamentsabgeordneter schlug folgendes Gesetz vor: Kaulquappen dürfen dann nicht zum Frosch werden, wenn sie weniger als zwei Meilen von einer Schule entfernt sind.« Sie lachen. Macht der Redner einen Witz? Gab es ein solches Gesetz tatsächlich? Ja, in der Tat – und der Redner erklärte anschließend, wie es dazu kam.

Eine Kolumne zum Thema Job und Karriere der Zeitschrift *Fortune* weckte die Neugier der Leser mit der Frage: »Hat die Begeisterung Ihrer Mitarbeiter spürbar nachgelassen?« Mit diesen wenigen Worten kündigt der Autor das Thema des Artikels an und weckt die Neugier der Leser. Denn sie wollen selbstverständlich wissen, aus welchen Gründen Mitarbeiter die Begeisterung an ihrer Arbeit verlieren. Wer ein guter Redner werden will, sollte die Techniken studieren, mit denen Autoren die Neugier ihrer Leser wecken. Auf diese Weise lernen Sie viel mehr darüber, als wenn Sie sich unzählige Reden von anderen anhören.

Sie haben bereits erfahren, wie wichtig es ist, in einem Vortrag eine Geschichte zu erzählen. Allzu witzige Geschichten am Beginn einer Rede sind nicht unbedingt der beste Einstieg, andere Arten von Geschichten jedoch sind sehr wirkungsvoll. Zu allen Zeiten haben Schriftsteller ihre Leser unterhalten, informiert und amüsiert. Minnesänger sangen Balladen, trugen Gedichte vor und erzählten Heldensagen. Menschen lieben und brauchen Geschichten. Sie kaufen Bücher und Zeitschriften, gehen ins Theater oder ins Kino, hören Radio und sehen fern. Lassen Sie dieses grundlegende menschliche Bedürfnis nicht außer Acht, sondern nutzen Sie es für sich. Exotische Reiseberichte zum Beispiel sind ein absolut sicheres Mittel, um die Aufmerksamkeit der Zuhörer zu gewinnen. Sie können damit gar nichts falsch machen. Sie sorgen für Dynamik und fesseln die Zuhörer – und das Publikum hängt an Ihren Lippen. Kurz gesagt: Ihre Zuhörer werden darauf brennen zu erfahren, was als Nächstes geschieht. Aus diesem Grund hören sie Ihnen weiter zu.

Wie finden Sie folgende Eröffnung, die auf ganz andere Weise spannend ist? »Überall, wo Männer und Frauen zusammenarbeiten, kann es zu Flirts, romantischen Abenteuern und sogar Ehen kommen. Welche Probleme entstehen daraus für ein Unternehmen?«

Diese Eröffnung bringt den Ball mit einer offenen Frage ins Rollen. Der nächste Schritt besteht darin, eine realitätsnahe Erzählung zu liefern. Erzählen Sie von einer Liebesgeschichte am Arbeitsplatz. Das interessiert die meisten Zuhörer sicher brennend. Kehren Sie anschließend zu Ihrer ursprünglichen Frage zurück und bringen Sie Ihre Argumente vor.

Selbst ein blutiger Anfänger kann mit Hilfe einer Geschichte seine Rede gekonnt eröffnen und das Interesse der Zuhörer wecken. Normalerweise ist es für ein Publikum schwierig bis unmöglich, abstrakten Argumenten über einen längeren Zeitraum zu folgen. Erzählungen sind viel besser nachvollziehbar – warum also nicht mit einer kurzen Geschichte beginnen? Viele Redner fürchten sich jedoch davor. Sie glauben, dass sie mit allgemeinen Aussagen eher ernst genommen und respektiert werden als mit Geschichten. Aber dem ist nicht so. Nutzen Sie lieber eine Methode, die ganz sicher funktioniert, anstatt darüber zu philosophieren, welche Strategie besser sein *könnte*. Beginnen Sie deshalb mit einer Geschichte, um das Interesse des Publikums zu wecken, und legen Sie anschließend Ihre Argumente dar.

Der wahrscheinlich einfachste Weg, Interesse zu wecken, besteht darin, Menschen einen konkreten Gegenstand zu zeigen. Eine Teilnehmerin eines Dale-Carnegie-Kurses eröffnete eine Rede, indem sie einen Rabattgutschein hochhielt. Erwartungsgemäß sahen die Zuhörer sie aufmerksam an. Anschließend fragte sie: »Haben Sie schon einmal einen solchen Gutschein mit der Post bekommen? Mit diesem Gutschein erhalten Sie eine kostenlose Bootsfahrt, ein Abendessen sowie eine Führung über neuen Baugrund am Hudson River. Man ruft dort an und erklärt, dass man in Besitz des Gutscheins ist. Und schon hat man einen Termin für den Ausflug vereinbart.« Damit gewann sie sofort die Aufmerksamkeit der Zuhörer. Anschließend berichtete sie, dass dieser Trick angewendet wird, um potentielle Grundstückskäufer in eine aggressive Verkaufsveranstaltung zu locken.

Diese Eröffnung der Kursteilnehmerin hat eine weitere hervorragende Eigenschaft: Zu Beginn wird eine Frage gestellt, die jeder mit *Ja* beantworten kann. Jeder hat schon einmal Werbung mit der Post erhalten. Die Frage bewirkt, dass die Zuhörer sich mit dem Redner identifizieren und seine Worte bereitwillig aufnehmen.

Der geniale Schachzug, gleich zu Beginn eine Frage zu stellen, ist einer der einfachsten und sichersten Wege, um die Aufmerksamkeit der Zuhörer zu fesseln. Die Methode ist noch wirkungsvoller, wenn Sie statt einer eigenen Frage die Frage einer berühmten Persönlichkeit zitieren. Die Worte berühmter Menschen werden vom Publikum bereitwillig aufgenommen. Ein passendes Zitat ist somit eine hervorragende Möglichkeit, eine Rede zu eröffnen. Ein Beispiel:

»Die Menschheit ist ein Ozean. Wenn einige Tropfen des Ozeans schmutzig sind, wird der Ozean nicht schmutzig. Warum also sollten wir wegen der Taten einiger weniger Menschen den Glauben an die Menschheit verlieren?«

Diese Eröffnung hat mehrere Vorteile. Die ersten Sätze wecken die Neugier der Zuhörer: Warum sollten wir an die Menschheit glauben? Nach einer gekonnten Pause des Redners erfahren die Zuhörer schließlich, wer diesen Satz gesagt hat: Mahatma Gandhi. Bei der Erwähnung dieses Namens möchte das Publikum automatisch mehr erfahren. Der Redner spricht weiter: »Aber wie können wir Gandhis Glauben an die Menschheit teilen, obwohl es in Indien so viele Aufstände, so viel Armut und Leid gibt?« Das Publikum wird darauf brennen, die Gründe zu erfahren! Möglicherweise ist es nicht derselben Meinung, aber es möchte wissen, welche Gründe der Redner vorzubringen hat. Anschließend beginnt der Redner, seine Argumente darzulegen.

Vergessen Sie bei der Eröffnung einer Rede nicht: Menschen sind in erster Linie an sich selbst interessiert. Das Interesse der Zuhörer an sich selbst sollten Sie in jedem Fall für Ihre Eröffnung nutzen, denn so sind Sie sich deren Aufmerksamkeit sicher. Das sagt schon der gesunde Menschenverstand – dennoch wird dieser Trick häufig nicht eingesetzt. Ein Beispiel: Ein Redner wollte einen Vortrag über die Notwendigkeit regelmäßiger ärztlicher Vorsorgeuntersuchungen halten. Wie begann er seine Rede? Er erzählte die Geschichte der Gesundheitsorganisation, für die er arbeitete, und beschrieb Struktur und Aufgabe der Organisation. Ein großer Fehler! Die Zuhörer interessiert die Gründungsgeschichte der Organisation nicht im Geringsten, aber sie sind überaus interessiert an ihrem eigenen Wohlergehen.

Warum also nicht diese Tatsache nutzen? Der Redner hätte ganz einfach zeigen können, was seine Organisation für die Zuhörer tun kann. Eine solche Eröffnung sieht zum Beispiel folgendermaßen aus: »Wissen Sie, welche Lebenserwartung Sie nach den Statistiken der Versicherungen haben? Lesen Sie selbst nach: Ein dreißigjähriger Mann hat statistisch gesehen noch vierundvierzig Jahre zu leben, und eine Frau desselben Alters noch fünfzig. Ist das genug Zeit? Reicht Ihnen das? O nein, wir alle wollen noch länger leben. Diese Tabellen basieren auf Millionen von Daten. Können Sie und ich dann hoffen, dass unser Leben länger dauern wird als prognostiziert? Ja, wenn wir auf unsere Gesundheit achten. Der erste Schritt besteht darin, regelmäßig zu Vorsorgeuntersuchungen zu gehen.«

Nachdem die Notwendigkeit von Vorsorgeuntersuchungen plausibel erklärt wurde, sind die Zuhörer daran interessiert, welche Gesundheitsorganisation sie dabei unterstützen kann. Verheerend ist jedoch, gleich zu Beginn ohne jeglichen Bezug zu den Zuhörern mit der Tür ins Haus zu fallen!

Ein weiteres Beispiel: Ein Student hielt eine Rede darüber, warum der Schutz der Wälder wichtig ist: »Wir als Amerikaner sollten stolz auf unsere Natur sein.« Anschließend legte er dar, dass die Wälder mit einer ungeheuren und beschämenden Geschwindigkeit abgeholzt würden. Diese Eröffnung war jedoch viel zu allgemein und zu vage. Er konnte seinen Zuhörern nicht begreiflich machen, warum das Thema für jeden Einzelnen von ihnen lebenswichtig war. Möglicherweise arbeitet einer der Zuhörer in der Druckindustrie. Die Zerstörung der Wälder hat Einfluss auf die Papierkosten. Mehr noch, die gesamte Wirtschaft ist von der Abholzung von Millionen von Bäumen betroffen. Eine wirkungsvollere Eröffnung wäre daher folgende: »Das Thema, über das ich heute sprechen möchte, hat Einfluss auf Ihr Geschäft – ganz egal, in welcher Branche Sie tätig sind. Es hat Einfluss auf den Preis der Nahrungsmittel und die Höhe unserer Miete. Es wirkt sich auf unseren Wohlstand und unseren Reichtum aus, und zwar nicht nur in dieser Generation, sondern in allen zukünftigen Generationen.«

Ist das übertrieben? Nein, bestimmt nicht. In dieser Eröffnung befolgt der Redner Dale Carnegies Rat, ein Bild des großen Ganzen zu zeichnen und damit die Aufmerksamkeit der Zuhörer zu wecken.

Sie können Ihr Publikum bis zu einem gewissen Grad sogar schockieren. Rütteln Sie Ihre Zuhörer wach. Sagen Sie etwas, das sie aus ihren Tagträumen reißt. Heutzutage bedarf es starker Impulse, um die Aufmerksamkeit anderer Menschen zu gewinnen. Um ein effektiver Redner zu sein, müssen Sie diese Aufmerksamkeit mit allen Mitteln einfordern. Bringen Sie die Dinge klar und eindrucksvoll vor, auch wenn das zu Kontroversen und Unverständnis führt. Ein Beispiel finden Sie in folgender Rede über das Leben in amerikanischen Großstädten:

»In Amerika leben mehr Verbrecher als irgendwo sonst auf der Welt. In Cleveland laufen sechsmal so viele Mörder herum wie in London, obwohl London eine viel größere Stadt ist. In Cleveland geschehen, gemessen an der Bevölkerung, 170-mal mehr Raubüberfälle als in London. Jedes Jahr werden in Cleveland mehr Menschen ausgeraubt oder bedroht als in ganz England, Schottland und Wales zusammen. Allein in New York City gibt es mehr Tötungsdelikte als in Frankreich, Deutschland, Italien und auf den Britischen Inseln.«

Diese Eröffnung ist deshalb so erfolgreich, weil der Redner seine Worte kraftvoll und ernsthaft vorbringt. Er zeichnet ein lebendiges Bild der Situation und erweckt sie für die Zuhörer zum Leben. Ein weniger erfolgreicher Redner würde wahrscheinlich eine Reihe von Statistiken anführen. Der Inhalt ist dann zweifellos richtig. Was fehlt, ist die Leidenschaft.

Ein weiteres Beispiel für eine Eröffnung mit Begeisterung: Der Redner beginnt damit, dass er sich im Moment sehr verletzlich fühlt, anschließend jedoch nimmt sein Vortrag eine überraschende Wendung.

»Ich muss zugeben, dass ich mich gerade wie das sprichwörtliche Kaninchen vor der Schlange fühle. Kennen Sie dieses Gefühl? Ich denke schon, und ich hoffe es sogar. Dieses Gefühl ist für niemanden angenehm, aber absolut notwendig, um sich zu verändern und weiterzuentwickeln – im Berufs- wie im Privatleben.

Die Augenblicke, in denen Sie sich wie das Kaninchen vor der Schlange fühlen, können furchterregend, schmerzhaft und manchmal sogar katastrophal sein, aber sie bergen auch die größte Chance für positive Veränderungen und Weiterentwicklung. Ich hatte das Glück, viele erfolgreiche Menschen kennenzulernen. Eine Sache, die sie alle gemeinsam haben, ist, dass sie die schwierigsten Momente ihres Lebens in besonderer Weise schätzen gelernt haben.

Und mehr noch: Erfolgreiche Menschen *lieben* Situationen, in denen sie an eine persönliche Grenze stoßen. Das ist absolut logisch, denn in genau diesen Momenten findet man heraus, wer man wirklich ist und was man erreichen kann. Und ich verspreche Ihnen: Sie können viel mehr erreichen als Sie glauben. Aber Sie werden es nur herausfinden, wenn Sie bereit sind, den schwierigen Weg zu gehen.

Ich habe in meinem Berufsleben viele wirklich schwierige Situationen erlebt. Ich weiß genau, dass sie in dem Moment, wo sie passieren, überhaupt nicht lustig sind. Aber ich habe gelernt, dass gerade in solchen Extremsituationen die größte Gefahr ist, aufzugeben und in eine Schockstarre zu verfallen. Das passiert leider sehr vielen Menschen. Heute erfahren Sie nicht nur, wie Sie das verhindern, sondern auch, wie Sie diese extremen Momente zu Ihrem Vorteil nutzen können: für Ihren Beruf ebenso wie für Ihr Privatleben oder Ihre ganz persönliche Weiterentwicklung.

Wieso können manche Menschen mit Druck umgehen, während andere daran zerbrechen? Was fehlt manchen Menschen, um selbst unangenehme Situationen erfolgreich zu meistern? Im folgenden Vortrag erhalten Sie eine detaillierte Antwort auf all diese Fragen.«

Nach einer solchen Eröffnung will jeder Zuhörer wissen, was als Nächstes kommt. Sie haben nun verschiedene, sehr effektive Methoden für Eröffnungen kennengelernt. Nachdem Sie Ihre Eröffnung formuliert haben, sollten Sie üben, diese entspannt vor Publikum vorzutragen. Sie haben den wichtigsten Teil Ihrer Rede bereits erarbeitet. Lächeln Sie. Treten Sie selbstsicher und kontrolliert auf. Die Bühne gehört Ihnen, und die Zuhörer sind auf Ihrer Seite, sobald sie Ihre kraftvolle Eröffnung gehört haben. Denken Sie daran: Die größte Chance, mit Ihrer Rede etwas zu bewegen, besteht in den ersten sieben Sekunden. Nutzen Sie diese Chance!

Achten Sie dabei auf Ihre Körpersprache. Mehr als jedes Anschauungsmaterial zeigen Sie mit Ihrer eigenen Person, was Ihnen wichtig ist. Setzen Sie deshalb Gestik und andere Bewegungen so effektiv wie möglich ein. Sind die Zuhörer noch dabei, sich auf Ihren Plätzen einzurichten, unterhalten sie sich oder rascheln mit Papier, dann warten Sie und sehen Sie die Beteiligten an. Sie werden überrascht sein, wie sehr das Ihre Autorität steigert.

Machen Sie nach Ihrer Eröffnung eine kurze Pause, bevor Sie weitersprechen. Achten Sie darauf, keine »Ähs« und »Hms« von sich zu geben. Eine Pause ist häufig ein gutes Stilmittel, aber zeigen Sie, dass die Pause beabsichtigt ist. Rufen Sie sich ins Gedächtnis, dass eine Pause von Zeit zu Zeit auf jeden Fall erlaubt ist, dann können Sie sich besser auf das konzentrieren, was Sie als Nächstes sagen möchten.

Bleiben Sie ruhig. Die Bühne gehört Ihnen, und niemand stellt Ihre Autorität in Frage – außer, Sie selbst tun es. Von nun geht alles wie von selbst.

Hören Sie in jedem Fall auf zu sprechen,
bevor Ihr Publikum aufgehört hat, Ihnen zuzuhören.
DOROTHY SARNOFF

Sprechen Sie, wenn Sie wütend sind –
und Sie werden die beste Rede halten,
die Sie jemals bereut haben.
LAURENCE J. PETER

Jeder Redner hat einen Mund.
Manchmal ist er voll mit Weisheit,
manchmal kommt nur Unsinn heraus.
ROBERT ORBEN

8 Die Kunst der Überzeugung, Teil 1

In Ihrer Karriere als Redner wird es früher oder später vorkommen, dass das Publikum Ihre Botschaft nicht hören will. Ein derartiges Publikum ist nicht unbedingt feindselig eingestellt. (Zu diesem Thema erfahren Sie mehr in einem späteren Kapitel.) Aber es ist skeptisch und stellt Ihre Botschaft in Frage. Ein solches Publikum lässt sich mit einem trotzigen Kind vergleichen, das sein Abendbrot nicht essen will, obwohl es hungrig ist. Ein Vater oder eine Mutter überlegt sich dann eine Geschichte, in der die Erbsen wie ein Auto in einen »Tunnel« fahren, um das Kind zum Essen zu bewegen. Genauso gilt es, Wege zu finden, Ihre Zuhörer zu überzeugen, Ihnen zuzuhören. Die Zuhörer sollten denken, dass sie von allein zur erwünschten Schlussfolgerung gekommen sind. Statt den Redner für seine Klugheit zu bewundern, sollten sie sich am Ende zu ihrer eigenen Intelligenz gratulieren.

Im Allgemeinen hat man drei Möglichkeiten, andere von einer Sache zu überzeugen: Der Redner kann an die Vernunft seiner Zuhörer appellieren, ihre Gefühle ansprechen oder sich auf die Überzeugungskraft seines eigenen Charakters, seiner Persönlichkeit oder seiner Kompetenz verlassen. Dieses Kapitel handelt von allen drei Arten der Überzeugung.

Der griechische Philosoph Aristoteles schrieb eine der umfangreichsten Abhandlungen über die Kunst der öffentlichen Rede in der Geschichte. Er brachte darin den Wunsch zum Ausdruck, jegliche Kommunikation solle mit Hilfe der Vernunft erfolgen. Viele Menschen würden ihm wahrscheinlich zustimmen. Der französische Mathematiker, Philosoph und Physiker René Descartes zum Beispiel stellte alles in Frage – auch seine eigene Existenz. Aber er bewies seine Existenz – zumindest so, dass er selbst davon überzeugt war –, indem er sein eigenes Denken als Beweis anführte. Denn um seine Existenz zu bezweifeln, musste es auch eine Person geben, die sie in Zweifel zog, und diese Person musste er selbst sein. Er drückte diese Schlussfolgerung mit dem berühmten Axiom »Ich denke, also bin ich« aus. Diese Aussage ist absolut logisch und vollkommen emotionslos. Sie beinhaltet keinerlei Wertung, ob diese Existenz etwas Gutes oder Schlechtes ist. Die Vernunft allein ist Beweis genug, und die Überzeugungskraft der Aussage liegt in ihrer Transparenz und Einfachheit.

Aber auch in der Antike gab es Befürworter emotionaler Reden. Der berühmte römische Redner Cicero empfahl den Einsatz von Emotionen am Ende einer Rede. Heute setzt man Emotionen in jedem Teil einer Rede ein. Möglicherweise fragen Sie sich, warum Gefühle so viel wirkungsvoller sind als Vernunft. In jedem Fall sollten Sie als moderner Redner diese Tatsache in Ihren Reden berücksichtigen!

Die Dokumentation *Eine unbequeme Wahrheit* (*An Inconvenient Truth*) des ehemaligen amerikanischen Vizepräsidenten Al Gore über die globale Erwärmung war ein großer Erfolg, obwohl die Meinungen darüber geteilt waren. Der Film erhielt den Oscar für den besten Dokumentarfilm und wurde von einem Millionenpublikum gesehen. Er entstand aus einer PowerPoint-Präsentation, die Al Gore in den Jahren vorher über tausendmal in verschiedenen Städten gezeigt hatte. Sie enthält Statistiken und wissenschaftliche Forschungsergebnisse kombiniert mit Bildern von Gletschern und Stränden. Ohne die emotionale Kraft der Bilder hätten die Zahlen und Grafiken niemals das Interesse irgendeines Publikums geweckt. Al Gore hatte diesen Vortrag so oft gehalten, dass er genau wusste, wie er sogar nackte Zahlen mit starken Emotionen versehen konnte. In dem Film formuliert er seine Meinung häufig in Form von Fragen. Er fragt zum Beispiel: »Welche Forschungsergebnisse gibt es zu diesem Punkt?« oder »Wie viele Jahre wird dieser Prozess Ihrer Meinung nach dauern?« Mit dieser Technik wird selbst die Präsentation eines einfachen Balkendiagramms zu einer schockierenden Enthüllung. Andere Redner sind sogar noch weiter gegangen. Emotionen sind zu Beginn des 21. Jahrhunderts der sicherste Weg, eine Verbindung zu einem großen Publikum zu schaffen. Als Redner müssen Sie diese Technik beherrschen, und als Zuhörer sollten Sie sich vor ihr in Acht nehmen.

Eine dritte Methode besteht darin, als Redner die eigene Persönlichkeit ins Spiel zu bringen. Normalerweise zeigt ein Redner seinem Publikum, dass er sein Thema beherrscht und seinen Zuhörern einen Nutzen bringen will. Der Redner muss fachlich kompetent wirken und als Mensch sympathisch sein, um zu überzeugen.

Bevor Sie die eine oder andere Methode oder sogar alle drei oben erwähnten Methoden einsetzen, ist ein geeigneter Rahmen für Ihre Rede notwendig. Selbst wenn Sie als Redner extrem emotional auftreten wollen, können Sie sich nicht einfach vor Ihrem Publikum auf die Knie werfen und es anflehen, Ihren Anweisungen Folge zu leisten. Sie brauchen einen Rahmen, in dem Sie Ihre Gefühle und Gedanken präsentieren und in dem Ihre Rede als Ganzes wirkt.

In diesem Kapitel erhalten Sie Anregungen, wie Sie Ihre Botschaft überzeugend vermitteln. Fünf Aspekte Ihrer Rede sollten so gut wie möglich ausgearbeitet sein. Sie stellen die Bausteine für eine überzeugende Rede dar, und jeder erfolgreiche Redner weiß, wie er sie effektiv einsetzen kann. Die fünf Bausteine sind: Finden, Strukturieren, Ausformulieren, Erinnern und Vortragen von Gedanken.

Beim ersten Baustein *Finden* geht es darum, die passenden Inhalte zu finden, um ein Thema überzeugend zu vermitteln. Dazu muss man verstehen, was das Publikum über das Thema denkt, und dieses Wissen anschließend mit der eigenen Botschaft verknüpfen. Das Finden der Gedanken bezieht sich also darauf, *was* ein Redner sagen will, nicht darauf, *wie* er es sagt.

John F. Kennedy zum Beispiel wollte bei seiner Antrittsrede die Zuhörer herausfordern, aber auf positive Weise. Er wollte die Nation aus der Selbstzufriedenheit reißen, die die 1950er Jahre geprägt hatte, und sie in eine neue Ära verantwortlichen, sozialen Handelns führen. Wie gelang ihm das? Präsidenten wie Lincoln und Truman verwendeten oft die Sprache des »einfachen Mannes«, Kennedy hatte einen ganz anderen Stil. Er war Harvard-Absolvent und Kriegsheld. Er war ein junger Präsident, aber er hatte schon viel von der Welt gesehen. Als Intellektueller besaß er zudem einen ganz eigenen Sinn für Humor – nicht platt, sondern feinsinnig und trocken. Diese Persönlichkeit wollte er seinen Zuhörern präsentieren und dabei seine Botschaften überzeugend und eindringlich vermitteln.

Lesen Sie im Folgenden eine berühmte Passage aus John F. Kennedys Antrittsrede:

»Von diesem Ort und dieser Stunde soll an Freund und Feind gleichermaßen die Kunde ausgehen, dass die Fackel weitergereicht wurde an eine neue Generation von Amerikanern – geboren in diesem Jahrhundert, gestählt durch Krieg, diszipliniert durch einen harten und bitteren Frieden, stolz auf das Vermächtnis unserer Vorfahren – und nicht bereit, tatenlos einer schleichenden Aushöhlung jener Menschenrechte zuzusehen, denen diese Nation immer verpflichtet war und denen wir auch heute verpflichtet sind, in unserem eigenen Land und auf der ganzen Welt.«

Diese Worte hätte weder Kennedys Vorgänger Dwight Eisenhower noch Harry Truman, ja nicht einmal Abraham Lincoln glaubhaft vortragen können. Und auch John F. Kennedy selbst konnte diese Worte nur in seiner Rolle als Führer der Nation sprechen. Die ersten Worte machen bereits deutlich, wer spricht: Nicht Jack Kennedy, nicht John Kennedy, nicht einmal John F. Kennedy. Sondern John Fitzgerald Kennedy, Präsident der Vereinigten Staaten von Amerika. Sobald wir die Persönlichkeit des Redners kennen, haben wir ein klares Bild davon, was er sagen wird.

Das führt uns zum zweiten Baustein, zur Struktur der Gedanken. Mit *Struktur* meint man nicht die konkreten Worte einer Rede, sondern die Anordnung des Themas und seiner Inhalte. Eine gute Struktur ist extrem wichtig, da ein Redner auf keinen Fall den Eindruck erwecken sollte, er habe sich im Thema verloren. Sie müssen Ihrem Publikum zeigen, dass Ihre Rede einen Anfang, einen Hauptteil und ein Ende hat und dass Sie wissen, worüber Sie gerade sprechen, was Sie schon gesagt haben und was Sie noch sagen wollen.

In seiner einfachsten Form lässt sich der Baustein *Strukturieren* auf eine alte Formel reduzieren: »Sagen Sie am Anfang, was Sie erzählen wollen. Erzählen Sie es dann. Und sagen Sie am Ende, was Sie erzählt haben.« In der Praxis wird ein guter Redner sicher eine subtilere und komplexere Struktur wählen. Sie könnten zum Beispiel eine These vorstellen, anschließend eine Gegenthese bringen und dann mit einer dritten These schließen, die das Gegenargument widerlegt. Sie können Fakten hinzufügen, um die vorgestellten Thesen zu stützen oder zu entkräften. Sie können sogar Humor oder persönliche Gedanken einflechten. Egal, wofür Sie sich entscheiden: Machen Sie deutlich, dass Sie genau diese Struktur mit voller Absicht gewählt haben. Zeigen Sie, dass Sie wissen, wie Sie Ihre Punkte erläutern möchten und wann Sie welches Argument vorbringen wollen. Das ist entscheidend, um eine Rede wirkungsvoll zu strukturieren.

Anschließend kommen wir zum dritten Baustein einer überzeugenden Rede: der *Ausformulierung* der Gedanken, kurz: dem Stil. Während Struktur die allgemeine Anordnung der verschiedenen Gedanken bedeutet, meint Stil die konkreten Wörter, mit denen diese Gedanken vermittelt werden. Struktur bezieht sich darauf, *wo* man einen Gedanken anführt, Stil, *wie* man diesen Gedanken ausdrückt. Lange Zeit schenkte man dem Stil mehr Aufmerksamkeit als jedem anderen Aspekt der Rede. Denn hier zeigt sich die Persönlichkeit des Redners am deutlichsten. Mittels des Stils erkennen die Zuhörer den Charakter und das Wissen eines

Redners. Anhand des Stils entscheidet das Publikum auch, ob es jemanden sympathisch findet oder nicht, und noch wichtiger: ob es ihm glaubt.

Erinnern Sie sich an John F. Kennedys Antrittsrede. Versetzen Sie sich in die Lage von Präsident Kennedy. Sie sind nach achtjähriger Amtszeit von General Eisenhower zum Präsidenten gewählt worden. Sie sind der jüngste Präsident aller Zeiten, während Dwight Eisenhower einer der ältesten Präsidenten war. Eisenhower war in vieler Hinsicht ein hervorragender Präsident – und hatte mit Sicherheit sehr viel mehr Erfahrung als John F. Kennedy. Er vermied es aber, Fragen zu beantworten, und nuschelte stattdessen lieber etwas in seinen Bart hinein. Selbst in einem kurzen Satz verwendete er viele »Hms« und »Ähms«. Er wirkte häufig konfus und abgelenkt. Wie würden Sie sich als Präsident Kennedy von einem solchen Vorgänger abgrenzen? Welchen Ausdrucksstil würden Sie einsetzen, um Ihrer Präsidentschaft Ihren eigenen Stempel aufzudrücken?

Heutzutage wäre für viele Menschen der pragmatische Stil des »einfachen Mannes« die erste Wahl. Wir wollen nicht arrogant oder eingebildet erscheinen, deshalb vermeiden wir hochtrabende Phrasen oder schwieriges Vokabular. Das vermied auch ein anderer berühmter Redner des 20. Jahrhunderts, Präsident Ronald Reagan. Er sprach mit seinen Zuhörern so, wie man sich mit seinem Nachbarn über den Zaun hinweg unterhält, wenn man gerade beim Rasenmähen eine Pause macht. John F. Kennedy jedoch war anders. Er wollte nicht als der nette Nachbar von nebenan betrachtet werden. Er wollte Shakespeare und Churchill zitieren. Er wollte an die edleren Motive und Wünsche der Menschen appellieren. Wie würden Sie sich ausdrücken, hätten Sie genau diese Rolle für sich gewählt?

Das ist gar nicht so einfach, oder? Genau deshalb haben sich wenige Menschen dazu entschlossen, die gleichen Charakterzüge wie John F. Kennedy nach außen zu vermitteln. Den meisten Menschen würde das unpassend erscheinen. Für Kennedy war es genau richtig, und er konnte es glaubhaft vermitteln. Aus diesem Grund verwendete er in seiner Antrittsrede viele stilistische Kunstgriffe, die zum Teil heute noch zitiert werden. Zum Beispiel sagte er: »Fragen Sie nicht, was Ihr Land für Sie tun kann. Fragen Sie, was Sie für Ihr Land tun können.« Stilistisch ist das sicher kein Satz, wie man ihn jeden Tag sagen würde. Aber an diesem Tag und in diesem Kontext war er für John F. Kennedy genau passend. Er war überzeugend. Er war perfekt, was das Finden, Strukturieren und stilsichere Ausformulieren der Gedanken anging.

Lesen Sie nun zum Vergleich folgendes Zitat aus der Rede von Ralph Nader, in der er seine Kandidatur für das Amt des Präsidenten ankündigte:

»Ich habe mich entschlossen, Sie um die Nominierung zu bitten, weil Hindernisse überwunden werden müssen, die sich einer Lösung der Ungerechtigkeiten und Probleme in unserer Gesellschaft in den Weg stellen. Das Gefühl der Machtlosigkeit und der Rückzug aus gesellschaftlichen und politischen Bereichen großer Teile der amerikanischen Bevölkerung sind zutiefst verstörend. Diese Situation muss eine frische politische Bewegung lösen, die unmittelbar aus der Mitte der Bevölkerung entspringt – aus den Mühen, den Ressourcen und den Träumen davon, was Amerika letztlich sein kann.«

Dieser Stil unterscheidet sich grundlegend von dem Kennedys, und er ist viel weniger effektiv. Das Problem ist jedoch nicht nur der Stil. Das Problem hat auch mit dem ersten Baustein zu tun, dem Finden der Gedanken für die Rede. Nader hätte nie die gleichen feinsinnigen Gedanken haben können wie Kennedy. Nader hatte keine Grundlage geschaffen, um als eindrucksvoller öffentlicher Redner aufzutreten. Er steckte fest in seiner Rolle als Hüter der öffentlichen Ordnung, und er klang auch so. Aber zumindest passte es zu seiner Person, denn so war er tatsächlich. Nader hätte niemals so sprechen können wie Kennedy – genauso wenig hätte Kennedy wie Nader sprechen können.

Wählen Sie als Redner den Stil, den Sie für einen bestimmten

Anlass verwenden, genauso sorgfältig aus wie Ihre Kleidung. Bei einer Rede vor einer Gruppe von Landwirten auf einer Viehauktion tragen Sie andere Kleidung als bei einer Hochzeitszeremonie oder einem Staatsbankett. Sie würden die Landwirte sicher mit anderen Worten von einer bestimmten Sache zu überzeugen versuchen als die englische Königin. Der Schlüssel liegt darin, dass Sie genau wissen, welche Ziele und Bedürfnisse in einer bestimmten Situation wichtig sind – vorausgesetzt, diese passen zu Ihrer Persönlichkeit. Ihre Rede muss auf Ihr Publikum abgestimmt sein. Damit Sie überzeugend sind, müssen Ihre Worte zu Ihren Gedanken passen.

Im ersten Kapitel haben Sie erfahren, dass es gefährlich ist, einen Vortrag Wort für Wort auswendig zu lernen. In den meisten Fällen funktioniert das einfach nicht. Denn wenn Sie eine Rede auswendig gelernt haben und Ihr Gedächtnis Sie plötzlich im Stich lässt, sitzen Sie in der Falle. Deshalb ist der vierte Baustein für eine überzeugende Rede ein gutes *Erinnerungsvermögen*.

Heute gilt als intelligent, wer über eine mathematische und naturwissenschaftliche Begabung verfügt. In früheren Zeiten setzte man Intelligenz mit einem guten Gedächtnis gleich. Wahrscheinlich liegt es an dieser älteren Definition, dass viele Menschen beweisen wollen, wie gut ihr Gedächtnis ist. Früher konnten selbst durchschnittliche, wenig gebildete Männer und Frauen lange Passagen aus der Bibel auswendig aufsagen. Einige Redner hielten mehrstündige Vorträge aus dem Gedächtnis heraus. Man erwartete das von einer intelligenten Person ganz einfach, und gute Redner wollten diese Erwartung erfüllen. Denken Sie zum Beispiel an Theodore Roosevelt: Er hielt einmal eine neunzigminütige Rede in Wisconsin, die er selbst geschrieben hatte. Und seine Leistung war sogar noch bemerkenswerter, denn vor Beginn seiner Rede war auf ihn geschossen worden. Glücklicherweise befand sich das Manuskript der Rede in seiner Brusttasche und bremste die Kugel ab, so dass der Schuss nicht tödlich war. Der Nachteil war allerdings, dass er seine Rede komplett aus dem Gedächtnis halten musste, was ihm auch gelang. Anschließend begab er sich ins Krankenhaus.

Die Zeiten haben sich geändert. Nur noch wenige Menschen könnten eine lange Rede vollständig aus dem Gedächtnis halten, und man erwartet es auch gar nicht mehr von ihnen. Aber das Gedächtnis spielt immer noch eine große Rolle beim Halten von Vorträgen. Im Zusammenhang damit hat eine ganz bestimmte Redetechnik schon viele Menschen in Schwierigkeiten gebracht. Bestimmt ist sie Ihnen bereits begegnet. Möglicherweise haben Sie sie sogar schon selbst eingesetzt. Sie besteht darin, einen Vortrag mit den Worten zu beginnen: »Ich möchte zu diesem Thema fünf wichtige Punkte erläutern.« Manche Menschen machen es sich sogar noch schwerer. Sie sagen: »Ich möchte über sieben Punkte sprechen«, oder sie kündigen sogar neun Punkte an.

Was geschieht dann? Sie sprechen über die ersten drei Punkte und kommen ins Grübeln. Nach einigen weiteren Punkten denken sie noch angestrengter nach. Über wie viele Punkte habe ich bereits gesprochen? Wie viele Punkte kommen noch? Und wenn sie sich während ihrer Rede umsehen, werden sie feststellen, dass viele Zuhörer an den Fingern abzählen, wie weit die Redner schon sind.

Bei der Technik, zuerst anzukündigen, worüber man später reden möchte, kann es aber noch weitere Probleme geben. Manchmal kündigen Redner ein Zitat an, das ihren Punkt perfekt untermauert, und können sich anschließend nicht an das Zitat erinnern. Manchmal sprechen sie von einer Idee, die sie zu einem späteren Zeitpunkt in der Rede noch genauer darlegen wollen, und vergessen dann, es zu tun.

Hier kommt das Erinnerungsvermögen ins Spiel. Sobald Sie diesen Baustein einer überzeugenden Rede meistern, geraten Sie nicht mehr so einfach in die Falle. Haben Sie angekündigt, über eine bestimmte Anzahl von Punkten sprechen zu wollen, dann tun Sie das auch – und Ihre Zuhörer werden beeindruckt sein. Hat

Ihre Rede einen klaren Aufbau, kommt dieser auch zum Ausdruck. Sie bringen dann nichts durcheinander und verstricken sich so gut wie nie in Ihren eigenen Gedanken.

Sollten Sie trotzdem einmal ins Stocken geraten, kann Ihnen Ihr Gedächtnis auch da weiterhelfen. In früheren Zeiten, als ein Redner lange Vorträge auswendig lernen musste, hatte jeder Verständnis dafür, dass sogar das beste Gedächtnis von Zeit zu Zeit versagt. Um sich darauf vorzubereiten, hatte ein Redner bestimmte Notfalltechniken, die er jederzeit einsetzen konnte. Das konnte eine Geschichte sein, die ihm persönlich gefiel, oder ein starkes Zitat, das er sofort parat hatte. Bemerkt ein Redner, dass er auf eine Erinnerungslücke zusteuert, handelt er professionell, wenn er über »Notfallmaterial« verfügt, das er jederzeit einsetzen kann. Sie sollten stets darauf vorbereitet sein und nie den Anschein erwecken, dass Ihnen die Worte fehlen.

Möglicherweise kommt Ihnen nun folgender Gedanke: »Lassen sich diese Probleme nicht durch den Einsatz einer PowerPoint-Präsentation verhindern? Können wir uns nicht selbst den Druck nehmen, indem wir das, was wir sagen wollen, einfach auf die Leinwand projizieren?« Auf diese Frage werden wir später noch genauer eingehen.

Zunächst jedoch geht es um den letzten Baustein einer überzeugenden Rede: die *Vortragsweise*. Stil meint die Art und Weise, wie etwas ausformuliert wird, das heißt: die Wahl der Worte und Satzkonstruktionen. Stil zeigt sich in der geschriebenen Sprache genauso wie in einer mündlich vorgetragenen Rede. Mit der Vortragsweise ist dagegen gemeint, wie die Inhalte einer Rede durch Stimme, Mimik und Gestik wirkungsvoll ausgedrückt werden.

Um Ihre Zuhörer zu überzeugen, müssen Sie genau wissen, wie Sie etwas vortragen sollten, damit es bei den Zuhörern auch Wirkung erzeugt. Üben Sie deshalb Ihren Vortrag so oft wie möglich, und auf jede erdenkliche Weise. Präsentieren Sie ihn vor Ihren Freunden und Ihrer Familie oder vor Bekannten. Stellen Sie sich zum Üben vor dem Spiegel. Filmen Sie Ihre Präsentation oder nehmen Sie den Vortrag auf. Probieren Sie, Sätze auf verschiedene Arten zu sprechen, und prüfen Sie, welche davon am besten ist. Sie müssen selbst überzeugt sein, dass Sie die beste Vortragsweise haben, bevor Sie andere Menschen überzeugen können. Und dafür ist jede Menge Übung notwendig.

Jede Rede ist wie eine neue Erfindung, zumindest sollte sie es sein. Was einmal funktioniert hat, muss nicht zwingend ein zweites Mal funktionieren, denn keine Rede gleicht der anderen. Möglicherweise ist der Ort verschieden, und wahrscheinlich ist auch das Publikum ein anderes. Selbst wenn alle anderen Umstände so ähnlich wie möglich sind, ist der Moment, in dem Sie Ihre Rede beginnen, noch nie zuvor dagewesen. Deshalb müssen Sie über die notwendigen Mittel verfügen, um die Herausforderungen in einer konkreten Situation zu meistern. Seien Sie kreativ. Seien Sie erfinderisch.

Welche Techniken stehen Ihnen zur Verfügung, um Ihren Erfindergeist anzuregen? Die Strategien, die nötig sind, um eine gute Rede zu halten, unterscheiden sich wenig von denen, die man braucht, um jede andere Art von Erfindung zu machen. Im Folgenden finden Sie einige dieser Strategien:

Kombinieren Sie. Alles, was Sie tagtäglich sehen, hören, fühlen, schmecken und riechen bietet Ihnen die Möglichkeit, neue Ideen miteinander zu kombinieren. Eine erfolgreiche Rede sollte nicht nur in Bezug auf das, was gesagt wird, originell sein, sondern auch in Bezug darauf, *wie* es gesagt wird. Wollen Sie anderen Menschen eine Idee mitteilen, dann nehmen Sie sich vor, das so originell wie möglich zu tun. Wie verknüpfen Sie Ihre Idee so mit einer anderen, dass sie Ihren Zuhörern im Gedächtnis bleibt und sie inspiriert? Welche Ausdrucksweise können Sie wählen, um nicht nur etwas Neues und anderes zu sagen, sondern um es auch auf eine neue und andere Art und Weise zu sagen?

Illustrieren Sie. Im Jahr 1948 kehrte ein Schweizer Ingenieur namens George de Mestral von einem Spaziergang auf dem Feld zurück und fand einige Kletten an seiner Jacke. Als er sich die Kletten unter einem Mikroskop genauer ansah, fand er zahlreiche ineinander verwobene Fasern mit winzigen Haken an den Enden. Diese Haken konnten sich an Stoffe oder das Fell von Tieren heften. De Mestral erkannte sofort das Potential für einen praktischen neuen Verschluss, obwohl es letztlich acht Jahre dauerte, bis er die Erfindung fertig entwickelt und perfektioniert hatte. Heute ist der Klettverschluss ein bekanntes und nützliches Produkt, mit dem viele Alltagsgegenstände ausgestattet sind, von Schuhen bis zu Boxhandschuhen. Diese Geschichte können Sie beispielsweise in Ihre Rede einbauen, wenn Sie Ihrem Publikum erklären möchten, dass vermeintlich unnütze Dinge sich auf den zweiten Blick als sehr nützlich erweisen könnten.

Versuchen Sie jedes Mal, wenn Sie etwas Interessantes sehen, darüber nachzudenken, wie Sie es in Ihrer Rede einsetzen können. Zusätzlich zum eigentlichen Thema können Sie noch eine Vielzahl von anderen interessanten Informationen in Ihre Rede einbauen. Wissen Sie, wie die Blindenschrift Braille entstand? Haben Sie davon gehört, wie der Kaugummi erfunden wurde? Schauen Sie nach! Mit solchen interessanten Geschichten fügen Sie Ihrem Vortrag wichtige Inhalte hinzu, die Ihrem Publikum in Erinnerung bleiben. Übertragen Sie dazu ganz einfach den ursprünglichen Kontext auf Ihre Rede.

Übertragen Sie. Denken Sie beim Lesen erfolgreicher Reden aus der Vergangenheit darüber nach, wie Sie ähnliche Techniken einsetzen können, indem Sie sie auf bestimmte, für die Zuhörer relevante Themen übertragen. Ein Beispiel: Alexander der Große sprach mit seinen Soldaten über den Mut ihrer Väter und Großväter in vorangegangenen Kriegen. Das stärkte die Zuversicht seiner Truppen. Sie erkannten, dass ihre Vorfahren trotz aller Widrigkeiten »Gewinner« gewesen waren, und wurden ermutigt, ebenfalls zu gewinnen.

Diese Technik lässt sich auf viele Situationen im Alltag anwenden. Sie könnten sie zum Beispiel beim Meeting eines Verkaufsteams einsetzen, das in den letzten Monaten nur noch schlechte Ergebnisse erzielt hat, indem Sie auf vergangene Erfolge verweisen und die Verkäufer daran erinnern, wie sie es in der Vergangenheit geschafft haben, Durststrecken zu überwinden.

Denken Sie groß. Warum glauben Sie, wiegen mittlerweile unzählige Spieler in der amerikanischen National Football League über dreihundert Pfund? Das hat nichts damit zu tun, dass Spieler mit diesem Gewicht bessere Athleten wären als die Spieler der Vergangenheit. In erster Linie hat es damit zu tun, dass das Publikum imposante Menschen im Kampf erleben möchte. Aus demselben Grund wollten die Zuschauer im römischen Kolosseum Elefanten sehen. Größe scheint die Menschen schon zu allen Zeiten fasziniert zu haben.

Ein Tipp zur praktischen Anwendung dieses Prinzips: Versuchen Sie, in Ihren Reden große Zahlen zu erwähnen. Sprechen Sie sie mit Nachdruck und Begeisterung aus. Sie werden überrascht sein, wie stark sich diese Begeisterung auf Ihr Publikum überträgt.

Der Astronom und Bestseller-Autor Carl Sagan beherrschte diese Technik meisterhaft. Sein Thema, das Universum, brachte es mit sich, dass er die Wörter »Million«, »Milliarde« und sogar »Billion« häufig erwähnte. Seine Reden blieben auch und vor allem deshalb besonders gut in Erinnerung. Sagans Zuhörer waren sich wahrscheinlich gar nicht bewusst, welch effektives rhetorisches Mittel er einsetzte.

Als Redner sollten Sie die Reihenfolge Ihrer Punkte kontinuierlich verändern, das Thema anpassen, Teile der Rede variieren oder sogar alles noch einmal neu schreiben. Wollen Sie Ihre Zuhörer zum Handeln bewegen, dann bringen Sie Kombinationen, Anpassungen, Erfindungen in Ihre Rede ein. So ist Ihre Präsentation variantenreicher, und Sie setzen Ihre Energie besser ein. Denken

Sie bei der Vorbereitung einer Rede genau nach und nehmen Sie nichts als gegeben hin. Was können Sie verändern, verbessern oder anders ausdrücken?

Vor dem Ende dieses Kapitels wollen wir noch über das Thema PowerPoint sprechen. Es ist mittlerweile Standard in Vorträgen jeder Art, und kein Buch über Präsentationen wäre vollständig ohne PowerPoint.

Scheinbar bietet die PowerPoint-Technik die Möglichkeit, jeden beliebigen Menschen zu einem ausgezeichneten Redner zu machen. Niemand muss den Ablauf seiner Rede auswendig lernen, schließlich wird alles auf die Leinwand projiziert. Man liest den Text lediglich ab und fügt einige Kommentare hinzu. Aber wenn das wirklich alles ist, was ein Redner tun muss, dann ist es auch alles, was die meisten Redner tun werden. Allzu leicht ersetzt dann die PowerPoint-Präsentation den Redner. Die Technologie dient nicht dem Redner, sondern der Redner ist gewissermaßen der Lautsprecher der Technik. Das jedoch nimmt der Präsentation ihr wichtigstes Element – nämlich die Präsenz des Redners selbst.

Die Griechen beschrieben mit dem Wort *Ethos* die Autorität und Glaubwürdigkeit des Redners. *Ethos* meinte sowohl die verbalen als auch die nichtverbalen Elemente einer Rede. Diese mussten sorgfältig arrangiert und kombiniert werden, damit die Rede erfolgreich war. Am erfolgreichsten waren Menschen, die einer Rede mit ihrer ganzen Persönlichkeit Nachdruck verliehen. Mit PowerPoint jedoch sind viele der Elemente, aus denen sich *Ethos* zusammensetzt, hinfällig. Der Redner blickt nicht ins Publikum, und das Publikum blickt nicht zum Redner. Nonverbale Mittel, wie zum Beispiel Blickkontakt, gehen verloren. Die Persönlichkeit des Redners, die sich in seiner ganzen Haltung, seinem Kontakt zum Publikum zeigt, tritt hinter die PowerPoint-Folien zurück. Präsentationen werden nur noch von den PowerPoint-Folien abgelesen. Es spielt letztlich keine Rolle mehr, wer sie vorträgt. Das macht aus einem persönlichen Vortrag eine ziemlich künstliche Angelegenheit.

Dieser Effekt ist der hauptsächliche Nachteil von PowerPoint, aber es gibt auch einige technische Punkte, die Sie beachten müssen. Zum Beispiel funktioniert PowerPoint besser mit Bildern als mit Text. Achten Sie beim Text darauf, weniger als zehn Zeilen auf einer Folie zu zeigen, und nicht mehr als sechs Wörter in einer Zeile. Wollen Sie viel Text in einer Präsentation unterbringen, führt das automatisch dazu, dass Sie viele Folien haben. Das bedeutet viele Klicks und ruckartige Bewegungen, was von der eigentlichen Präsentation ablenkt. Dennoch kümmert das viele Redner gar nicht mehr, weil es so viel einfacher ist, sich auf die Folien zu verlassen.

Das ist sehr schade, denn die meisten Präsentationen, die mit Hilfe von PowerPoint gehalten werden, wären ohne PowerPoint viel besser. Man müsste sich dann allerdings mehr anstrengen und mehr lernen, aber genau darum geht es in diesem Buch. Ist ein Redner nicht bereit, diese Anstrengungen auf sich zu nehmen, dann bedeutet das, dass er sich gar nicht die Zeit nehmen will, die wichtigsten Fähigkeiten zu erlernen.

Da Sie dieses Buch lesen, wollen Sie sich vermutlich als Redner weiterentwickeln. Lassen Sie Ihre PowerPoint-Präsentation beiseite und trainieren Sie besser Ihre Ausdruckskraft. Lernen Sie, die Bausteine Finden, Strukturieren, Ausformulieren, Erinnern und Vortragen zu beherrschen. In Kapitel 9 erfahren Sie noch mehr über die Kunst der Überzeugung.

Es ist ganz einfach.
Sagen Sie, was Sie sagen müssen, und wenn Sie zum Punkt gekommen sind, setzen Sie sich wieder hin.
Winston Churchill

Reden bedeutet Einfluss:
Reden heißt überzeugen, verändern, mitreißen.
Ralph Waldo Emerson

Das richtige Wort zur rechten Zeit kann sehr wirkungsvoll sein.
Aber kein Wort ist so wirkungsvoll wie eine Pause zur rechten Zeit.
Mark Twain

9 Die Kunst der Überzeugung, Teil 2

Die Arbeitsweise unseres Verstandes ist faszinierend, ja geradezu mysteriös. Es ist nicht einfach, eine allgemeingültige Aussage über den menschlichen Verstand zu machen. Eins aber trifft in den meisten Fällen zu: »Jede Idee, jedes Konzept, jede Schlussfolgerung, die der Verstand aufnimmt, wird für wahr gehalten, außer, es existiert eine gegensätzliche Meinung dazu.« Was genau bedeutet das? Wenn Sie anderen Menschen eine Idee präsentieren, ist es gar nicht unbedingt notwendig, sie von der Wahrheit dieser Idee zu überzeugen – solange Sie verhindern, dass widersprüchliche Ideen aufkommen. Beim Lesen des Satzes »Bleistifte der Firma XY sind die besten auf dem Markt« werden Sie ihn für wahr halten, außer, sie verfügen über Informationen, die dem widersprechen. Und sofern Sie nie auf anderslautende Informationen stoßen, glauben Sie es auch in Zukunft.

Lebewesen verfügen bereits am Tag ihrer Geburt über alles, was sie zum Überleben brauchen. Alle Lebewesen, außer einem, haben eine ganze Reihe von Instinkten, mit deren Hilfe sie funktionieren. Die meisten Lebewesen brauchen daher kein besonders leistungsfähiges Gehirn. Denken Sie an einen prächtigen Adler. Ihn zu sehen, wie er vom Himmel stürzt und sich zielgenau einen Fisch aus dem Wasser holt, ist faszinierend. Noch faszinierender ist die Sehkraft des Adlers. Er muss in der Lage sein, aus großer Höhe kleine Nagetiere im Gras oder einen Fisch unter der Wasseroberfläche zu sehen. Seine Augen nehmen deshalb in seinem Kopf beinahe den gesamten Platz ein. Für den Adler sind seine Augen das Wichtigste.

Alle anderen Funktionen sind davon abhängig. Sein Gehirn ist klein und rudimentär. Der Adler reagiert lediglich auf äußere Reize.

Das gilt für die meisten Lebewesen. Nur der Mensch ist in der Lage, sein Leben nach den Bildern in seinem Kopf zu gestalten.

Unser Verstand unterscheidet uns von allen anderen Lebewesen der Erde. Alle Dinge, die uns etwas bedeuten, erfassen wir über unseren Verstand: unsere Liebe zur Familie, unsere Überzeugungen, unsere Talente, unser Wissen und all unsere Fähigkeiten. Alles, was wir in der Zukunft erreichen werden, ist das Ergebnis der Arbeit unseres Verstandes.

Dennoch ist der Verstand die letzte Instanz, die ein normaler Mensch um Rat fragen würde. Warum? Warum setzen Menschen nicht die Möglichkeiten ihres Verstandes ein, wenn sie ein Problem lösen wollen? Sie haben niemals gelernt, intensiv zu denken. Die meisten Menschen setzen in einem solchen Fall alles daran, das Denken zu vermeiden. Sie fragen lieber andere um Rat, die für gewöhnlich auch nicht mehr wissen als sie selbst: Nachbarn, Familienmitglieder und Freunde, die in den gleichen mentalen Fallen feststecken wie sie selbst. Wenige von ihnen setzen die Kraft ihres Verstandes ein, um Hindernisse zu überwinden.

Und doch hängt Erfolg im Leben davon ab, ob wir Hindernisse überwinden können, um unsere Ziele zu erreichen. Das gilt auch für das erfolgreiche Halten einer Rede. Niemand ist völlig frei von Problemen, sie gehören zum Leben dazu. Aber Menschen verschwenden im Grunde viel zu viel Zeit dafür, die *falschen* Probleme zu wälzen. Eine Untersuchung zeigt, worüber sich Menschen die meisten Sorgen machen:

Dinge, die niemals eintreten werden: 40 %
Dinge aus der Vergangenheit,
die man nicht mehr ändern kann: 30 %
Sinnlose Sorgen über die Gesundheit: 12 %
Belanglose kleine Sorgen: 10 %
Berechtigte Sorgen: 8 %

Zusammengefasst: 92 Prozent der Sorgen einer durchschnittlichen Person fressen wertvolle Zeit, verursachen Stress, Schmerzen und Ängste – und sind völlig unnötig. Von den berechtigten Sorgen gibt es zwei Arten: Probleme, die wir lösen können, und Probleme, die wir nicht lösen können. Die meisten Probleme gehören zur ersten Gruppe – zu den Problemen, die wir lösen können, wenn wir herausfinden, wie.

Ein durchschnittlicher Mensch hat eine Menge Freizeit. Bei acht Stunden Schlaf pro Nacht haben wir im Jahr immer noch sechstausend Stunden, in denen wir wach sind. Von diesen verbringen wir bei einem Vierzig-Stunden-Job weniger als zweitausend Stunden mit Arbeit. Bleiben noch viertausend Stunden pro Jahr, in denen ein Mensch weder schläft noch arbeitet. Diese Stunden stehen ihm zur freien Verfügung, und er kann sie verbringen, wie er möchte.

Nehmen Sie sich an fünf Tagen der Woche vor, pro Tag eine Stunde Zeit damit zu verbringen, Ihre Entwicklung als Redner voranzutreiben. Sie brauchen dafür nicht einmal Ihr Wochenende zu opfern. Nehmen Sie sich unter der Woche pro Tag eine Stunde Zeit und reservieren Sie diese Stunde, um Ihre Redefähigkeiten zu trainieren.

Setzen Sie sich während dieser einen Stunde hin und nehmen Sie sich ein leeres Blatt Papier und einen Stift. Schreiben Sie oben auf das Blatt ein Ziel für Ihren nächsten Vortrag. Zum Beispiel könnte ein solches Ziel sein, Lampenfieber zu überwinden oder einen wichtigen Auftrag bei einem Kunden zu gewinnen. Sie haben zahlreiche Möglichkeiten zur Auswahl. Schreiben Sie anschließend so viele Ideen wie möglich auf, um dieses Ziel zu erreichen. Ihr Erfolg in der Zukunft hängt ganz entscheidend davon ab, ob Sie Ihre Ziele erreichen. Finden Sie bis zu zwanzig Möglichkeiten. Das gelingt Ihnen vielleicht nicht immer, aber häufig ist auch eine einzige Idee schon sehr hilfreich.

Denken Sie dabei an zwei wichtige Punkte. Erstens: Sich jeden Tag eine Stunde Zeit zu nehmen ist nicht immer einfach. Zweitens: Viele Ihrer Ideen sind vielleicht nicht besonders gut. Wie immer, wenn Sie eine neue Gewohnheit etablieren wollen, reagiert Ihr Verstand zunächst zögerlich. Schreiben Sie jede Idee auf, egal, wie absurd sie Ihnen auch erscheinen mag.

Der wichtigste Effekt dieser Stunde besteht darin, Ihr Ziel in Ihrem Unterbewusstsein zu verankern, so dass Sie es sich jeden Tag erneut ins Gedächtnis rufen. Bei zwanzig Ideen am Tag ergeben sich schon hundert Ideen pro Woche, selbst wenn Sie das Wochenende auslassen.

Eine Stunde pro Tag, fünf Tage die Woche, macht 260 Stunden pro Jahr – und Sie haben immer noch 3740 Stunden Freizeit übrig. Das heißt, dass Sie sechseinhalb Arbeitswochen à vierzig Stunden im Jahr darüber nachdenken, wie Sie sich im Reden verbessern können. Dann haben Sie immer noch acht Stunden pro Tag übrig, in denen Sie tun können, was Sie wollen.

Wenn Sie jeden Tag eine Stunde über die Kunst des Redens nachdenken, werden Sie schnell feststellen, dass Ihr Verstand sich auch den Rest des Tages damit beschäftigt. Und gelegentlich – vermutlich genau in dem Moment, wo Sie es am wenigsten erwarten – kommen Ihnen hervorragende Ideen in den Sinn. Schreiben Sie diese Ideen dann so schnell wie möglich auf. Eine einzige gute Idee kann Ihre gesamte Arbeit verändern.

Menschen unterschätzen häufig ihre eigenen Fähigkeiten. Wir sollten uns bewusst machen, dass wir ungeahnte, hervorragende Fähigkeiten in uns tragen, die wir nutzen können, wenn wir sie erkennen. Grübeln Sie nicht lange nach, wenn Sie Ihr Ziel auf das Blatt Papier schreiben. Stellen Sie sich vor, dass dieses Ziel nur darauf wartet, dass Sie es erreichen, und dass jedes Problem nur darauf wartet, dass Sie es lösen. Blicken Sie zuversichtlich auf Ihr Ziel und setzen Sie Ihren Verstand ein, um Herausforderungen zu meistern.

Diese Gedanken gelten besonders für das Thema Überzeugungskraft. Menschen sehen sich selbst gerne als logisch denkende Wesen, aber die Logik kommt erst ins Spiel, wenn bestimmte andere Bedingungen erfüllt sind. Bevor man einen Gedanken mit einem anderen vergleichen kann, muss man erst einmal zwei Gedanken haben. Vorher ist Überzeugungskraft das Ergebnis von Suggestion oder Instinkt, nicht von logischen Prozessen. Sagt Ihnen jemand: »Mobiltelefone sind völlig unschädlich«, und Sie verfügen über kein Gegenargument, glauben Sie diesen Satz. Hat Ihnen jedoch vorher jemand eine Internetseite gezeigt, die die Sicherheit von Mobiltelefonen in Frage stellt, werden Sie Beweise für deren Unbedenklichkeit verlangen. Sie lassen sich dann nicht mehr durch eine bloße Aussage überzeugen, sondern fordern logische Argumente.

Das hat wichtige Auswirkungen auf das Reden vor Publikum, denn hier erreicht die Information einen Zuhörer schnell, ohne dass er die Möglichkeit hat, darüber in Ruhe nachzudenken. Die überzeugendsten Redner verlassen sich viel mehr auf Suggestion als auf Argumente, und in der Regel finden die Zuhörer das auch in Ordnung. Denn Glauben ist sehr viel einfacher als Zweifeln. Um zu zweifeln und intelligente Fragen zu stellen, müssen wir Erfahrungen gesammelt haben, über Wissen verfügen und nachdenken. Erzählen Sie einem Kind, dass der Weihnachtsmann durch den Kamin kommt, wird es Ihnen glauben, bis neues Wissen seine Überzeugungen verändert.

Ihre Strategie, Menschen zu überzeugen, sollte darin bestehen, ihnen einen Gedanken mitzuteilen, zu dem es keine Gegenargumente gibt. Erreichen Sie dieses Ziel, sind Sie als Redner erfolgreich und glaubwürdig.

Wie schaffen Sie das? Erstens: Machen Sie sich klar, dass Widerspruch sehr viel seltener entsteht, wenn Sie Ihre Gedanken mit Gefühl und ansteckender Begeisterung vermitteln. Genau das sollte Begeisterung nämlich sein: ansteckend. Begeisterung bringt unberechtigte Kritik zum Schweigen und ist ein natürlicher Schutz vor widersprüchlichen und negativen Ideen. Denken Sie daran, dass es produktiver ist, Emotionen bei anderen Menschen zu wecken, als sie bloß zum Denken anzuregen. Gefühle sind wirkungsvoller als nüchterne Ideen. Um Gefühle zu erzeugen, müssen Sie aufrichtig, ernsthaft und begeistert sein. Unehrlichkeit zerstört selbst den besten Vortrag. Ganz egal, wie viele schöne Sätze Sie sich ausgedacht haben, wie gut Sie Ihre Punkte veranschaulichen, wie harmonisch Ihre Stimme klingt oder wie ausgefeilt Ihre Gesten sind – wenn Sie nicht ehrlich sind, ist all das reine Zeitverschwendung. Wenn Sie also ein Publikum überzeugen wollen, sollten Sie zuallererst selbst überzeugt sein. Nur dann können Sie ehrlich zu Ihrem Publikum sprechen. Zeigen Sie diese Ehrlichkeit vom ersten bis zum letzten Moment vor dem Publikum mit Ihrer Stimme und Ihren Augen.

Ehrlichkeit und starke Gefühle gehen Hand in Hand. Sie sollten nicht nur Ihre Aufrichtigkeit, sondern auch Ihre Begeisterung vermitteln. Das erreichen Sie durch *Wiederholung*, *Assoziation* und *Kontrast*. Diese drei Begriffe beinhalten mehr, als es auf den ersten Blick scheint.

Wird ein neues Produkt auf dem Markt eingeführt, kaufen es die Menschen nicht einfach deshalb, weil es plötzlich in den Regalen liegt. Forschungen haben gezeigt, dass ein Konsument einem Produkt mindestens neunmal begegnen muss – ob auf einem Plakat, in einem Werbespot oder einer Anzeige –, bevor er überhaupt wahrnimmt, dass es existiert. Sobald er es wahrgenommen hat, geschehen mehrere Dinge. Erstens erinnert er sich an den Namen und das Design des Produkts, und zweitens verstärkt sich die Erinnerung an das Produkt, wenn er es häufiger sieht.

Genau dasselbe geschieht in einer Rede. Wenn Sie eine Idee zum ersten Mal präsentieren – besonders, wenn Sie das auf eine wenig originelle Weise tun –, nehmen Ihre Zuhörer sie wahrscheinlich gar nicht wahr. »Zum einen Ohr rein, zum anderen Ohr raus«, wie das Sprichwort sagt. Sprechen Sie die Idee jedoch immer wieder an und tun Sie das auf interessante oder originelle Weise, dann erinnern Ihre Zuhörer sich nicht nur daran, sie warten sogar darauf. Das ist noch nicht alles. Erstaunlich ist, dass sie beginnen, sie als wahr zu akzeptieren. Die menschliche Natur bringt es mit sich, dass Menschen durch Wiederholung überzeugt werden können. Durch das wiederholte Präsentieren einer Information steigern Sie die Intensität und Überzeugungskraft Ihrer Botschaft.

Aber Vorsicht beim Einsatz von Wiederholung! Sie wird sehr schnell lästig, wenn Sie nicht jedes Mal einen neuen Weg finden, die Idee anzubringen. Lässt sich Ihr Punkt in wenigen Worten ausdrücken, könnten Sie zum Beispiel versuchen, einen Reim zu finden. Denken Sie an den Ausspruch von O. J. Simpsons Anwalt Johnnie Cochran über den in dem Prozess wegen Mordes an seiner Exfrau und deren Bekannten als Beweismittel gegen ihn verwendeten Handschuh: »If it doesn't fit, you must acquit« (»Wenn der Handschuh nicht passt, muss man ihn freisprechen.«). Sie können einen einzelnen Gedanken auch ausführlicher darlegen – vorausgesetzt, Sie verfügen über das nötige Vokabular und tun es geschickt und interessant. Von Ihrem Platz hinter dem Podium aus stellen Sie schnell fest, ob es funktioniert oder nicht. Wenn eine Reihe von Zuhörern genervt auf die Uhr schaut, funktioniert es ganz offensichtlich nicht.

Assoziation ist eine Weiterentwicklung der Wiederholung. Die beiden Techniken sollten idealerweise gemeinsam verwendet werden. Sie haben zum Beispiel in einem früheren Kapitel erfahren, dass Geschichten über Flugreisen normalerweise das Interesse der Zuhörer wecken. In einem Flugzeug saßen die meisten Zuhörer schon einmal, und sie wissen somit, wovon die Rede ist. Aber Fliegen ist für die meisten Menschen trotzdem nicht alltäglich und deshalb immer noch interessant. Stellen Sie sich vor, Sie möchten Ihren Zuhörern erklären, dass regelmäßiger Sport gesund ist. Eine Möglichkeit wäre, Statistiken zu präsentieren oder sich auf ein Buch oder einen Artikel zu beziehen, den Sie gelesen haben. Wollen Sie die Wirkung des Gesagten noch erhöhen, brauchen Sie nur zu erwähnen, dass Sie den Artikel gelesen haben, als Sie gerade im Flugzeug saßen. Das klingt nach Zauberei, funktioniert aber tatsächlich. Wenn Sie Ihre Botschaft mit einer bestimmten Situation oder Erfahrung verknüpfen, kann sich die Wirkung enorm verstärken.

Ein weiteres Beispiel für den Einsatz von Assoziation: Ein klassisches Argument für den Glauben an Gott ist als *Uhrmacher-Analogie* bekannt. Sie lautet folgendermaßen: Ein Atheist erklärte einmal einem tiefgläubigen Kirchenmann, dass es keinen Gott gäbe, und forderte ihn heraus, dies zu widerlegen. Der Kirchenmann holte ruhig seine Taschenuhr heraus, öffnete das Gehäuse und zeigte dem Ungläubigen das Innenleben der Uhr. Dabei sagte er: »Wollte ich Sie davon überzeugen, all diese Hebel und Rädchen und Federn hätte ein Blinder zusammengesetzt, würden Sie mir glauben? Würden Sie glauben, dass ein Blinder, der nur mit Versuch und Irrtum arbeitet, eine solche Uhr zusammensetzen kann? Würden Sie meine Intelligenz nicht in Zweifel ziehen, wenn ich etwas Derartiges behauptete? Natürlich würden Sie das tun. Sehen Sie sich die Sterne an. Jeder Stern hat seine eigene, perfekte Bahn und Bewegung. Die Erde und die Planeten bewegen sich um die Sonne herum. Diese Gruppe bewegt sich mehrere Millionen Meilen am Tag in ihrem Verbund. Jeder Stern ist eine eigene Sonne mit seiner eigenen Anordnung von Planeten, die sich durch den Weltraum bewegt, wie unser Sonnensystem auch. Und doch gibt es keine Zusammenstöße, keine Störungen, kein Durcheinander. Alles läuft ruhig, effizient und kontrolliert ab. Ist es einfacher, zu glauben, dass all das zufällig entstanden ist oder dass jemand es erschaffen hat?«

Sie müssen weder Kreationist noch Darwinist sein, um zu erkennen, dass dieses Argument rhetorisch durchaus überzeugend ist. Welche Technik hat der Redner eingesetzt? Er begann damit, eine gemeinsame Basis zu schaffen – eine Assoziation. Er brachte seinen Gesprächspartner dazu, ihm in Bezug auf die Uhr zuzustimmen. Im nächsten Schritt zeigte er, dass der Glaube an einen Gott so einfach und so unvermeidbar ist wie der Glaube an einen sehenden Uhrmacher statt an einen blinden.

Stellen Sie sich jetzt vor, der Kirchenmann hätte einen sehr viel aggressiveren Ansatz gewählt. Er hätte zum Beispiel gesagt: »Was für ein Blödsinn. Sie wissen doch überhaupt nicht, wovon Sie sprechen!« Was wäre dann geschehen? Es wäre wahrscheinlich zu einem Streit gekommen – möglicherweise sogar zu einem sehr heftigen Streit –, aber ganz sicher zu einem völlig unnötigen. Der Atheist hätte seine Meinung genauso fanatisch verteidigt, wie der Kirchenmann sie angegriffen hätte. Warum? Weil es seine Meinung war, und damit ein wertvoller, unverzichtbarer Teil seines Selbst bedroht gewesen wäre. Sein Stolz hätte auf dem Spiel gestanden.

Da Stolz eine derart wichtige Eigenschaft des Menschen darstellt, ist es sehr viel vorteilhafter, den menschlichen Stolz für sich arbeiten zu lassen statt gegen sich. Dazu müssen Sie zeigen, dass Ihre Idee einer anderen Idee ähnlich ist, an die Ihre Zuhörer bereits glauben. Das macht es für Ihre Zuhörer einfacher, Ihren Vorschlag zu akzeptieren. Es verhindert, dass bei Ihren Zuhörern widersprüchliche oder gegensätzliche Ideen aufkommen.

Der oben erwähnte Kirchenmann wusste genau, wie der menschliche Verstand funktioniert. Den meisten Menschen fehlt das feine Gespür dafür, wie sie die Überzeugungen eines Zuhörers auf ihre Seite bringen. Sie glauben, dass man sofort zum Angriff übergehen muss, um einen Krieg zu gewinnen. Bei dieser Art der Konfrontation gibt es meist keinen Gewinner. Am Ende hat keine der beiden Seiten die jeweils andere überzeugt.

Der Einsatz von Assoziation sollte grundsätzlich auf das Thema der Rede und das Publikum abgestimmt sein. Zum Beispiel ist ein bestimmtes Publikum möglicherweise vor allem am finanziellen Aspekt einer Sache interessiert, während sich ein anderes Publikum vor allem für den Umweltschutz interessiert. Hier geht es darum, wie wichtig den Zuhörern bestimmte Themen sind, und das ist je nach Zuhörergruppe anders. Um zu überzeugen, sollten Sie Ihre Argumente mit Dingen verbinden, von denen Sie wissen, dass sie für die Zuhörer von Bedeutung sind. Dieses Wissen sollte die Strategien, die Sie einsetzen, entscheidend beeinflussen. Ist ein Thema einer bestimmte Gruppe von Zuhörern besonders wichtig, ist sie in der Regel hervorragend über das Thema informiert und reagiert skeptisch, sobald man versucht, ihre Meinung zu ändern.

Für ein solches Publikum benötigen Sie starke, gut durchdachte Gründe, um es zu überzeugen. Möglicherweise brauchen Sie gar nicht viele Gründe, aber die, die Sie anführen, sollten auf jeden Fall sehr gut sein. Im Gegensatz dazu ist ein Publikum, das sich bei einem Thema noch nicht so gut auskennt, eher bereit, Ihre Botschaft anzunehmen. Sie wollen nicht nur Ihre stärksten Argumente hören, sondern sind bereit, sich alles anzuhören. Hier lässt sich die Methode der Assoziation großzügig einsetzen.

Die dritte und wahrscheinlich wirkungsvollste Strategie heißt Kontrast. Der Kontrast hat wie die Wiederholung und die Assoziation mit einer grundlegenden Eigenschaft des Menschen zu tun. Menschen nehmen viel eher *Unterschiede* zwischen Dingen wahr als die Eigenschaften einer Sache für sich allein. Menschen haben kein Problem damit, sich ein Urteil zu bilden. Aber sie stellen dabei am liebsten eine Sache einer anderen gegenüber. Sagt jemand zum Beispiel, dass jemand sehr klug oder gesprächig sei, dann impliziert das immer, dass diese Person klüger oder gesprächiger ist als andere.

Diese menschliche Eigenschaft gilt nicht nur für Argumente und Ideen, sondern auch für körperliche Empfindungen. Tauchen Sie Ihre linke Hand in eine Schüssel mit kaltem Wasser und Ihre rechte in eine Schüssel mit warmem Wasser. Lassen Sie die Hände eine Zeitlang im Wasser. Tauchen Sie anschließend beide Hände gleichzeitig in eine Schüssel lauwarmes Wasser. Für die linke Hand wird sich das Wasser heiß anfühlen, für die rechte kalt. Das Kontrastprinzip ist tief im Menschen verankert. Stellen Sie Licht der Dunkelheit gegenüber, und das Licht erscheint viel heller. Ein übler Geruch wirkt nach einem guten Geruch noch schlechter. Es gibt unzählige Beispiele für dieses Prinzip.

Hier ein weiteres Beispiel für die Wirkung des Kontrastprinzips: Stellen Sie sich vor, Sie sind Leiter der Forschungs- und Entwicklungsabteilung eines großen Unternehmens für Lebensmittelprodukte. Das Unternehmen plant für Ihre Abteilung ein neues Labor. Ihre Aufgabe war, die Kosten für das neue Labor aufzulisten. Sie haben einige Richtlinien in Bezug auf das Budget erhalten, aber der Betrag, den Ihr Unternehmen ausgeben wird, ist noch nicht abschließend geklärt.

Für Ihre Abteilung wollen Sie selbstverständlich das bestmögliche Labor aushandeln. Deshalb setzen Sie bei der Präsentation Ihrer Ergebnisse die Prinzipien ein, die Sie in diesem Buch gelernt haben. Sie sind ehrlich und Sie sind begeistert. Sie verwenden Wiederholung und Assoziation. Sie bedienen sich besonders erfolgreich des Kontrastprinzips. Ihre Rede könnte folgendermaßen aussehen:

»Sehr geehrte Damen und Herren, Ich bin mir bewusst, dass für dieses Projekt begrenzte finanzielle Ressourcen zur Verfügung stehen, und möchte im Folgenden einige Möglichkeiten darlegen, wie diese am besten eingesetzt werden könnten. Die Investition für ein neues Labor liegt bei mindestens drei Millionen Dollar. Sie erfahren im Folgenden, wie ein Labor im Wert von drei Millionen Dollar aussehen würde.«

Sie zeigen eine wenig beeindruckende Grafik, zum Beispiel den 3D-Entwurf eines Architekten oder einen Grundriss. Es sollte kein komplett schlechtes Bild sein, aber die Grafik muss verdeutlichen, dass ein solches Labor sehr einfach wäre und lediglich über die Grundausstattung verfügen würde. Es muss klar ersichtlich sein, dass das Labor über keinerlei Extras verfügt und keineswegs auf dem neuesten Stand der Technik ist.

Dies wird bei Ihren Zuhörern eine gewisse Enttäuschung hervorrufen. Unter Umständen ist das Gefühl für die Zuhörer gar nicht greifbar. Es kann sogar gänzlich unbewusst sein, aber es wird da sein. Nun ist es an der Zeit, eine neue Grafik mit einem Labor einzublenden, in das mehr Geld investiert wurde – und die ein sehr viel attraktiveres Ergebnis zeigt.

Ihre Überzeugungskraft ist deutlich größer, wenn Sie die Grafiken einander gegenüberstellen. Das Kontrastprinzip ist sehr einfach, aber enorm wirkungsvoll. Es lässt sich sehr variabel einsetzen. Manchmal ist es sinnvoll, einen großen Kontrast zu schaffen, anstatt zwei sehr ähnliche Ideen miteinander zu vergleichen. Will ein Redner zum Beispiel über den Klimawandel sprechen, dann könnte er ein dramatisches Szenario einem sehr viel besseren gegenüberstellen. Das Publikum wäre dann gefordert, zwischen einem absolut verheerenden Zustand und einer akzeptablen Situation zu wählen. Dieses Alles-oder-Nichts-Prinzip können Sie einsetzen, wenn Ihre Zuhörer eine wichtige Entscheidung treffen sollen.

Eine weitere Alternative: Statt lediglich zwei Dinge zur Auswahl zu stellen, können Sie mehrere Optionen zur Wahl anbieten. Sagen Sie: »Dieses Ergebnis ergibt sich bei der Investition von einer Million oder zwei Millionen oder drei Millionen«, und so weiter. Bei diesem Ansatz gibt es zwei Möglichkeiten: Erstens könnten die Zuhörer versuchen, die Entscheidung zu vereinfachen. Sie wollen die Auswahl auf zwei Optionen reduzieren – und je klarer der Kontrast dabei ist, desto besser. Oder sie sind so verwirrt, dass sie gar nicht in der Lage sind, überhaupt eine Entscheidung zu treffen. Ist das eigentliche Ziel Ihrer Präsentation, Zeit zu gewinnen, ist es von Vorteil, möglichst viele unterschiedliche Optionen zur Auswahl anzubieten. Die Chancen stehen gut, dass man die Entscheidung vertagt und zunächst weitere Recherchen unternimmt. Sie können damit Ihr Publikum überzeugen, sich nicht sofort festzulegen.

In diesem Kapitel haben Sie einige wirkungsvolle Methoden kennengelernt, die ein Redner einsetzen kann, um zu überzeugen. Sie haben erfahren, wie Sie Ehrlichkeit, Wiederholung, Assoziation und insbesondere das Kontrastprinzip anwenden, um Ihre Ziele zu erreichen. Zum Thema Überzeugungskraft gibt es aber noch sehr viel mehr zu sagen. Im Folgenden geht es um weitere nützliche Strategien. Sehr wahrscheinlich können Sie nicht alle in einer einzigen Präsentation einsetzen, aber Sie sollten definitiv so viele wie möglich verwenden.

Zum Beispiel interessieren sich Menschen für *Aktivität*. Ihre Aufmerksamkeit richtet sich auf Dinge, die sich bewegen, die funkeln oder blinken. Verwenden Sie, soweit möglich, Anschauungsobjekte in Ihrer Rede, besonders, wenn Sie die Aufmerksamkeit Ihrer Zuhörer erhöhen wollen. Legen Sie das Anschauungsobjekt weg, wenn Sie es nicht mehr benötigen. Wenn Sie eine Landkarte zeigen, dann sorgen Sie dafür, dass die wichtigsten Punkte darauf klar gekennzeichnet und von jedem Platz im Raum aus sichtbar sind. Sobald Sie diese Punkte vorgestellt haben, sollten Sie die Landkarte abnehmen oder den Beamer ausschalten. Lassen Sie nicht zu, dass genau das Objekt, mit dem Sie erfolgreich die Aufmerksamkeit Ihrer Zuhörer gefesselt haben, anschließend von Ihrer Rede ablenkt.

Konkrete, lebendige Worte und Bilder sind sehr viel überzeugender als hypothetische, abstrakte Gedanken. Verwenden Sie so viele anschauliche Substantive, Ortsnamen und Markennamen wie möglich. Vergleichen Sie die folgenden beiden Sätze: »Nachdem ich in eine neue Stadt gezogen war, musste ich lange in der Gegend herumfahren, um einen Supermarkt zu finden« oder »Nach meinem Umzug nach Phoenix verbrachte ich sehr viel Zeit in meinem Honda, um den Food Giant Supermarkt zu finden«. Wenn Sie dem Zuhörer ein lebendiges Bild präsentieren, glaubt er eher, dass dieses Bild auch der Wahrheit entspricht.

Sehr wirkungsvoll ist auch der Aspekt der *Nähe*. Menschen achten eher auf Dinge, die in der Nähe sind, als auf Dinge, die ihnen weit entfernt erscheinen. Sobald Sie genug Erfahrung haben und sich sicher damit fühlen, sollten Sie das Rednerpult verlassen und Kontakt zum Publikum suchen. Schaffen Sie auch Nähe für das, was Sie sagen. Überlegen Sie, welches Ereignis aus den neuesten Nachrichten mit Ihrem Thema in Verbindung stehen könnte. Sprechen Sie Orte in der Nähe an, Ereignisse, die kürzlich stattgefunden haben, oder Ihren Zuhörern bekannte Personen. Vielleicht gibt es etwas Interessantes oder Positives über Ihren Vorredner zu sagen? Kennen Sie den Namen einer Person aus dem Publikum – vielleicht sogar einer Person, die auch die anderen Zuhörer kennen?

Zuhörer fühlen sich wohl mit Dingen, die ihnen vertraut sind, und achten besonders auf Dinge, die neu und anders sind. Sie können beides für sich nutzen, indem Sie etwas Neues über eine Person, einen Ort oder eine Sache sagen, die Ihre Zuhörer bereits kennen. Es ist sogar vorteilhaft, wenn das Publikum glaubt, alles über eine Sache zu wissen. Wer hat Sie vor Ihrer Rede dem Publikum vorgestellt? Was lässt sich über diese Person Interessantes sagen, was Sie im Vorfeld recherchieren können? Wie bauen Sie es so in Ihre Rede ein, dass Ihr Publikum Sie sympathisch findet? Je mehr Sympathie das Publikum Ihnen entgegenbringt, desto eher vertraut es Ihnen – und je größer das Vertrauen Ihrer Zuhörer ist, desto überzeugender sind Sie.

Spannung ist eine weitere hervorragende Strategie, um die Aufmerksamkeit Ihrer Zuhörer zu gewinnen – und wenn Sie diese Methode richtig einsetzen, ist Ihre Botschaft sehr viel überzeugender. In einer Rede bedeutet Spannung erzeugen nicht, Menschen eine Schauergeschichte zu erzählen oder sie in Angst und Schrecken zu versetzen. Es heißt lediglich, dass Sie Ihre Informationen auf interessante und überraschende Weise mitteilen. Steht zum Beispiel die nächste Wahl unmittelbar bevor, könnten Sie eine spannende Frage zum Thema Politik stellen. Fragen Sie zum Beispiel, wie viele Senatoren in Amerika seit dem Jahr 1960 für das Amt des Präsidenten kandidiert haben und wie viele davon tatsächlich gewonnen haben. Sie brauchen diese Frage nicht sofort zu beantworten. Es ist sogar klüger, das nicht zu tun. Sagen Sie einfach Folgendes: »Ich werde Ihnen die Antwort in Kürze mitteilen, und die Zahl wird Sie sicher überraschen.« Falls Sie es vor Spannung nicht mehr aushalten: Zum Zeitpunkt der Veröffentlichung dieses Buches waren es seit 1960 genau vierzig Senatoren, und die einzigen amtierenden Senatoren, die tatsächlich zum Präsidenten gewählt wurden, sind John F. Kennedy und Barack Obama.

Achten Sie beim Einsatz von Spannung darauf, dass die Information, die Sie preisgeben, tatsächlich interessant genug ist, um die Aufmerksamkeit Ihrer Zuhörer zu gewinnen. Die Zuhörer sind irritiert, falls Sie sagen »Darüber sprechen wir später noch ausführlich« – und anschließend etwas völlig Unbedeutendes sagen oder es ganz vergessen. Eine gute Möglichkeit, sich darauf vorzubereiten, besteht darin, die Situation mit einigen Freunden zu üben. Ist deren Reaktion auf die Auflösung eher schwach oder wirkt sie gezwungen, dann streichen Sie es wieder aus der Rede.

Konflikt ist eine weitere, sogar noch wirksamere Methode als Spannung. Menschen beobachten gerne Auseinandersetzungen. In einer Rede vor dem Kongress am 20. September 2001 sagte Präsident George W. Bush: »Die Freiheit und die Angst befinden sich im Krieg. Die Sicherung der menschlichen Freiheit, die großen Errungenschaften unserer Zeit und die großen Hoffnungen für die Zukunft liegen in unserer Hand.« Viele Kommentatoren hielten dies für die beste Rede seiner Amtszeit. Zu diesem dramatischen Zeitpunkt in der amerikanischen Geschichte beschrieb der Präsident die Situation als einen Konflikt zwischen Gut und Böse. Vermutlich werden Sie niemals in die Lage geraten, zum Volk sprechen zu müssen, nachdem bei einem Terroranschlag dreitausend Menschen ums Leben kamen. Behalten Sie dennoch im Hinterkopf, dass es bei einer Rede oft darum geht, die Zuhörer zum aktiven Handeln aufzufordern.

Wie viele Überzeugungsstrategien Sie auch anwenden, tun Sie es überlegt und strukturiert. Verschiedene Zuhörer reagieren unterschiedlich auf die einzelnen Techniken. Setzen Sie deshalb eine große Bandbreite verschiedener Strategien ein. Die positiven Reaktionen Ihrer Zuhörer mögen sich unterscheiden. Aber seien Sie sicher, dass die negativen Reaktionen gleich sein werden, wenn Ihre Rede konfus und ungeordnet erscheint. Logisch miteinander verknüpfte und nachvollziehbare Gedanken bringen Ihnen das Vertrauen Ihrer Zuhörer ein. Je besser das Publikum Ihrem Gedankengang folgen kann, desto leichter fällt es ihm, aufmerksam zuzuhören. Eine ungeordnete, wahllose Aneinanderreihung von Gedanken führt dazu, dass Ihre Zuhörer an so ziemlich alles andere denken – nur nicht an Ihre Rede.

Untersuchungen haben gezeigt, dass Menschen aufmerksamer sind, wenn sie wissen, was sie zu erwarten haben. Im Folgenden zwei Möglichkeiten, wie Sie das Publikum auf den Inhalt Ihrer Rede vorbereiten: Bei der ersten Methode, der Vorhersage-Technik, erzählen Sie dem Publikum ganz einfach, aus welchen Hauptelementen Ihre Rede besteht. Ein Beispiel: »Zunächst möchte ich die beiden Hauptgründe für das Bevölkerungswachstum westlich der Rocky Mountains darlegen. Anschließend werde ich die Auswirkungen dieses Wachstums auf die Bauindustrie erläutern.« So erhält das Publikum bereits einen Überblick über die gesamte Rede und kann sich auf die verschiedenen Punkte einstellen.

Eine zweite Methode, Struktur zu vermitteln, liegt darin, gute Übergänge zwischen den verschiedenen Teilen der Rede zu schaffen. Übergänge sind verbale Wegweiser, die den nächsten wichtigen Punkt anzeigen. Derartige Übergänge können auf verschiedene Arten geschaffen werden. Die Fähigkeit, solche Übergänge geschickt in einer Rede einzusetzen, zeichnet einen erfolgreichen Redner aus. Fällt Ihnen das schwer, dann versuchen Sie ganz einfach, sich so klar wie möglich auszudrücken. Verwenden Sie brauchbare Überleitungen wie zum Beispiel »Nach diesem kurzen geschichtlichen Abriss gehen wir nun zum nächsten Punkt über« oder »Nun möchte ich Ihnen den zweiten meiner drei Vorschläge darlegen«. Überleitungen machen Rednern häufig Schwierigkeiten, aber im Grunde genommen sind sie wirklich einfach. Überlegen Sie, welchen Zweck Sie mit einer Überleitung verfolgen, und Sie werden leicht die passenden Worte finden.

Bei einer Rede sollten Sie drei Ziele verfolgen:
Erstens, einen Einstieg in Ihr Thema finden,
zweitens, Ihr Thema voll und ganz verinnerlichen,
und drittens, Ihr Thema in die Herzen Ihrer Zuhörer bringen.
Alexander Gregg

Schweigen Sie, wenn Sie nichts zu sagen haben.
Treibt aufrichtige Begeisterung Sie an, dann sagen Sie,
was Sie sagen müssen, und tun Sie es mit Begeisterung.
D. H. Lawrence

Beherrsche die Sache, dann folgen auch die Worte.
Cato der Ältere

10 Die Zauberformel der Rhetorik

Alle kreativen Menschen sind einzigartig, aber einige Eigenschaften haben sie doch gemeinsam. Ganz allgemein haben kreative Menschen erkannt, dass der menschliche Geist ein schier unerschöpflicher Fundus ist. Um stets aus diesem Fundus schöpfen zu können, müssen wir unseren Vorrat an Informationen, Gedanken und Wissen kontinuierlich auffüllen. Das bedeutet, Ideen aus jeder möglichen Quelle zu gewinnen – auch von anderen Menschen. Jeder Mensch hat Ideen, sie stehen ihm uneingeschränkt zur Verfügung, und viele davon sind ganz hervorragend. Kreative Menschen vermeiden Vorurteile und festgefahrene Meinungen, indem sie sich zunächst die Ideen der anderen anhören und darüber nachdenken, bevor sie ein Urteil fällen. So schaffen sie eine Atmosphäre, in der Erfindungen reifen können und Wachstum möglich ist.

Ideen sind wie ein glitschiger Fisch. Sie gleiten uns durch die Finger, bevor wir sie zu fassen bekommen. Aus diesem Grund halten kreative Menschen meistens etwas zum Schreiben bereit. Das ist ein absolutes Muss. Schreiben Sie jede Idee auf, die Ihnen in den Sinn kommt. Sie können sie auch in Ihr Mobiltelefon eingeben oder sich selbst eine E-Mail schreiben. Das Leben vieler Menschen hat sich durch einen einzigen großartigen Gedanken grundlegend verändert. Wenn Sie Ihre Ideen sofort aufschreiben, riskieren Sie nicht, sie zu vergessen.

Zwei weitere einfache und zugleich effektive Techniken kreativer Personen sind, dass sie sowohl ihren Freundeskreis als auch ihr

Wissen kontinuierlich erweitern. Weil sie aufrichtiges Interesse an anderen haben, hören kreative Menschen aufmerksam zu. Sie beobachten ihre Umgebung genau und saugen alles auf, was sie sehen und hören. Sie verhalten sich so, als trüge jeder, dem sie begegnen, ein Schild mit der Aufschrift »Meine Gedanken und Interessen könnten der Anstoß für Ihre nächste Idee sein« bei sich. Sie achten darauf, bei jedem Gespräch die Interessen ihres Gegenübers zu berücksichtigen. Dieses Vorgehen führt zu vielen neuen Ideen und Informationen, die ansonsten für immer verloren wären.

Kreative Menschen nehmen einfach an, dass sie erfolgreich sein werden. Sie erwarten, dass sie Erfolge haben werden, und die bemerkenswerte Produktivität, die durch diese Einstellung entsteht, wirkt sich auch auf die Menschen in ihrem Umfeld aus. Sie führt dazu, dass auch andere Menschen kreativer sind.

Probleme sind für kreative Köpfe Herausforderungen, die es zu meistern gilt. Ohne Probleme gäbe es schließlich überhaupt keinen Grund, nachzudenken. Kreative Menschen wissen, dass es reine Zeitverschwendung ist, sich über Probleme den Kopf zu zerbrechen. Deshalb investieren sie ihre Zeit und Energie lieber in das Finden von Lösungen.

Haben kreative Menschen eine Idee, dann unternehmen sie eine Reihe von Schritten, um diese Idee zu perfektionieren. Sie betrachten sie aus einer anderen Perspektive. Sie machen aus kleinen Ideen große und aus alten Ideen neue. Sie verknüpfen Ideen miteinander, kombinieren sie, passen sie an, tauschen sie aus, verbessern sie, ordnen sie neu oder drehen sie ins Gegenteil um.

Kreative und produktive Menschen sind nicht nur deshalb kreativ und produktiv, weil sie ein bestimmtes Ziel erreichen wollen. Allein das Bedürfnis, kreativ und produktiv zu sein, treibt sie an. Selbst auf einer einsamen Insel, wo niemand einen Nutzen aus ihren Ideen ziehen und keiner je davon erfahren würde, würden sie so handeln. Sie haben ganz einfach Freude daran, etwas zu erschaffen. Materielle Vorteile für sie selbst oder andere sind willkommen, stehen aber nicht im Vordergrund.

Jede kreative Person ist ein Künstler im wahrsten und weitesten Sinne des Wortes – und Künstler werden häufig missverstanden. Eine Gruppe von Künstlern, die vom Establishment ihrer Zeit abgelehnt wurde, schloss sich zusammen. Es handelte sich um Degas, Pissarro, Monet, Cézanne und Renoir. Alle fünf taten, woran sie glaubten, trotz der starken Widerstände, mit denen sie zu kämpfen hatten.

Renoir wurde nicht nur von der Öffentlichkeit, sondern auch von seinen Künstlerkollegen verspottet und abgelehnt, aber er malte unbeirrt weiter. Sogar Manet sagte einmal zu Monet: »Renoir hat überhaupt kein Talent. Sie als sein Freund sollten ihm dringend raten, mit dem Malen aufzuhören.«

Renoir litt im Alter an Rheuma, vor allem in den Händen. Er hatte ständig Schmerzen. Als Matisse den alternden Maler besuchte, sah er, dass ihm jeder Pinselstrich unerträgliche Schmerzen verursachte. Matisse fragte ihn: »Warum arbeiten Sie immer noch? Warum quälen Sie sich selbst?« Renoir antwortete: »Der Schmerz geht vorüber, aber die Freude über die Schönheit des Bildes bleibt.« Eines Tages, im Alter von achtundsiebzig Jahren, als er endlich berühmt und erfolgreich war, sagte er: »Ich mache immer noch Fortschritte.« Am folgenden Tag starb er.

Das ist das Kennzeichen einer kreativen Person: Sie entwickelt sich ständig weiter, sie lernt immer wieder Neues, solange sie lebt. Sie erschafft mit ihrer Kreativität neue Dinge, weil sie es *muss*.

In gewisser Weise haben alle Menschen in ihrem Alltag mit ähnlichen Schwierigkeiten zu kämpfen. Das Erreichen von Zielen, das Finden des richtigen Berufs und das Sprechen vor Publikum sind in vielen Punkten ähnlich. In all diesen Bereichen ist ein Mensch gefordert, die richtigen Entscheidungen zu treffen. Die Schwierigkeit liegt häufig darin, dass wir eine endlose Fülle von Möglichkeiten haben. In einem Wörterbuch werden Sie unzählige Wörter finden, die Sie in Ihrer Rede verwenden können. Die Herausforderung besteht darin, die richtigen auszuwählen.

Der erste Schritt für die Lösung eines Problems liegt darin, es zu definieren. Das gilt auch für das Reden vor einer Gruppe. Vergewissern Sie sich, dass Sie ein Problem genau erfasst haben, bevor Sie sich um eine Lösung bemühen.

Schreiben Sie anschließend alles auf, was Sie über das Problem wissen. Diese Informationen können aus Ihrer eigenen Erfahrung stammen, aus Büchern, die Hintergrundinformationen und statistische Daten beinhalten, aus dem Internet oder von Freunden und Kollegen, die sich mit dem Problem auskennen. Im Falle des Sprechens vor Gruppen kann Ihnen dieses Buch wertvolle Informationen liefern.

Überlegen Sie auch, mit wem Sie sich austauschen wollen. Schreiben Sie die Namen von Menschen und Organisationen auf, die als Autoritäten auf diesem Gebiet bekannt sind. Das ist Ihre Chance, alle Fakten zu sammeln. Nachdem Sie aufgelistet haben, wer Ihnen helfen könnte, sollten Sie diese Menschen kontaktieren, mit ihnen sprechen und sich von ihnen die Informationen holen, die Sie brauchen.

Notieren Sie die Informationen, die für das Problem relevant sind. Riskieren Sie nicht, einen Punkt außer Acht zu lassen, der für die Lösung hilfreich sein könnte.

Ein weiterer Schritt für die kreative Lösung eines Problems besteht darin, eigene Ideen zu sammeln. Das bedeutet, dass Sie ein persönliches Brainstorming machen, jegliche Schranken im Denken fallen lassen und keine Bewertungen vornehmen. Denken Sie nicht darüber nach, ob eine Idee gut oder schlecht ist, sondern notieren Sie sie einfach. Sie können anschließend immer noch überlegen, welche Ideen Sie weiter verfolgen wollen.

Eine Idee führt häufig zu einer weiteren, noch besseren Idee. Machen Sie sich keine Sorgen, falls Ihre Ideen weit hergeholt oder nicht umsetzbar scheinen.

Nachdem Sie alle Ideen notiert haben, schätzen Sie jeweils auf einer Skala ein, wie effektiv und umsetzbar sie tatsächlich sind. Die Effektivitätsskala reicht von »sehr effektiv« über »vielleicht effektiv« bis »wenig effektiv«. Die Umsetzbarkeitsskala reicht von »leicht umsetzbar« über »nicht leicht umsetzbar« bis »schwierig umsetzbar«. Die Einschätzung der Ideen zeigt den zu erwartenden Erfolg der möglichen Lösungen an. Denken Sie zuerst über die Ideen nach, die Sie als »sehr effektiv« und »leicht umsetzbar« eingeschätzt haben.

Stellen Sie sich vor, Sie leiten ein Unternehmen. Ihr Verkaufs- und Marketingteam präsentiert Ihnen einige Brainstorming-Ideen, um die Umsätze zu steigern. Eine Idee könnte zum Beispiel sein, ein Produkt, das bereits auf dem Markt ist, komplett umzugestalten. Schätzen Sie die Effektivität dieser Idee ein. Sie wissen, dass dieses Produkt die Bedürfnisse der Konsumenten erfüllt und von ihnen angenommen wird. Aber wie wäre die Situation bei einer Veränderung des Produkts? Ohne ausgedehnte Marktforschung und einen langen Herstellungszeitraum wäre es schwierig zu sagen, wie effektiv diese Idee dazu beitragen könnte, die Umsätze zu steigern. Sie ordnen die Effektivität sehr wahrscheinlich in die Kategorie »wenig effektiv« ein.

Wie ordnen Sie die Idee auf der Umsetzbarkeitsskala ein – »leicht umsetzbar«, »nicht leicht umsetzbar« oder »schwierig umsetzbar«? Sie würden die Idee eher in der Kategorie »schwierig umsetzbar« einordnen, oder? Denn dafür wären ein neues Design, neue Produktionsprozesse, neue Herstellungsmethoden, eine neue Verpackung und neue Marketinginstrumente notwendig.

Stellen Sie sich nun vor, ein Verkäufer macht den Vorschlag, eine neue TV-Werbekampagne in einem bekannten Fernsehsender zu starten. Die Einschätzung wäre hier »vielleicht effektiv« und »nicht leicht umsetzbar«, aber es wäre machbar.

Eine weitere Idee könnte sein, ein neues Incentive-Programm für die Schlüsselpersonen im Verkauf zu starten, für die Verkäufer. Ein gut ausgearbeitetes und konsequent eingesetztes Incentive-Programm mit vorhersagbaren Bonuszahlungen für bessere Leistungen könnte man als »sehr effektiv« einschätzen, und es wäre relativ »leicht umsetzbar«. Die Chancen sind gut, dass diese Maßnahme die Umsatzzahlen des Unternehmens steigern wird.

Für die Einschätzung Ihrer Ideen lassen sich auch andere Messgrößen zu Rate ziehen, zum Beispiel Zeit oder Geld. Schätzen Sie Ihre Ideen anhand dieser Kriterien ein. Für den Unternehmer, der seine Umsatzzahlen steigern möchte, würde die Neugestaltung eines Produkts zum Beispiel eine hohe Investition an Zeit und Geld bedeuten. Fernsehwerbung hätte einen hohen Preis. Die Einführung eines neuen Incentive-Programms für die Verkaufsmannschaft jedoch wäre wahrscheinlich weder zu zeitaufwendig noch zu kostspielig.

Bewerten Sie Ihre Ideen also anhand der folgenden Punkte: Effektivität, Umsetzbarkeit, Zeit und Kosten. Nicht jede Idee, die Sie haben, wird zu einer konkreten Handlung führen. Genau deshalb sollten Sie jede Idee vorab sorgfältig abwägen. Werden Sie dann aktiv, wenn Sie Ihre Ideen genau unter die Lupe genommen haben.

Erstellen Sie mit Hilfe Ihrer Ideen einen Aktionsplan: Wer ist wofür verantwortlich? Wann wird welcher Schritt umgesetzt? Wann werden Sie beginnen? Wie erfolgt die konkrete Umsetzung? All diese Überlegungen sind wichtig, denn die Durchführung der Lösungsschritte ist mindestens genauso wichtig wie die Lösung selbst.

Setzen Sie eine Frist, bis wann Sie Ihren Plan in die Tat umgesetzt haben wollen. Menschen arbeiten am effizientesten, wenn sie sich Fristen setzen. Notieren Sie sich das Datum, an dem Sie mit der Umsetzung beginnen wollen. Das Timing ist häufig entscheidend für die Umsetzung. Wägen Sie die Frist genau im Lichte der aktuellen Situation ab. Notieren Sie sich eventuell noch ein zweites Datum – den Zeitpunkt, zu dem Sie alle Handlungsschritte umgesetzt haben wollen und das Problem gelöst sein soll.

Jedes Problem, egal, wie schwierig oder komplex, hat eine Lösung. Sie müssen sie nur finden. Die Geschichte kennt viele Menschen, die glaubten, ein Problem hätte keine Lösung, und die genau deshalb auch keine Lösung finden konnten. Und sie kennt viele Menschen, die daran glaubten, dass eine Lösung existieren müsse, und diese auch fanden. Die Situation ist vergleichbar, die Sichtweise gänzlich verschieden. In einem Fall führte es zum Erfolg, im anderen nicht. Mit welcher Einstellung wollen Sie die Herausforderungen beim Reden angehen?

Der Weg zum erfolgreichen Redner ist unter Umständen eine noch größere Herausforderung als die Führung eines Unternehmens. Der emotionale Aspekt ist in keinem anderen Bereich so entscheidend wie beim Halten eines Vortrags. Erfolgreiches Sprechen vor Publikum ist eine enorm komplexe Angelegenheit. Nicht umsonst gibt es unzählige Bücher zu diesem Thema. Eine Methode ist dabei genauso erfolgreich wie die relativ komplexen Techniken, die Sie bereits kennengelernt haben – und überraschend einfach. In diesem Kapitel erfahren Sie, wie es Ihnen gelingt, dass Ihre Zuhörer sich genau an die Rede erinnern und zur Tat schreiten. Es handelt sich dabei um eine Redetechnik, die Dale Carnegie die »Zauberformel« nannte. Beim Einsatz dieser Technik werden Sie feststellen, dass sie ihren Namen zu Recht trägt.

Das Ziel einer Rede ist, Menschen zum Handeln zu bewegen. Werden diese nach Ihrer Rede tatsächlich aktiv, dann waren Sie überzeugend. Bei einer Verkaufspräsentation möchte der Verkäufer, dass der Kunde sein Produkt kauft. Bei einem Vortrag in einem Unternehmen will die Führungskraft, dass seine Zuhörer ihm die Erlaubnis geben, ein neues Projektteam aufzubauen oder ein neues Produkt zu entwickeln. Das sind häufige Ziele von Vorträgen und Präsentationen, aber selbst bei einer Konferenz in kleinerem Rahmen oder einem Statusmeeting besteht das Ziel letztlich darin, Menschen zum Handeln zu bewegen.

Die Zauberformel entstand zu einer Zeit, als Dale Carnegies Kurse immer größeren Zulauf bekamen. Aufgrund vieler Teilnehmer waren die Übungsreden vor der Gruppe auf zwei Minuten begrenzt. Das hatte keine negative Auswirkung auf die Rede, wenn das Ziel des Redners lediglich war, zu informieren oder zu unterhalten. War das Ziel jedoch, Menschen zum Handeln zu motivieren, reichten zwei Minuten meistens nicht aus, insbesondere bei einem traditionellen Aufbau. Eine Rede mit einer Einleitung, einem Hauptteil und einem Schluss konnte nicht innerhalb von zwei Minuten in Fahrt kommen. Etwas völlig Neues und anderes war notwendig, und es musste eine absolut sichere Methode sein, um Menschen innerhalb von zwei Minuten effektiv zum Handeln zu motivieren.

Zu diesem Zweck hielten Dale-Carnegie-Trainer Konferenzen in Los Angeles, Chicago und New York ab. Sie konsultierten Universitätsprofessoren und Führungskräfte großer Unternehmen. Diese Expertengruppe erfand einen neuen Stil und einen extrem zielorientierten Aufbau, der für unser handlungsorientiertes Zeitalter genau richtig ist: die Zauberformel. Wie viele hervorragende Ideen ist sie verblüffend einfach und besteht lediglich aus drei Schritten.

Erstens teilt der Redner dem Publikum auf lebendige Weise eine persönliche Erfahrung mit, die mit der gewünschten Handlung in Verbindung steht.

Zweitens appelliert er direkt an die Zuhörer, eine einzelne klar definierte Handlung vorzunehmen.

Drittens beschreibt er konkret und überzeugend, welchen Vorteil die Zuhörer davon haben, wenn sie so handeln, wie von Ihnen gewünscht.

Beim Einsatz der Zauberformel zählt jedes Wort. Richtig angewendet, passt sie ganz hervorragend in die heutige Zeit. Sie vermeidet Ballast und reduziert die Dinge auf das Wesentliche. Die Aufmerksamkeitsspanne der Zuhörer ist heutzutage viel zu kurz. Die Menschen erwarten von Ihnen, dass Sie handeln – und sie wollen selbst zum Handeln aufgefordert werden. Mit der Zauberformel handeln Sie vom ersten Wort an.

Die Zauberformel basiert auf Spannung und ist daher ideal für kurze Reden geeignet. Die Zuhörer folgen gespannt Ihrer Geschichte, aber sie wissen bis zum Ende Ihrer Rede nicht, worauf Sie hinauswollen. Das ist vor allem in Situationen notwendig, in denen Sie etwas von Ihren Zuhörern fordern. Kein Redner, der erwartet, dass seine Zuhörer Geld spenden, kommt besonders weit, wenn er seine Rede mit den Worten beginnt: »Sehr geehrte Damen und Herren, ich bin hier, weil ich möchte, dass jeder von Ihnen heute fünf Dollar spendet.« Veranschaulichen Sie den Grund Ihrer Bitte jedoch mit einer persönlichen Geschichte, ist die Chance, Unterstützung zu erhalten, sehr viel höher.

Der erste Teil der Zauberformel – die Geschichte aus Ihrem eigenen Leben – stellt den größten Teil der Rede dar. Es sollte eine lebendige Beschreibung einer Erfahrung sein, aus der Sie etwas gelernt haben. Denken Sie bei der Vorbereitung der Geschichte daran, dass Menschen auf zwei Arten lernen. Der erste Weg ist das Lernen durch Gewöhnung. Das besagt, dass Menschen aus einer Reihe ähnlicher Ereignisse lernen, die nach und nach ihr Verhaltensmuster verändern. Der andere Weg ist das Lernen durch Erfahrung, bei dem bereits ein einzelnes Ereignis so wirkungsvoll sein kann, dass es das Verhalten eines Menschen verändert.

Für den ersten Teil der Zauberformel sollten Sie ein eigenes Erlebnis so darstellen, dass die Erzählung dieselbe Wirkung auf Ihre Zuhörer hat wie das Ereignis in der Vergangenheit auf Sie selbst. Das Erlebnis muss klar, nachvollziehbar und lebendig dargestellt werden, damit es für die Zuhörer überzeugend klingt.

Dafür sind keine neuen Fertigkeiten notwendig. Es gilt lediglich, einige Hindernisse und Stolpersteine zu beseitigen. Als professioneller Redner ist Ihr Ziel, so ruhig und natürlich zu sprechen, als würden Sie sich mit einem guten Freund oder Familienmitglied unterhalten.

In Dale-Carnegie-Kursen kommt es häufig vor, dass der Trainer den Teilnehmer mitten in seiner Rede unterbricht, um ihn daran zu erinnern, einfach ganz normal zu sprechen. Dale Carnegie selbst beschrieb das folgendermaßen: »Häufig kam ich völlig erschöpft nach Hause, weil ich die ganze Zeit versucht hatte, meine Teilnehmer dazu zu bringen, normal zu sprechen. Glauben Sie mir, das ist bei weitem nicht so einfach, wie man meinen könnte.«

Um eine persönliche Geschichte natürlich zu erzählen, sollten Sie den Vortrag immer wieder üben – sowohl allein als auch vor Publikum. Merken Sie beim Üben, dass Sie sehr gekünstelt sprechen, dann brechen Sie ab und fragen sich, was falschläuft. Rufen Sie sich ins Gedächtnis, was bei dieser Art von Präsentation wichtig ist. Stellen Sie sich vor, mit einer konkreten Person zu sprechen. Das kann eine imaginäre Person oder ein ganz bestimmter Zuhörer aus dem Publikum sein. Wählen Sie jemanden aus, der weit hinten sitzt, und vielleicht sogar die Person, die besonders gelangweilt wirkt, und sprechen Sie zu dieser Person. Denken Sie nicht mehr daran, dass auch noch andere Menschen im Raum sind. Führen Sie ganz einfach ein lockeres Gespräch mit dieser einen Person. Stellen Sie sich vor, dass Sie eine Frage beantworten, die diese Person Ihnen gestellt hat. Stünde die Person tatsächlich auf, um Ihnen eine Frage zu stellen, würden Sie Ihre Antwort in einem lockeren Gesprächston geben, und es klänge ganz natürlich und direkt.

Sie können Ihre Zuhörer sogar an dieser Vorstellung teilhaben lassen, indem Sie während Ihres Vortrags Fragen stellen. Sagen Sie zum Beispiel: »Was geschah als Nächstes?« oder »Warum handelte ich so?« Beantworten Sie anschließend die Frage. Das mag auf den ersten Blick etwas ungewohnt erscheinen. Richtig angewendet, klingt diese Technik sehr natürlich und macht Ihren Vortrag sofort interessanter. So sprechen Sie Ihre Zuhörer direkt an und klingen dabei freundlich und locker.

Lassen Sie sich beim ersten Teil der Zauberformel von Ihren Gefühlen leiten. Dadurch zeigen Sie, wer Sie wirklich sind. Sie bauen durch die Kraft der Emotion Blockaden ab. Das Wichtigste ist, dass Sie Ihre Begeisterung für das Thema klar zum Ausdruck bringen.

Denken Sie an Christopher Reeve. Er war nach einem Reitunfall querschnittsgelähmt und machte sich anschließend als Redner für Menschen mit einem ähnlichen Schicksal stark. Als der Kongress über Fördermittel für Forschungsprojekte zur Behandlung solcher Leiden debattierte, erschien Reeve vor dem Finanzkomitee des Senats und sprach über seinen Unfall. Aufgrund seiner Lähmung saß er im Rollstuhl, war sehr geschwächt und bisweilen schwer zu verstehen, aber seine Botschaft war kraftvoll und klar. Er sprach aus dem Herzen.

Genau das ist das Geheimnis: aus dem Herzen sprechen. Möglicherweise langweilen sich Ihre Zuhörer, wenn Sie über Dinge oder Ideen sprechen. Aber Sie können sich ihrer Aufmerksamkeit sicher sein, wenn Sie über etwas sprechen, das Ihnen wirklich am Herzen liegt. Jeden Tag werden Millionen Gespräche über Gartenzäune hinweg oder in Cafés geführt – und was ist bei all diesen Geschichten das Wichtigste? Zu verstehen, was ein anderer Mensch erlebt hat.

Eine Teilnehmerin eines Dale-Carnegie-Kurses beschrieb das sehr plastisch. Sie war eine Verwaltungsangestellte im Schuldienst, die mit vielen Schulkindern in den Vereinigten Staaten und Kanada zu tun hatte. Sie sagte: »Ich habe sehr schnell gelernt, dass ich den Schülern Geschichten von anderen Menschen erzählen musste, damit sie mir zuhörten. Sobald ich von allgemeinen, abstrakten Dingen zu sprechen begann, wurde ein kleines Mädchen unruhig und kippelte mit dem Stuhl. Ein kleiner Junge zog eine Grimasse. Und sehr bald warf ein anderer Junge etwas durch den Raum.«

Bei einem Dale-Carnegie-Kurs in Paris, an dem eine Gruppe amerikanischer Geschäftsleute teilnahm, war eine der ersten Übungen eine zweiminütige Rede mit dem Titel »Wie man erfolgreich ist«. Die meisten begannen damit, einige einfache Tugenden zu loben. Sie predigten ihren Zuhörern Moral, sie hielten ihnen eine Vorlesung – und langweilten sie damit zu Tode. Der Kursleiter meinte dann: »Wir wollen nicht, dass jemand uns eine Predigt hält. Das macht keinen Spaß. Denken Sie daran, dass Sie leidenschaftlich und konkret sein müssen. Sonst interessiert das, was Sie sagen, niemanden. Es ist tatsächlich so einfach. Denken Sie auch daran, dass zu den interessantesten Dingen überhaupt eine persönliche

Geschichte gehört. Erzählen Sie uns, woher Sie kommen und wer Sie sind. Berichten Sie uns von Ihren Erfolgen und Ihren Niederlagen. Ihre Zuhörer werden sich das gerne anhören. Denken Sie daran und handeln Sie danach. Und im Übrigen wird Ihnen das viel leichterfallen als wortreiche Predigten.«

Früher diente ein Vortrag oft dazu, allgemeine Informationen und sogenannte »universelle Wahrheiten« zu verkünden. Diese Zeiten sind vorbei. Die Devise heißt heute, von konkreten Fakten zu sprechen, die für sich selbst stehen.

Der erste Teil der Zauberformel ist mehr als das Nacherzählen einer Geschichte. Der Redner erlebt sie noch einmal, und das Publikum erlebt sie mit ihm. Beziehen Sie Ihre Zuhörer aktiv in die Rede mit ein. Ihre Zuhörer sollen die Erzählung nicht nur passiv aufnehmen. So bereiten Sie sie auf den nächsten Schritt vor.

Nach dieser Geschichte brennen Ihre Zuhörer darauf zu erfahren, was nun folgt, und sind enttäuscht, wenn Sie es ihnen nicht erzählen. Im zweiten Schritt informieren Sie Ihr Publikum darüber, zu welcher Handlung Sie es auffordern wollen. Diese Handlung muss kurz, klar und konkret formuliert sein. Bei seiner Rede vor dem Kongress forderte Christopher Reeve seine Zuhörer nicht dazu auf, ihr gesamtes Leben zu verändern. Er verlangte nicht von ihnen, das Gesundheitssystem komplett umzugestalten. Er forderte auch kein völliges Umdenken bei der Behandlung von Querschnittsgelähmten. Sondern er sprach lediglich über eine bestimmte Summe Geld, die das Budget für die Forschung auf diesem Gebiet signifikant erhöhen würde.

Genau das ist der Schlüssel des zweiten Schrittes der Formel. Ihr Appell sollte so kurz und konkret wie möglich sein. Stellen Sie sich vor, Sie sprächen wie Christopher Reeve vor einem Komitee. Um die bestmögliche Wirkung zu erzielen, brauchen Sie nicht einmal die konkrete Summe anzusprechen. Ihr Fokus liegt auf sehr viel unmittelbareren, kleineren Dingen. Sprechen Sie darüber, dass Ihre Zuhörer lediglich den »Stift in die Hand nehmen und unterschreiben« müssen. Keine abstrakte Sache. Keine Moralpredigt. Nichts, was nicht jedes Kind verstehen könnte. Die geforderte Handlung muss vor allem eines sein: *ganz einfach*. Zeigen Sie Ihren Zuhörern nicht in erster Linie die Konsequenzen dessen, worum Sie sie bitten, sondern richten Sie ihre Gedanken auf eine ganz einfache körperliche Handlung. Und tun Sie es kraftvoll und überzeugend.

Ein gutes Beispiel dafür ist der berühmte Ausspruch des Astronauten Neil Armstrong, als er zum ersten Mal den Mond betrat: »Ein kleiner Schritt für einen Menschen ...« Er sprach von einer ganz alltäglichen Handlung. Er verknüpfte diesen bedeutsamen Moment mit einer Sache, die sich jeder lebhaft vorstellen konnte. Die Fortsetzung seines Ausspruchs klang dann ganz natürlich. »Ein großer Schritt für die Menschheit« – das hätte sehr arrogant und eingebildet geklungen, hätte er nicht zunächst von jener ganz alltäglichen Sache gesprochen.

Dieser Teil der Formel ist sehr kurz. Denken Sie daran: Ursprünglich dauerte diese Art von Rede nicht länger als zwei Minuten. Im zweiten Schritt verwenden Sie so wenige Worte wie möglich in so kurzer Zeit wie möglich, um Ihre Aussage auf das Wesentliche zu reduzieren. Weniger ist mehr bei diesem Schritt der Zauberformel.

Nun ist es an der Zeit für den dritten und letzten Schritt. Dieser Schritt ist gewissermaßen das Spiegelbild dessen, was Sie im zweiten Schritt gesagt haben. Denn nun erzählen Sie Ihrem Publikum nicht mehr, was es zu tun hat, sondern was es dafür bekommt. Sie zeigen ihm, welchen Nutzen es zu erwarten hat, wenn es die Handlung ausführt, zu der Sie im zweiten Schritt aufgefordert haben. Beachten Sie, dass das Wort *Nutzen* bewusst im Singular steht – denn es handelt sich nicht um eine Quizshow, in der als Hauptgewinn ein neues Auto *und* eine Waschmaschine *und* ein Urlaub für zwei auf Hawaii winken. Damit wissen Menschen im Berufsleben nicht viel anzufangen. Stellen Sie ganz einfach klar, dass nach Umsetzung der von Ihnen geforderten Handlung ein einzelner, entscheidender Nutzen zu erwarten ist. Nach Verabschiedung der von Christopher Reeve geforderten Summe hatten die Mitglieder des Kongresses etwas extrem Positives getan und würden dafür Anerkennung erhalten. Mehr brauchte man ihnen gar nicht erzählen. Sie waren klug genug zu verstehen, dass sich das bei den nächsten Wahlen auszahlen würde.

Eine kurze Zusammenfassung der Zauberformel: Es handelt sich um eine hervorragende Technik, um eine Verbindung zum Publikum herzustellen, es zu motivieren, zu inspirieren und zum Handeln aufzufordern – und zwar innerhalb kürzester Zeit. Prägen Sie sich die drei Teile der Formel genau ein: Erstens, die persönliche Geschichte über eine positive Veränderung in Ihrem Leben. Das kann eine Veränderung sein, die langsam und allmählich eingetreten ist, oder sehr schnell als Wendepunkt in Ihrem Leben. Berichten Sie mit Begeisterung und Energie von diesem Ereignis. Idealerweise sollten Sie das Geschehen während der Erzählung erneut mit Ihren Zuhörern zusammen erleben. Von den drei Teilen der Zauberformel ist dieser Teil der längste. Am Ende des ersten Teils haben die Zuhörer das Geschehen im Geiste selbst erlebt, sind voller Begeisterung und brennen darauf zu erfahren, wie es weitergeht.

Der zweite Teil der Zauberformel ist viel kürzer als die persönliche Geschichte, aber er muss genauso kraftvoll sein – gerade, weil er so kurz ist. In diesem Teil fordern Sie die Zuhörer auf, eine einzelne, konkrete, positive Handlung auszuführen. Diese Handlung sollte eine logische Konsequenz der Geschichte sein, die Sie gerade erzählt haben. Sammeln Sie zum Beispiel Spenden für wohltätige Zwecke, dann bitten Sie die Zuhörer, einen Scheck auszufüllen, und fordern Sie sie auf, dies sofort an Ort und Stelle zu tun. Betonen Sie die rein körperliche Handlung. Sorgen Sie dafür, dass die Zuhörer selbst eine Verbindung zwischen der Handlung und Ihrer Geschichte ziehen. Falls Sie die Geschichte erfolgreich erzählt haben, tun sie das von selbst. Und für den Fall, dass es Ihnen nicht gelungen ist, können Sie zu diesem Zeitpunkt ohnehin nichts mehr ändern. Ihre Aussage sollte einfach und klar sein. Formulieren Sie Ihre Aufforderung mit so wenig Worten wie möglich.

Der dritte Teil der Formel darf nicht länger sein als der zweite. Nun helfen Sie Ihren Zuhörern, die Dinge von der anderen Seite zu sehen. Denn Sie erklären ihnen, welchen Nutzen sie daraus ziehen, wenn sie die von Ihnen geforderte Handlung umsetzen. Idealerweise sollten Sie über einen einzigen Nutzen sprechen. Dieser muss so allgemein formuliert sein, dass die Zuhörer verstehen, warum die Handlung wichtig und lohnend ist. Haben Sie zum Beispiel in Schritt zwei eine Gruppe Studenten aufgefordert, sich für einen Ferienkurs einzutragen, dann erklären Sie ihnen, dass sie damit bessere Prüfungsnoten erzielen werden. Mehr brauchen Sie gar nicht zu sagen. Mit wenigen Worten zeichnen Sie ein Bild eines einzelnen Nutzens mit weitreichenden Folgen für die Zuhörer.

Üben Sie, diese Technik zu Ihrem Vorteil einzusetzen. Sie werden feststellen, dass sie ihren Namen zu Recht trägt.

Die Zauberformel, die Sie soeben kennengelernt haben, ist die Struktur einer Rede, die schon vielen Menschen gute Dienste geleistet hat. Mit etwas Übung werden Sie damit innerhalb kürzester Zeit zu einem exzellenten Redner. Um die Formel und Methoden, die Sie hier kennengelernt haben, optimal nutzen zu können, sollten Sie auch die äußeren Umstände Ihrer Rede berücksichtigen, damit sie erfolgreich wird. Am Ende dieses Kapitels sehen wir uns an, was das konkret bedeutet.

Gehen Sie Ihre Präsentation morgens oder am Vorabend Ihrer Rede noch einmal durch. Beobachten Sie sich dabei in einem Spiegel und stellen Sie sich beim Üben vor, dass Sie bereits vor Ihrem Publikum stehen.

Sehen Sie sich vorab den Raum an, in dem Sie Ihre Rede halten werden, soweit möglich. Achten Sie auf mögliche Probleme wie schlechte Sicht oder störende Geräusche. All diese Schwierigkeiten können beseitigt werden, indem Sie die Organisatoren vorab verständigen und sie bitten, sich darum zu kümmern. Falls Sie audiovisuelle Hilfsmittel wie zum Beispiel einen Beamer verwenden, sorgen Sie dafür, dass diese korrekt installiert sind und funktionieren. Benötigen Sie zusätzliche Ausrüstung, dann bitten Sie darum. Bedienen Sie die Technik nicht selbst, dann finden Sie heraus, wer für diese Aufgabe zuständig ist, und sprechen Sie mit der Person.

In vielen – wenn nicht sogar allen – Präsentationen setzt man heutzutage Computer ein, und in vielen – wenn nicht sogar den meisten – Fällen geht im ungünstigsten Moment etwas schief. Im Folgenden werden einige der Probleme aufgelistet, die auftreten könnten. Denken Sie besser früher als zu spät darüber nach.

Ist die Software des Computers mit Ihrer Präsentation kompatibel? Bleiben die Schriftarten, Aufzählungszeichen und Farben gleich? Hat der Computer einen Lautsprecher? Ist der Ton gut hörbar, aber nicht zu laut?

Halten Sie eine Kopie Ihrer Präsentation bereit und bringen Sie diese mit. Oder schicken Sie sich die Präsentation selbst per Mail zu und achten Sie darauf, dass Sie am Veranstaltungsort Zugriff auf Ihre E-Mails haben.

Verwenden Sie ein Mikrophon, wenn der Raum sehr groß ist. Testen Sie das Mikrophon, bevor das Publikum erscheint. Vergewissern Sie sich, dass alle nötigen Hilfsmittel verfügbar sind, zum Beispiel Whiteboard, Stifte, Schwamm oder ein Laserpointer. Überprüfen Sie, ob die Batterien des Laserpointers funktionieren. Denken Sie daran, dass Batterien sich schnell leeren können. Verwenden Sie beim Schreiben auf Flipcharts nicht mehr als sieben Zeilen pro Blatt und nicht mehr als sieben Wörter pro Zeile. Verwenden Sie leuchtende, dicke Stifte. Setzen Sie zusätzlich zum Text Diagramme und Bilder ein.

Zögern Sie nicht, vor der Rede um einige Minuten Zeit für sich allein zu bitten. Fünfzehn bis dreißig Minuten sind völlig normal. Nutzen Sie diese Zeit, um Ihr Material, Ihre Einleitung und Ihren

Schluss durchzugehen. Lassen Sie sich dabei nicht von Zuhörern stören, die sich vorab mit Ihnen unterhalten möchten.

Vermeiden Sie möglichst, während der Rede hinter einem Rednerpult oder einem Tisch zu stehen. Stehen Sie links oder rechts von der Leinwand oder dem Whiteboard und so nahe wie möglich an Ihren Zuhörern. Falls Sie Handouts verteilt haben, lesen Sie während der Rede nicht davon ab. Denn dann wissen Ihre Zuhörer nicht, ob Sie ebenfalls auf die Handouts blicken oder Ihnen zuhören sollen.

Sprechen Sie mit dem Publikum, nicht mit visuellen Hilfsmitteln wie Flipchart oder Leinwand. Stehen Sie nicht zwischen Leinwand und Publikum. Sprechen Sie klar und so laut, dass jeder Sie versteht. Bewegen Sie sich im Raum, soweit möglich. Das führt zu einer größeren körperlichen Nähe zu Ihrem Publikum. Idealerweise sollten Sie eine alternative Strategie bereithalten, falls die ursprünglich geplante nicht funktioniert. Sie müssen mit Ihrem Material so vertraut sein, dass die Interessen und Fragen Ihrer Zuhörer den Inhalt Ihrer Rede bestimmen – nicht die feste Struktur der Rede.

Achten Sie auf die Tageszeit und darauf, wie viel Zeit für Ihre Rede eingeplant ist. Die Tageszeit kann die Konzentration der Zuhörer enorm beeinflussen. Eine Rede dauert in der Realität häufig bis zu 25 Prozent länger, als wenn man sie lediglich im Kopf durchgeht. Auch der Gebrauch von Flipcharts und sonstigen visuellen Hilfsmitteln führt dazu, dass eine Rede mehr Zeit beansprucht. In jedem Fall ist es besser, etwas früher aufzuhören, als die Zeit zu überziehen.

Das nächste Kapitel behandelt den Umgang mit Fragen. Achten Sie grundsätzlich auf Kommentare Ihrer Zuhörer. Auch wenn Sie anderer Meinung sind: Gehen Sie auf die Gedanken der Zuhörer ein, statt ihnen zu widersprechen. Und schließlich sollten Sie nicht nur der Erste sein, der am Veranstaltungsort eintrifft, sondern auch der Letzte, der ihn verlässt.

Eine erfolgreiche Rede hat auch etwas mit guter Planung und

Organisation zu tun. Im nächsten Kapitel geht es darum, dass ein Redner selbst unter den bestmöglichen Umständen unter Druck geraten kann. Jeder Redner erlebt früher oder später offenen Widerspruch oder Konflikte mit den Zuhörern. Solche Situationen selbstsicher und souverän zu meistern, ist eine wichtige Bewährungsprobe für jeden Redner.

Fallstudie: Franklin Delano Roosevelt

Auszug aus Franklin D. Roosevelts erstem Kamingespräch:

> Ich möchte in den folgenden Minuten mit dem amerikanischen Volk über Banken sprechen – mit den vergleichsweise wenigen Menschen, die die Mechanismen des Finanzsektors verstehen, aber vor allem mit der großen Mehrheit derer, die mit Banken lediglich dann in Kontakt kommen, wenn sie eine Einzahlung machen oder einen Scheck einlösen. Ich möchte Ihnen berichten, welche Maßnahmen in den letzten Tagen getroffen wurden, aus welchen Gründen wir sie treffen mussten und was die nächsten Schritte sein werden. Ich bin der Ansicht, dass die zahlreichen Bekanntmachungen der Kapitole der Bundesstaaten und aus Washington, die Gesetzgebung sowie die Bestimmungen hinsichtlich der Staatskasse, die sich in erster Linie auf Begriffe aus dem Finanzwesen und der Rechtsprechung stützen, den Bürgern erklärt werden sollten. Ich bin Ihnen das insbesondere aufgrund der Tapferkeit und der positiven Stimmung schuldig, mit der Sie, die Bürger, die Unannehmlichkeiten und Härten der Bankenschließung akzeptiert haben. Ich weiß, dass nur, wenn Sie verstehen, was wir in Washington planen, ich weiterhin mit der gleichen Kooperation rechnen kann, die ich bereits in der letzten Woche erfahren durfte. Zunächst möchte ich Ihnen erklären, dass eine Bank Ihr Geld nicht einfach in einen Tresor legt, wenn Sie es dort einzahlen. Sie investiert es in verschiedene Kredite, Handelspapiere, Hypotheken und viele andere Arten von Anleihen. Anders ausgedrückt: Die Bank lässt Ihr Geld arbeiten, um Industrie und Landwirtschaft in Gang zu halten. Ein vergleichsweise geringer Teil des Geldes, das Sie auf die Bank bringen, wird als Zahlungsmittel in Umlauf gebracht – eine Summe, die in normalen Zeiten vollkommen ausreicht, um den Bedarf des

normalen Bürgers an Bargeld zu decken. Anders formuliert: das gesamte, sich in diesem Land in Umlauf befindliche Geld ist nur ein kleiner Teil der gesamten Summe, über die die Banken verfügen.

Was geschah also in den letzten Tagen des Februars und den ersten Tagen des März? Aufgrund des geschwundenen Vertrauens der Öffentlichkeit in die Banken begann ein großer Teil unserer Bevölkerung, sich seine Ersparnisse auf der Bank in Form von Geld oder Gold auszahlen zulassen – ein so großer Ansturm, dass nicht einmal die sichersten Banken diesen Bedarf decken konnten. Der Grund dafür war, dass es so schnell ganz einfach nicht möglich war, sichere Anleihen einer Bank zu verkaufen und in Bargeld umzuwandeln – außer zu Preisen, die weit unter dem eigentlichen Wert lagen.

Am Nachmittag des 3. März war kaum eine Bank geöffnet. Die Gouverneure in fast allen Staaten hatten dazu aufgerufen, die Banken zeitweise zu schließen.

Anschließend rief ich die Schließung der Banken im gesamten Land aus, und dies war der erste Schritt, mit dem die Regierung begann, die finanzielle und wirtschaftliche Situation zu verbessern.

Roosevelt wurde zum ersten Mal Präsident zu einer Zeit, als sich das Land mitten in einer wirtschaftlichen Depression befand. Dreizehn Millionen Menschen waren arbeitslos und die Mehrzahl der Banken geschlossen. Roosevelt musste einen wirkungsvollen Weg finden, mit den Menschen zu sprechen, sie zu ermutigen und ihre Moral zu heben.

Am 12. März 1933 sendete Präsident Roosevelt sein erstes Kamingespräch, in dem er der Nation erklärte, wie die Bankenkrise überwunden werden konnte. Es war das erste von insgesamt einunddreißig Kamingesprächen. Er sprach mit sanfter, beruhigender Stimme über zahlreiche Themen und forderte das amerikanische Volk dazu auf, ihm seine Sorgen mitzuteilen.

Roosevelt kannte sein Publikum genau, und er legte großen Wert darauf, für jedermann verständliche Reden zu halten. Er sprach in einfachen Worten und achtete besonders darauf, dass die meisten Worte seiner Rede zu den tausend am häufigsten gebrauchten Wörtern der englischen Sprache gehörten.

Roosevelt setzte auf einen lockeren Gesprächsstil und erzählte viele Anekdoten, um die komplizierten Herausforderungen und Probleme zu veranschaulichen, vor denen das Land stand. Er sprach seine Zuhörer häufig direkt an oder verwendete das Wort »wir«. Dadurch stärkte er die Verbindung zu seinem Volk. Das Weiße Haus erhielt eine Fülle von Briefen von Amerikanern aller Bevölkerungsschichten, die positiv auf die Kamingespräche reagierten. Viele von ihnen hatten das Gefühl, der Präsident säße direkt in ihrem Wohnzimmer und spräche persönlich mit ihnen, während sie seine Reden über das Radio verfolgten.

Mit Hilfe seiner sorgfältig vorbereiteten Reden schuf Roosevelt über das Radio eine Verbindung zum Volk, wie es keinem Präsidenten vorher und keinem danach jemals gelungen war und gelang.

Auszug aus Franklin D. Roosevelts erstem Kamingespräch:

> Die Situation der Banken war sehr schlecht. Einige der Verantwortlichen in den Banken hatten sich als sehr inkompetent oder unehrlich im Umgang mit den Ersparnissen der Bürger erwiesen. Sie hatten das ihnen anvertraute Geld in Spekulationen oder unkluge Anleihen investiert. Selbstverständlich galt dies nur für einen kleinen Teil der Banken. Leider aber reichte das aus, um die Menschen zutiefst zu schockieren und zu verunsichern. Sie differenzierten nicht mehr, sondern nahmen an, die Handlungen einiger weniger gälten für alle. Aufgabe der Regierung ist es, diese Situation zu entspannen, und zwar so schnell wie möglich – und genau das tun wir gerade.
>
> Ich kann nicht versprechen, dass jede einzelne Bank wieder geöffnet sein wird oder dass es nicht vereinzelt Verluste geben

wird. Aber es wird keine Verluste geben, die vermeidbar gewesen wären, und sie wären mit Sicherheit größer gewesen, wenn wir weitergemacht hätten wie bisher. Ich kann Ihnen die Rettung einiger der am schwersten unter Druck geratenen Banken versprechen. Wir bemühen uns nicht nur, die sicheren Banken wieder zu eröffnen, sondern auch, durch Umstrukturierungen sichere Banken zu schaffen. Für mich war ein wunderbares Gefühl, zu sehen, wie viel Vertrauen uns die Menschen im ganzen Land entgegenbringen. Ich kann den Menschen nie dankbar genug sein für die loyale Unterstützung, die sie mir durch die Akzeptanz unserer Entscheidung und unseres Kurses gegeben haben – auch wenn nicht alle Geschehnisse für sie verständlich waren.

Schließlich gibt es eine Sache bei der Rettung unseres Finanzsystems, die wichtiger ist als alles Geld und Gold – das Vertrauen der Menschen. Vertrauen und Mut sind die wichtigsten Faktoren, um unseren Plan durchführen zu können. Sie müssen Vertrauen haben und dürfen sich nicht von Gerüchten oder Vermutungen in Panik versetzen lassen. Lassen Sie uns gemeinsam gegen die Angst kämpfen. Wir tun alles, um unser Finanzsystem wiederherzustellen. Aber wir können es nur mit Ihrer Unterstützung schaffen.

Das ist genauso meine Aufgabe wie Ihre. Gemeinsam werden wir gewinnen.

Wer überzeugen will, sollte nicht auf das richtige Argument, sondern auf das richtige Wort vertrauen. Die Kraft des Klanges war schon immer größer als die Kraft der Vernunft.

Joseph Conrad

Es geht nicht darum, wie begeistert Sie von Ihrem Thema sind, sondern darum, wie begeistert die Zuhörer nach Ihrer Rede davon sind.

Tim Salladay

Wenn es Ihnen nicht gelingt, Ihre Botschaft in einem Satz zu beschreiben, dann können Sie sie auch in einer Stunde nicht erklären.

Dianna Booher

11 Souverän mit Fragen umgehen

Unabhängig davon, wie lang oder kurz Ihre Rede ist – die wichtigsten Teile sind der Anfang und das Ende. Aber was genau ist das Ende einer Rede? Ihre Rede ist nicht vorbei, nachdem Sie alles gesagt haben, was Sie sagen wollten. An diesem Punkt fordern die meisten Redner ihre Zuhörer auf, Fragen zu stellen, und häufig ist das der wichtigste und wirkungsvollste Teil der Rede.

Eine Diskussionsrunde im Anschluss an eine Rede kann sowohl eine Chance als auch eine Herausforderung darstellen. Sie haben nun die Möglichkeit, Ihre Botschaft noch einmal klar zu formulieren, die wichtigsten Punkte zu betonen und Einwände offen anzusprechen. Der Nachteil ist, dass manche Fragen möglicherweise sehr schwer zu beantworten sind, insbesondere bei schlechter Vorbereitung. Keineswegs unüblich ist, dass eine einzelne Person aus dem Publikum die Diskussionsrunde dominiert oder es zumindest versucht. Möglicherweise sind die Zuhörer auch extrem zurückhaltend und zeigen wenig Initiative. Hin und wieder kommt es sogar vor, dass sich das Publikum Ihnen gegenüber offen feindselig zeigt.

Die meisten Diskussionsrunden folgen einem klaren Ablauf. Normalerweise folgt auf Ihre Rede zunächst Applaus. Anschließend können Sie Folgendes sagen: »Wir haben noch x Minuten Zeit für Fragen. Wer hat die erste Frage?« Laden Sie das Publikum mit einem erwartungsvollen Gesichtsausdruck ein, Fragen zu stellen. Eine Diskussionsrunde beginnt grundsätzlich damit, dass

Sie den dafür vorgesehenen Zeitrahmen vorgeben. Vor allem wenn Ihre Rede etwas länger war als geplant, sollten Sie eine konkrete Zeitangabe machen, zum Beispiel »fünf Minuten« oder »zehn Minuten«. Häufig jedoch ist das Beste, die Zeitangabe eher vage zu formulieren. Sagen Sie zum Beispiel: »Ich habe nun noch etwas Zeit, um Ihre Fragen zu beantworten.« Selbst wenn Sie jede Menge Zeit haben, würden Sie nicht sagen »Ich habe noch zwei Stunden Zeit für Ihre Fragen.« Das wäre nicht in Ihrem Sinne, und auch nicht im Sinne Ihrer Zuhörer!

Indem Sie klar kommunizieren, wie viel Zeit Sie für Fragen reserviert haben, sorgen Sie dafür, dass die Fragen klar auf den Punkt gebracht werden. Auch Ihre Antworten sollten so konkret und klar wie möglich sein. Hin und wieder können Sie eine Frage ausführlicher beantworten, vor allem, wenn Sie diese Frage in der Rede selbst nicht behandeln konnten.

Während der Diskussionsrunde zeigen Sie, wie gut Sie in der Lage sind, mit einzelnen Personen aus dem Publikum zu kommunizieren. Wie können Sie sich darauf vorbereiten, auch wenn Sie nicht wissen, was man Sie fragen wird?

Ein guter Anfang ist, Ihre Zuhörfähigkeiten zu trainieren. Vielleicht überrascht es Sie, dass Zuhören genauso wie Sprechen eine Fertigkeit ist, die man lernen kann. Viele Redner wissen das nicht. Deshalb ist ihnen viel wichtiger, selbst zu reden, als anderen zuzuhören. Aber es ist unmöglich, eine Frage gut zu beantworten, ohne richtig zugehört zu haben. Gehen Sie die folgenden Probleme beim Zuhören sorgfältig durch. Es sind nur einige der Probleme, die sehr häufig auftreten, aber sie geben Ihnen bereits wichtige Anhaltspunkte, worauf Sie achten müssen.

Erstens: den Fragesteller unterbrechen. Redner sind häufig sehr überzeugt von ihrem eigenen Wissen. Infolgedessen sind sie nicht in der Lage, zu erkennen, wie viel die Zuhörer verstanden haben. Der Redner verliert dann leicht die Geduld und unterbricht den Fragesteller. Das kann Ihrer Sache schweren Schaden zufügen, und zwar einen sehr viel größeren Schaden, als wenn Sie sich wenigstens die ganze Frage angehört und eine schlechte Antwort darauf gegeben hätten.

Mit einer einzigen Ausnahme: Manchmal ist es notwendig, bei einer vagen, weit hergeholten Frage zu unterbrechen. Denn schließlich haben Sie nur begrenzte Zeit zur Verfügung. Entscheidend ist jedoch, dass Sie taktvoll unterbrechen. Sagen Sie zum Beispiel: »Sie möchten also wissen, ob …?« Damit bringen Sie die Frage auf den Punkt und können anschließend mit Ihrer Antwort beginnen. Denken Sie daran, dass das Publikum auch beurteilt, wie gut Sie mit einzelnen Zuhörern umgehen. Es geht nicht nur darum, was Sie sagen, sondern auch darum, wie Sie die Situation meistern.

Zweitens: den Fragesteller nicht anschauen. Blickkontakt während der Diskussionsrunde ist mindestens genauso wichtig wie während der Rede. Stellt jemand eine Frage, dann richten Sie Ihre volle Aufmerksamkeit auf diese Person. Zeigen Sie Respekt für den Fragesteller, indem Sie ihn ansehen und ihm zuhören. Das eine funktioniert nicht ohne das andere. Sind Sie sicher, dass die Person mit ihrer Frage fertig ist, machen Sie eine kurze Pause, um nachzudenken. Versuchen Sie nicht, sofort zu antworten – auch wenn die Versuchung groß ist, vor allem, wenn die Frage sehr feindselig gestellt wurde. Nehmen Sie sich Zeit. Das wirkt nicht nur höflicher, sondern macht Sie auch glaubwürdiger. Die Botschaft ist, dass Sie die andere Person ernst nehmen, indem Sie sich die Zeit nehmen, über ihre Frage nachzudenken.

Sehen Sie die Person, welche die Frage gestellt hat, anschließend an und wiederholen Sie die Frage – nicht Wort für Wort, aber sinngemäß. Das ist vor allem dann wichtig, wenn Sie vor einem großen Publikum sprechen und möglicherweise nicht jeder die Frage verstanden hat. Indem Sie die Frage wiederholen, sorgen Sie dafür, dass wirklich jeder sie gehört hat.

Richten Sie anschließend Ihre Antwort und Ihren Blick auf das gesamte Publikum. Denken Sie daran, dass Sie immer noch vor einer Gruppe stehen und alle Zuhörer Ihre Antwort hören sollten – nicht nur der Fragesteller selbst. Platzieren Sie sich so, dass Sie von allen Zuhörern gleich weit entfernt sind. Widerstehen Sie der Versuchung, sich in Richtung des Fragestellers zu bewegen oder Ihre Antwort direkt an ihn zu richten. Denn das führt dazu, dass alle anderen Zuhörer sich ausgeschlossen fühlen.

Drittens: den Fragesteller zur Eile antreiben und ihm das Gefühl geben, er verschwende Ihre Zeit. Wozu die Eile? Ihre Zuhörer haben Ihnen ziemlich lange zugehört. Nun sind sie an der Reihe. Gewöhnen Sie sich nicht zu sehr daran, derjenige zu sein, der spricht. Fassen Sie sich bei der Beantwortung der Frage kurz und kommen Sie zum Punkt. Halten Sie nicht noch eine zusätzliche Rede. Das Publikum langweilt sich oder nimmt es Ihnen sogar übel, wenn Sie eine einzelne Frage zu langatmig beantworten. Außerdem ist möglicherweise die einzige Person, die an der Antwort interessiert ist, der Fragesteller selbst!

Viertens: die Frage einfach nicht beantworten. Später in diesem Kapitel sehen Sie, dass es Möglichkeiten gibt, Ihre Kernbotschaft in einer Diskussionsrunde zu vermitteln, egal, was die Frage war. Aber dazu brauchen Sie ein gewisses Feingefühl. Ignorieren Sie eine Frage nie und wiederholen Sie statt einer Antwort auch nicht einfach Teile Ihrer Rede.

Das fünfte Problem ist besonders verbreitet und besonders unvorteilhaft. Der Fragesteller hat über ein Erlebnis berichtet oder eine Anekdote erzählt, und Sie ignorieren das Gesagte und versuchen, es mit einer eigenen Geschichte zu übertreffen. Häufig beginnt das mit den Worten: »Das erinnert mich daran, als ich …« oder »Dabei fällt mir … ein«. Wenn Sie sich während einer Diskussionsrunde diese Worte sagen hören, dann korrigieren Sie sich sofort. Sie sind in die völlig falsche Richtung unterwegs.

Sechstens: suggestive, tendenziöse und abschweifende Fragen. Unbeabsichtigt oder nicht, können Zuhörer Ihnen mit derartigen Fragen eine Falle stellen, wenn Sie nicht richtig darauf reagieren. Zum Beispiel könnte man Ihnen eine Suggestivfrage stellen. Derartige Fragen drängen Sie in Richtung einer bestimmten Antwort, wobei andere Möglichkeiten außer Acht gelassen werden. Sogenannte geschlossene Fragen sind in dieser Hinsicht besonders gefährlich. Ein Beispiel: »Glauben Sie, dass der Geschäftsführer Probleme hat?« Eine zustimmende Antwort ist bei dieser Frage vorprogrammiert. Ein noch extremeres Beispiel könnte folgende Frage sein: »Denken Sie, dass die Probleme des Geschäftsführers heute schlimmer sind als in der Vergangenheit?« Bei derartigen Fragen ist die beste Strategie, zu verneinen und anschließend eine Erklärung zu liefern. Antworten Sie mit ja, legen Sie sich auf eine extreme Position fest und alles, was Sie anschließend sagen, ist möglicherweise irrelevant.

Beantworten Sie eine Suggestivfrage nicht direkt. Denken Sie darüber nach und verneinen Sie sie, bevor Sie antworten. Stellen Sie sich vor, eine Frage wäre: »Was machen Sie mit all dem Geld, das Sie an den Preiserhöhungen verdienen werden?« Lösen Sie den feindseligen Unterton auf, indem Sie sagen: »Ich verstehe, dass Sie über die Preiserhöhungen wütend sind. Ich glaube, Ihre eigentliche Frage ist, warum die Preise so plötzlich erhöht wurden.« Beantworten Sie dann diese Frage anstatt der ursprünglichen.

Konflikte entstehen nur, wenn Sie sich dazu hinreißen lassen, eine solche Frage zu beantworten. Ist der Fragesteller mit Ihrer Antwort nicht zufrieden, dann bieten Sie an, ihm die Frage in einem Gespräch unter vier Augen nach der Diskussionsrunde zu beantworten. Gehen Sie dann zügig zur nächsten Frage weiter.

Manche Fragesteller neigen dazu, einen langen Kommentar oder sogar eine komplette Rede abzuliefern. Das Ganze ist ein endloser Monolog. Der Fragesteller redet immer weiter, so lange, bis Sie am liebsten davonlaufen möchten. Haben Sie dann endlich die Chance zu antworten, schießt der Fragesteller sofort mit einer weiteren Frage zurück. Darauf sollten Sie vorbereitet sein und wissen, wie Sie damit umgehen können.

Zu Ihrem eigenen Besten und dem der anderen Zuhörer sollten Sie zuweilen auch hart durchgreifen. Möglicherweise müssen Sie den Fragesteller unterbrechen und ihn fragen: »Was genau ist Ihre

Frage?« In der Regel reicht das aus, um die Dinge zu beschleunigen. Anschließend ist das Beste, kurz und knapp zu antworten, besonders, wenn der langatmige Kommentar von sehr viel Feindseligkeit geprägt war. Indem Sie eine kurze Antwort geben, bekommt diese Person in Summe die gleiche Zeit wie die anderen Zuhörer. Lassen Sie sich nicht zu einer langen Antwort oder Gegenrede hinreißen.

Sie können noch auf eine zweite Nachfrage des Fragestellers antworten, anschließend sollten Sie jedoch einer anderen Person das Wort erteilen. Erklären Sie nichts und entschuldigen Sie sich nicht. Tun Sie es einfach. Das Publikum wird Sie verstehen und Ihnen wahrscheinlich sogar dankbar sein.

Eine Frage mit negativer Tendenz führt manchmal dazu, dass Sie unbeabsichtigt ebenfalls eine negative Antwort geben. Eine typische Frage wie »Welche Probleme hatten Sie in der letzten Zeit?« impliziert bereits, dass Sie Probleme hatten und nun genau darüber sprechen werden. Schon das Wort *Problem* kann zu negativen Gedanken führen.

Eine abschweifende Frage stellt eine weitere Falle dar. Diese Frage kann Sie von Ihrem eigentlichen Thema wegführen. Sie führt dazu, dass Sie an etwas denken, das Ihnen plötzlich interessant erscheint, aber nicht wirklich zu dem passt, was Ihr Publikum hören will. Das kostet Sie wertvolle Zeit und bewirkt, dass Ihre Zuhörer Ihnen weniger aufmerksam folgen.

Fragen, die auf ein bestimmtes Ziel aus sind, können Sie in die Falle locken, aber genauso problematisch sind Fragen ohne konkretes Ziel. Diese Fragen führen zwar nicht dazu, dass Sie zu viel oder etwas Unangemessenes sagen, aber sie sind so uninteressant, dass Sie überhaupt nicht wissen, was Sie antworten sollen. Häufig kommen solche Fragen von Zuhörern, die nervös sind, wenn Sie vor Publikum sprechen. Die Frage ist wichtig für sie, aber noch wichtiger ist, dass sie die Frage in der Öffentlichkeit stellen. Die Frage an sich ist häufig einfach oder stark vereinfachend. Gehen Sie bei einer solchen Frage mehr in die Tiefe. Fragen Sie zum Beispiel: »Was genau meinen Sie mit ...?« oder »Könnten Sie mir mehr über ... erzählen?« Eine der effektivsten Möglichkeiten, mehr Details zu erfahren, liegt darin, dieselbe Frage immer wieder zu stellen. Verwenden Sie dieselben Worte oder formulieren Sie sie um – und legen Sie die Betonung auf den Punkt, über den Sie mehr Informationen erhalten wollen.

Manchmal kommt es vor, dass überhaupt niemand eine Frage stellt. Häufig bedeutet das, dass die Zuhörer sich nicht sicher sind, ob sie wirklich fragen dürfen. Paradoxerweise geschieht das besonders häufig bei Präsentationen, die das Publikum sehr beeindruckt haben. Ihre Aufgabe ist nun, die Sache zum Laufen zu bringen. Sie könnten zum Beispiel sagen: »Eine häufig gestellte Frage ist zum Beispiel ...« Nachdem Sie auf diese hypothetische Frage geantwortet haben, fragen Sie: »Wer hat eine weitere Frage?« Geraten Sie nicht in Panik, falls zunächst einige Sekunden lang Stille herrscht. Ihre Zuhörer wollen diese Stille ebenso beenden wie Sie. Folgt noch immer keine Frage, stellen Sie eine weitere hypothetische Frage und beantworten Sie diese ebenfalls. Zwei solcher Fragen sind genug. Falls Sie immer noch keine Frage gestellt bekommen, danken Sie dem Publikum für seine Aufmerksamkeit, wiederholen Sie die abschließenden Worte Ihrer Präsentation in einem Satz, schalten Sie Ihr Mikrophon aus und verlassen Sie das Podium. Ihre Rede ist beendet. Diese Situation tritt selten ein, aber es ist immer gut, darauf vorbereitet zu sein. Normalerweise reicht die Zeit jedoch gar nicht für alle Fragen aus.

Um mit diesen häufigen Problemen und anderen Stolpersteinen in Diskussionsrunden umzugehen, müssen Sie das Zuhoren genauso gut beherrschen wie das Sprechen. Je besser Sie im Zuhören sind, desto häufiger werden Sie Muster in den Fragen Ihrer Zuhörer erkennen, und desto leichter wird es Ihnen fallen, damit umzugehen.

Erfahrene Redner wissen genau, wie sie ihre Botschaft kontinuierlich wiederholen können. Diese wichtige Fähigkeit sollten Sie sich ebenfalls aneignen. Arbeiten Sie bei der Vorbereitung Ihrer

Rede die wichtigsten Sätze und die zentralen Gedanken heraus, die Sie vermitteln wollen. Diese kommen selbstverständlich in der Rede selbst vor. Aber auch die Diskussionsrunde ist eine hervorragende Möglichkeit, sie wieder und wieder anzusprechen. Mit etwas Übung gelingt Ihnen das sehr elegant – egal, welche Frage die andere Person Ihnen gestellt hat. Das bedeutet nicht, dass Sie der eigentlichen Frage ausweichen, sondern lediglich, dass Sie jede Möglichkeit nutzen zu sagen, was Ihnen wichtig ist.

Hüten Sie sich davor, Fragen zu bewerten – ganz egal, was Sie insgeheim darüber denken. Sagen Sie niemals »Das ist eine gute Frage« oder »Diese Frage ist wirklich hervorragend«. Denn wenn Sie der nächsten Person, die eine Frage stellt, nicht dasselbe Kompliment machen, erweckt das den Anschein, Sie fänden deren Frage weniger gut. Das könnte andere Zuhörer abschrecken. Wollen Sie zeigen, dass Sie die Frage der anderen Person zu schätzen wissen, dann sagen Sie ganz einfach »Danke für Ihre Frage«. Damit stellen Sie sicher, dass Sie keinen der Zuhörer übermäßig für seine Fragen loben.

Eine gute Strategie ist, eine Frage mit einer neuen Information zu beantworten, oder so, dass Ihre Rede einen neuen Dreh bekommt. Geben Sie nicht die Antwort, die das Publikum von Ihnen erwartet, sondern schlagen Sie eine andere Richtung ein und berichten Sie von etwas ganz Neuem. Seien Sie mutig. Seien Sie offen. Brechen Sie mit der Gewohnheit. Erzählen Sie die ganze Wahrheit, wenn es keiner von Ihnen erwartet. Selbst wenn Ihre Antwort zu Unstimmigkeiten führt: Seien Sie entwaffnend ehrlich. Sie werden Ihre Glaubwürdigkeit damit nicht schmälern – vorausgesetzt, Ihre Antwort ist gut durchdacht.

Eine gute Taktik besteht darin, einem Fragesteller eine ganze Flut von Details zu liefern. Kaum jemand beherrschte das besser als der ehemalige US-Präsident Bill Clinton. In der Diskussionsrunde lief er zur Höchstform auf. Einige dieser Runden waren während seiner Amtszeit sogar im Fernsehen zu sehen. Sein großes Detailwissen war beeindruckend, selbst wenn man seine Meinung nicht teilte.

Antworten Sie mit einer Gegenfrage, wenn Sie bei der Beantwortung einer Frage unsicher sind. Das kann entweder der ehrliche Versuch sein, mehr Informationen zu erhalten, oder eine Verzögerungstaktik, um mehr Zeit zu gewinnen. Ist der Fragesteller sichtlich auf Konfrontation aus, dann können Sie ebenfalls mit etwas mehr Nachdruck antworten. Behalten Sie aber stets die Kontrolle. Fordern Sie die gestellte Frage heraus. Schlagen Sie vor, zunächst andere Fragen zu beantworten. Wenn Sie das Gefühl haben, dass es gerechtfertigt und notwendig ist, dürfen Sie sogar die Legitimität der Frage in Zweifel ziehen. Fragen Sie zum Beispiel: »Sind Sie überhaupt in der Position, mir eine solche Frage zu stellen?« Fahren Sie anschließend fort, indem Sie selbst eine komplett andere Frage stellen und diese auch beantworten. Das sind extreme Maßnahmen, aber als professioneller Redner sollten Sie auf eine Vielzahl von Reaktionen vorbereitet sein. Der richtige Umgang mit Konflikten zeigt Ihre Professionalität und Ihr Wissen auf diesem Gebiet. Bleiben Sie jedoch immer ruhig und zeigen Sie Ihren Ärger nicht. Kontrollieren Sie Ihre Stimme und Ihre Reaktionen. Seien Sie ehrlich zu dem Fragesteller, falls Sie der Meinung sind, dass die Frage unwichtig ist. Sie könnten zum Beispiel sagen: »Diese Frage passt nicht zum Thema unserer Diskussion.« Verlieren Sie auf keinen Fall die Beherrschung, wenn jemand versucht, Sie schlecht aussehen zu lassen. Das alte Sprichwort sagt: »Wer lacht, gewinnt.« Das gilt auch für Diskussionsrunden.

Wenn Sie das Publikum auffordern, etwas zur Diskussion beizutragen, können Sie unerwartete Reaktionen erhalten. Denken Sie im Vorfeld über mögliche unerwartete Ereignisse nach. Planen Sie so gut wie möglich voraus. Sehen Sie sich Ihr Thema genau an und denken Sie darüber nach, welche Fragen die Zuhörer wahrscheinlich stellen werden. Bereiten Sie auch selbst Fragen vor. Haben Sie keine Angst, zu sagen »Ich weiß es nicht« und zur nächsten Frage überzugehen. Fügen Sie hinzu, dass Sie der Person gerne zu einem späteren Zeitpunkt eine Antwort geben.

Bei objektiver Betrachtung werden wir sicher zugeben, dass es in der Natur der Sache liegt, andere Menschen von der eigenen Meinung überzeugen zu wollen. Das gilt insbesondere für mündliche Vorträge, umso mehr beim Beantworten von Fragen. Wenn Sie eine Frage gehört haben, sollten Sie zunächst verstehen, was die andere Person denkt, um eine gemeinsame Basis mit ihr zu finden. Die Antwort fällt leichter, wenn Sie und der Fragesteller sich wirklich verstehen und Sie echtes Interesse an dem zeigen, was die andere Person sagen will. Dieses ehrliche Interesse hinterlässt einen viel stärkeren Eindruck als jeder denkbare verbale Fehltritt, den Sie vielleicht machen. Aber die meisten Menschen sind viel mehr daran interessiert, ihre eigene Meinung zum Besten zu geben. Halten Sie diese Tendenz unter Kontrolle, um Ihre Zuhörer nicht vor den Kopf zu stoßen.

Offene Feindseligkeit vonseiten eines Fragestellers ist für jeden Redner eine große Herausforderung. Sind Sie in dieser Situation, dann setzen Sie alles daran, sich nicht in Widersprüche zu verwickeln. Möglicherweise ärgern Sie sich später darüber, aber bleiben Sie in diesem Moment ruhig. Gehen Sie nicht auf die Feindseligkeit ein. Denken Sie vor allem darüber nach, was Sie selbst tun und sagen, statt auf das zu reagieren, was man zu Ihnen sagt.

Der größte Fehler, den Sie als professioneller Redner machen können, besteht darin, in einer schwierigen Situation die Beherrschung zu verlieren, vor allem, wenn es in Ihrer Rede um sehr wichtige Themen geht. Auch wenn es Sie viel Kraft und Konzentration kostet: Erwecken Sie stets den Anschein, dass Sie in jeder Hinsicht an Ihre Ideen, Ihre Präsentationsfähigkeiten und sich selbst glauben. Mit Übung und Erfahrung meistern Sie schwierige oder sogar peinliche Fragen souveräner.

Interessanterweise führt die Tatsache, dass Sie als Redner positiv und selbstsicher auftreten, dazu, dass auch der Fragesteller positiv denkt. Emotionen und Einstellungen lassen sich auf andere Menschen übertragen. Wenn Sie sich Ihrer Argumente unsicher sind und scheinbar nicht an sich selbst glauben, wie wollen Sie den Fragesteller überzeugen? Wir alle haben ein Bedürfnis nach

Sicherheit, und unsere Selbstsicherheit gibt den Menschen um uns herum diese Sicherheit. Selbstsicherheit ist somit an sich schon eine Botschaft. Eine unsichere Person, die andere überzeugen will, sendet ein gemischtes Signal. Damit die Zuhörer sich ihrer Entscheidung, Ihnen zuzustimmen, wirklich sicher sind, müssen beide Teile Ihrer Botschaft – der verbale und der nonverbale Teil – aufeinander abgestimmt sein.

Wie zeigen Sie Ihrem Publikum, dass Sie sich Ihrer Sache sicher sind? Aufdringliches oder kämpferisches Verhalten ist häufig ein Zeichen dafür, dass jemand nicht selbstsicher genug ist und dies kompensieren möchte. Sehr viel wirkungsvoller ist, sich stark und kraftvoll zu präsentieren. Und auch, offen zuzugeben, wenn Sie sich in einem bestimmten Punkt nicht sicher sind. Hin und wieder ist »Ich weiß es nicht« die beste Antwort, vor allem, wenn offensichtlich ist, dass sie etwas nicht wissen.

Wann immer Sie eine Frage beantworten, sollten Sie sich anschließend erkundigen, ob Ihre Antwort hilfreich war. Damit zeigen Sie dem Fragesteller, dass Sie ihn schätzen, Sie danken ihm und ermutigen die anderen Zuhörer, ebenfalls Fragen zu stellen. Und Sie haben die Chance, Ihre Antwort noch zu optimieren, falls sie beim ersten Versuch gescheitert sind. Behauptet der Fragesteller, dass Sie die Frage gar nicht beantwortet haben, und Sie sind anderer Meinung, dann bitten Sie die Person entweder darum, die Frage zu erklären, oder schlagen Sie vor, dass Sie mit der Person später unter vier Augen über weitere Details sprechen. Denken Sie daran, dass viele Situationen, in denen eine Rede gehalten wird, eigentlich zwei Reden enthalten: den offiziellen Vortrag und die Diskussionsrunde. Durch den Einsatz der hier erklärten Methoden können Sie sich den Erfolg in beiden Teilen sichern.

Im vorherigen Kapitel ging es um Probleme, die durch den Einsatz moderner Technologie bei einer Rede entstehen können. Einige dieser Probleme treten auch in der Diskussionsrunde auf. Haben Sie Folien oder Bilder gezeigt, dann wählen Sie die Folie oder das Bild aus, das am eindrucksvollsten oder informativsten ist, und zeigen Sie es während der Diskussionsrunde. Dadurch bleibt den Zuhörern Ihre wichtigste Information im Gedächtnis. Das kann auch dazu beitragen, die Themen der Fragen in der Diskussionsrunde zu lenken.

Blenden Sie das Bild ein, sobald Ihre Rede zu Ende ist. Schalten Sie den Beamer oder Computer nicht aus, denn sonst müssen Sie das Gerät anschließend erneut einschalten und warten, bis es hochgefahren ist. Eine weiße Leinwand oder eine schwarze Folie zu zeigen, ist definitiv keine gute Idee. Bestenfalls ist es ganz einfach uninteressant, im schlimmsten Fall lenkt es die Zuhörer ab.

Ein letzter Gedanke: Einige erfahrene Redner warten mit dem Schluss ihrer Rede bis nach der Diskussionsrunde. So steuern sie exakt, wann ihre Zeit auf der Bühne um ist. Dann fragen sich nicht sämtliche Zuhörer – sowie der Redner selbst –, wann die letzte Frage kommen wird, sondern Sie präsentieren dem Publikum Ihren eigenen Schluss. Sagen Sie zum Beispiel: »Wer hat noch eine Frage, bevor ich einige abschließende Bemerkungen mache?« Treten Sie nach der für die Diskussionsrunde eingeplanten Zeit wieder ans Rednerpult, um das Schlusswort zu sprechen. So schließen Sie Ihre Rede auf positive, proaktive Weise ab, anstatt die Diskussionsrunde unnötig in die Länge zu ziehen. »Falls Sie keine weiteren Fragen haben, kommen wir hiermit zum Ende.«

Aber wir sind noch nicht am Ende angekommen – ein Kapitel folgt noch!

Der wertvollste Teil einer Rede sind die Pausen.
SIR RALPH RICHARDSON

Mensch sein bedeutet, eine Geschichte zu erzählen zu haben.
ISAK DINESEN

Sprechen Sie klar und deutlich, wenn Sie überhaupt sprechen.
Wählen Sie jedes Wort sorgfältig aus, bevor Sie es aussprechen.
OLIVER WENDELL HOLMES

12 Eine Rede eindrucksvoll beenden

Am Schluss Ihrer Präsentation müssen Sie dem Publikum etwas wirklich Wertvolles mitgeben. Die Wirkung Ihrer Rede hängt davon ab, ob das Ende kraftvoll und begeisternd ist. Dafür sollten Sie den Zuhörern Informationen geben, die ihr Leben verändern. Was können Sie tun, damit Ihnen das tatsächlich gelingt? Die Antwort finden Sie in diesem Kapitel.

Der Anfang und das Ende einer Rede sind die schwierigsten Teile und erfordern besonderes Geschick. Der Anfang sollte einen ersten positiven Eindruck erzeugen, um für die folgenden Worte eine gute Verbindung zu den Zuhörern herzustellen. Der Schluss hingegen sollte einen bleibenden Eindruck hinterlassen, damit die Rede den Zuhörern noch lange im Gedächtnis bleibt.

Warum geben sich so viele Redner keine große Mühe mit dem Schluss? »Das ist alles, was ich zu sagen habe. Lassen Sie mich meine Punkte kurz zusammenfassen.« Das ist ganz sicher kein inspirierendes Ende. Hier wäre es sogar besser, stattdessen einfach mit dem Sprechen aufzuhören und sich hinzusetzen.

Ein gutes Ende für einen Vortrag zu finden ist keine leichte Aufgabe. Es erfordert sorgfältige Planung. Selbst die erfolgreichsten Redner schreiben sich den exakten Wortlaut ihres Schlusses auf. Sie lernen die Worte zwar nicht auswendig, aber sie lesen sie immer wieder durch und verinnerlichen sie so stark, dass es sich in der konkreten Redesituation ganz natürlich anhört.

Überlegen Sie sorgfältig, welche Worte Sie verwenden wollen und welche Wirkung diese haben. Es wirkt natürlicher, den

Schluss einer Rede nicht abzulesen. Falls Sie sich aber wohler fühlen, wenn Sie Ihre Notizen zur Hand haben, ordnen Sie Ihre abschließenden Gedanken in Stichworten an. Wer seine Zuhörer am Ende seiner Rede zu einer Handlung auffordern will, sollte den Blick auf das Publikum und nicht auf seine Notizen richten.

Manche Redner kommen nie zum Ende. Irgendwo in der Mitte ihrer Rede beginnen sie, sich im Kreis zu drehen. Dann beenden sie die Rede entweder sehr plötzlich und unerwartet oder reden noch viel zu lange weiter. Selbst in der kurzen Zeit von drei bis fünf Minuten kann ein Redner so viele Informationen liefern, dass die Zuhörer am Ende völlig verwirrt sind und gar nicht wissen, was das eigentliche Thema war. Unerfahrene Redner glauben meistens, die Zuhörer wüssten ganz genau, wovon sie sprechen, weil sie selbst es wissen. Der Redner aber hat wochen- oder sogar monatelang an seinen Argumenten gefeilt. Für das Publikum jedoch sind sie komplett neu. Nach dem ersten Hören erinnern sich die Zuhörer hinterher vage an viele verschiedene Dinge und sehr ungenau an Einzelheiten.

Aus diesem Grund ist einer der schlimmsten Fehler, den Sie als Redner machen können, zu lange zu sprechen. Ganz egal, wie hervorragend Ihre Rede war und ob Ihre Zuhörer wichtige Informationen erhalten haben, die ihr Leben entscheidend verändern: Ist Ihre Rede zu lang, ist hinterher der einzige Kommentar: »Dieser Redner konnte einfach kein Ende finden.« Lassen Sie nicht zu, dass Ihnen das passiert! Sagen Sie, was Sie zu sagen haben, und Ende! Geben Sie Ihrem Publikum einen befriedigenden, überzeugenden Schluss mit auf den Weg.

Was Sie als Letztes sagen, bleibt Ihren Zuhörern am besten in Erinnerung. Formulieren Sie Ihre abschließenden Worte daher so sorgfältig wie möglich und üben Sie sie im Vorfeld. Sorgen Sie dafür, dass der letzte Eindruck ein bleibender ist. Hierfür lässt sich eine Vielzahl von Techniken einsetzen. Kombinieren Sie zum Beispiel Betonungen, Pausen und kurze Sätze, die Ihren Zuhörern leicht im Gedächtnis bleiben. In seinen frühen Tagen als Geschäftsführer von General Electric erkannte Jack Welch, dass radikale Veränderungen notwendig waren. Häufig beendete er Meetings mit einem einfachen Appell an die Mitarbeiter des Unternehmens: »Ändern Sie etwas, bevor es zu spät ist!« Die Botschaft hinter diesen wenigen Worten war unmissverständlich und hallte im gesamten Unternehmen wider. Sie ist eine wirkungsvolle Zusammenfassung von Welchs Philosophie.

Ihr Schluss kann motivierend, herausfordernd, nachdenklich, wertschätzend oder humorvoll sein – aber er sollte in jedem Fall gut sein, denn er bleibt Ihren Zuhörern in Erinnerung. Ein humorvoller Abschluss hat mehrere Vorteile. Wenn das Publikum am Ende lacht und applaudiert, hinterlassen Sie einen extrem guten Eindruck. Alles andere führt sehr wahrscheinlich dazu, dass Sie beim Verlassen des Rednerpults lediglich verhaltenen höflichen Applaus oder sogar Schweigen ernten.

Selbstverständlich will das jeder Redner vermeiden. Wie optimieren Sie den Schluss Ihrer Rede? Beginnen Sie damit, sich einige Fragen über Ihre Präsentation zu stellen. War Ihre Rede zum Beispiel sehr einfach aufgebaut oder eher komplex? Falls Sie kurz und einfach zu verstehen war, besteht wahrscheinlich keine Notwendigkeit, die Dinge noch einmal zusammenzufassen. War die Struktur jedoch komplexer, dann bieten Sie Ihren Zuhörern am Ende eine Zusammenfassung an – genauso wie Sie am Anfang einen kurzen Überblick über die Themen des Vortrags gegeben haben. Erinnern Sie das Publikum an Ihre wichtigsten Themen, aber vergessen Sie nicht, dass eine Zusammenfassung nur effektiv ist, wenn die Information bereits beim Zuhörer angekommen ist. Sie können nichts in Erinnerung rufen, was der Zuhörer nicht bereits aufgenommen hat. Die Wirkung Ihres Schlusses hängt davon ab, wie gut Ihre gesamte Rede war. Ohne eine gute Grundlage funktioniert der beste Schluss nicht.

Manchmal ist die Hauptsache einer Rede ein einziger zentraler Gedanke, der nicht so sehr informativ, sondern vor allem inspirierend ist. Dann brauchen Sie lediglich eine einfache, kraftvolle

Wiederholung des zentralen Gedankens, um sicherzustellen, dass das Publikum versteht, was Sie wollen. Sorgen Sie jedoch dafür, dass dieser letzte Satz wirklich beeindruckt.

Egal, ob Sie die Zuhörer mit Ihrem Abschluss inspirieren oder informieren wollen: Er sollte in jedem Fall einen vollständigen und bleibenden Eindruck vermitteln. Sie verstärken diesen Eindruck noch, indem Sie das Ende Ihrer Rede mit einem Übergang einleiten. Sagen Sie zum Beispiel: »Zusammengefasst ...« oder »Zum Abschluss meiner Rede möchte ich ...« oder »Ich wiederhole ...« Wie Sie diese Techniken konkret einsetzen, hängt von Ihrer Erfahrung und Ihrer Selbstsicherheit als Redner ab. Zu Beginn ist es sicher am besten, sich an bewährte Regeln zu halten. Als geübter Redner können Sie dann Ihre eigenen Regeln aufstellen.

Dale Carnegies Zauberformel in Kapitel 10 hat gezeigt, wie Sie Ihr Publikum zu einer konkreten, klar definierten Handlung auffordern können. Die Zauberformel wirkt zwar am besten bei einer kurzen Rede, aber auch bei längeren Vorträgen ist es vorteilhaft, offen um Unterstützung zu bitten oder die Zuhörer an ihre Verantwortung zu erinnern. Seien Sie lebendig und überzeugend – und schlagen Sie dem Publikum eine Handlung vor, die zum Thema Ihrer Präsentation passt.

Lesen Sie den folgenden Schluss einer Rede von Präsident Harry Truman, mit der er den Kongress dazu bewegen wollte, Geldmittel zur Verfügung zu stellen, um anderen Ländern zu helfen.

»Wir schlagen hier einen Kurs mit ernsten Konsequenzen ein. Ich würde ihn nicht empfehlen, brächte die Alternative nicht noch schwerwiegendere Konsequenzen mit sich. Wir müssen in die Freiheit und den Frieden auf der ganzen Welt investieren. Totalitäre Regime werden von Armut und Begehrlichkeiten genährt. Not und Krieg bereiten ihnen einen fruchtbaren Boden. Den Gipfel ihrer Macht erreichen totalitäre Regime, wenn die Menschen jede Hoffnung auf ein besseres Leben verloren haben. Es ist unsere Pflicht, diese Hoffnung nicht sterben zu lassen. Schaffen wir es nicht, die Führung zu übernehmen, setzen wir den Weltfrieden aufs Spiel. Und wir gefährden den Wohlstand in diesem Land. Ich bin mir sicher, dass der Kongress sich seiner Verantwortung bewusst ist.«

Folgende Worte mit einer ganz ähnlichen handlungsorientierten Ausrichtung sprach Robert Kennedy während seiner Kandidatur für das Amt des Senators im Staate New York: »Wir sind uns unserer Verantwortung voll und ganz bewusst. Wir müssen den Rat derer ablehnen, die bereit sind, Gesetze gegen Gewalt zu verabschieden, und sich gleichzeitig weigern mitzuhelfen, die Ratten in den Häusern der Menschen zu beseitigen. Wir müssen den Menschen eine Führung anbieten, die das Wort ergreift, ehe das Volk wütend und verwirrt ist. Eine Führung, die Fakten der Illusion vorzieht, die handelt, statt sich zurückzuziehen, die Opfer bringt und Einsatz zeigt, statt die Dinge einfach laufen zu lassen.«

Haben Sie zu Beginn Ihres Vortrags ein Zitat verwendet, dann schließen Sie die Rede elegant ab, indem Sie sich erneut auf dieses Zitat beziehen. War Ihr Eingangszitat zum Beispiel »Die schlimmste Unwissenheit ist selbstgewählte Unwissenheit. Wir wissen etwas nicht, weil wir es nicht wissen wollen.« In Ihren abschließenden Worten können Sie denselben Gedanken von der anderen Seite her angehen: »Das Heilmittel für Unwissenheit besteht darin, wissen zu wollen.«

Der Schluss einer Rede erfüllt zwei Zwecke: das Hauptthema Ihrer Rede erneut ins Bewusstsein zu rufen und die Rede gut abzuschließen. Ein Redner verwendete zum Beispiel in Eröffnung und Abschluss seiner Rede über die Gründe und Folgen der Armut jeweils dasselbe Bild.

Die Eröffnung lautete folgendermaßen:

»Können Sie nachvollziehen, wie sich ein kleiner Junge fühlt, der versucht, mit seinem Finger ein Leck im Deich zu verschließen? Er wartet und wartet, aber niemand kommt ihm zu Hilfe. Das Leck wird immer größer, und das Wasser reißt ihn mit sich fort. Er versucht, die Flut zu bekämpfen, aber er erkennt, dass er nichts tun kann. Er wird ertrinken und sterben. Drei Viertel der Weltbevölkerung sind von so einer zerstörerischen Flut bedroht – der Armut.«

Und so lautete der Schluss:

»Kehren wir noch einmal zu dem Bild des kleinen Jungen zurück. Er handelte sehr beherzt, weil er seinen Finger in das Leck im Deich steckte, um die Flut zu verhindern. Was die Armut angeht, muss jeder von uns wie dieser kleine Junge handeln und bereit sein, die katastrophalen Folgen der Armut zu verhindern.«

Während des Vortrags hatte der Redner ausführlich die Folgen der Armut in seiner eigenen Familie beschrieben. Er schuf aber nicht nur eine inhaltliche Verbindung zwischen Anfang und Schluss, sondern gab dem Publikum auch noch einen Anreiz mit auf den Weg:

»Warum betrifft dieses Thema uns alle? Warum ist es so wichtig? Die Menschen, denen geholfen wird, könnten Ihnen bekannt sein. Sie selbst könnten ebenfalls betroffen sein. Meiner Familie hat keiner geholfen. Ich hoffe zwar, dass es niemals notwendig sein wird, sollte es aber doch dazu kommen, dann wünsche ich Ihnen, dass jemand Ihrer Familie hilft.«

Machen Sie deutlich, dass auch Sie die von Ihnen geforderte Handlung umsetzen wollen. Eine College-Schülerin beendete eine Rede über ihre Flugangst mit der Lösung, die sie für sich gefunden hatte:

»Obwohl es mir immer noch schwerfällt, in ein Flugzeug zu steigen, bin ich überzeugt, dass es sich für mich gelohnt hat, gegen meine Angst zu kämpfen. Ich bin sicher, dass jeder Mensch das Risiko eingehen und irrationale Ängste überwinden sollte. Nur so können wir voll und ganz am öffentlichen Leben teilhaben. Ich fliege morgen früh nach Miami. Ich hoffe, wir treffen uns dort wieder.«

All diese Strategien sind bei gezieltem, organisiertem Einsatz extrem effektiv. Sorgen Sie dafür, dass Sie bei Ihrer Rede genug Zeit für einen wirkungsvollen Schluss haben. Sollten Sie Zeit verloren haben, kürzen Sie nicht das Ende, denn das ist psychologisch der wichtigste Teil der Rede. Geben Sie dem Publikum am Ende Ihrer Rede (wie auch am Anfang) kraftvolle, selbstsichere, nonverbale Hinweise, dass Sie hinter dem Inhalt Ihrer Rede stehen. Blicken Sie ins Publikum. Seien Sie persönlich. Zeigen Sie, dass Sie voller Energie stecken. Nehmen Sie sich die Zeit, einen kraftvollen Abschluss zu planen, und stellen Sie sicher, dass Sie Ihren Zuhörern keine falschen Hinweise geben, wann Sie zum Ende kommen wollen. Wenige Dinge ärgern Ihre Zuhörer so sehr wie der Gedanke, dass eine Rede eigentlich längst vorbei sein müsste, während der Redner immer weiterredet. Verwenden Sie deshalb die Worte »Zusammenfassend …« oder »Zum Abschluss …« niemals vor dem tatsächlichen Schluss. Sie verlieren die Aufmerksamkeit des Publikums, sobald die Zuhörer realisieren, dass die Rede noch weitergeht, obwohl sie dachten, sie wäre bereits beendet.

Im Folgenden finden Sie einige weitere Fallen, die Sie vermeiden sollten:

Verwenden Sie niemals die Worte »Ich danke Ihnen« als Ersatz für einen kraftvollen Abschluss. Niemals hätten Martin Luther King, John F. Kennedy, ja nicht einmal Bill Gates, eine Rede so beendet. Fassen Sie Ihren zentralen Gedanken in so wenig Worten wie möglich zusammen, damit er den Zuhörern im Gedächtnis bleibt – und zwar nicht nur so lange, bis sie ins Auto steigen, um nach Hause zu fahren, sondern noch viele Tage später. Schließen Sie Ihre Rede mit diesem Satz ab. Ihre Zuhörer werden Ihnen so oder so dankbar dafür sein – Sie müssen sich nicht extra bei ihnen bedanken!

Eine Rede darf man niemals mit einer Entschuldigung beginnen – und auch nicht damit enden. »Ich schätze, ich habe Ihnen nun genug erzählt.« »Ich weiß nicht, ob mein Punkt klargeworden ist, aber ich muss nun zum Ende kommen.« »Ich hoffe, ich habe Sie nicht zu sehr gelangweilt.« Hunderte solcher Phrasen werden verwendet, um einen Vortrag zu beenden. Zwar erwecken sie den Anschein, der Redner mache sich selbst klein, in Wirklichkeit sind sie jedoch nur ein Versuch des Redners, sich seiner eigenen Bescheidenheit zu rühmen. Außerdem möchte der Redner damit möglicher Kritik vonseiten der Zuhörer den Wind aus den Segeln nehmen, indem er ihr ganz einfach zuvorkommt. Ein guter Redner hat eindeutig mehr Stil – und wenn Sie dieses Buch bis jetzt gelesen haben, sind Sie auf dem besten Weg dorthin.

Der Schluss Ihrer Rede sollte im Verhältnis zur gesamten Rede sehr kurz sein. Sprechen Sie in Ihrem Schluss keine neuen Gedanken mehr an. Sonst verwirren Sie das Publikum und verschleiern Ihre eigentliche Botschaft. Kurz gesagt: Bleiben Sie bei Ihrer Botschaft. Schließen Sie Ihren Vortrag so, dass der Schluss zum Rest der Rede passt. Beispielsweise wäre es sehr seltsam, die Zuhörer am Ende mit einer nüchternen Beschreibung einer drohenden Katastrophe vor den Kopf zu stoßen, nachdem Sie sie vorher immer wieder zum Lachen gebracht haben.

Sie haben bereits einige grundlegende Prinzipien für den erfolgreichen Abschluss einer Rede kennengelernt. Im Folgenden geht es um den Aufbau eines solchen Schlusses und die praktische Anwendung dieser Prinzipien.

Sie leiten Ihre abschließenden Worte mit einer Zusammenfassung des bisher Gesagten ein. Für gewöhnlich sind die Worte »Zusammenfassend möchte ich einige der wichtigsten Punkte wiederholen ...« ein guter Einstieg dafür. Diese Zusammenfassung sollte so konkret wie möglich sein. Die Zuhörer wollen sicher sein, dass sie sich an das Gesagte erinnern, aber sie wollen auch in einer absehbaren Zeitspanne zum Ende kommen.

Nach der Zusammenfassung wechseln viele Redner von einem eher sachlichen Tonfall zu einem Appell an die Werte der Zuhörer. Hier bietet es sich an, ein Zitat einer bewunderten oder inspirierenden Persönlichkeit zu verwenden oder einen Bezug zu dieser herzustellen. Ideal ist, wenn es sich dabei um eine Person handelt, die dem Publikum bereits bekannt ist. Sie schaffen eine Verbindung zwischen dieser Person und der zu bewältigenden Aufgabe. Hier sind Formulierungen wie »Im Interesse unseres Unternehmens ...« oder »Zum Wohle unseres Landes und der ganzen Welt ...« durchaus angemessen. Sie können versuchen, noch origineller zu sein. Beachten Sie dabei jedoch, dass Zeit einer der Schlüsselfaktoren für einen effektiven Abschluss ist. Möglicherweise haben Sie gar nicht ausreichend Zeit für Experimente. Nur wenn Sie das Gefühl haben, dass das Publikum voll und ganz auf Ihrer Seite steht, können Sie eine kurze, interessante Anekdote erzählen, anstatt sich auf Altbewährtes zu verlassen.

Fordern Sie das Publikum anschließend noch einmal heraus. Es handelt sich um eine letzte Aufforderung zu aktivem Handeln auf Grundlage der Argumente, die Sie in Ihrer Rede dargelegt haben. Führen Sie ebenfalls einen *Grund* für die Handlung an. Die Aufforderung muss klar und konkret sein. Ihre Zuhörer sollten ganz genau wissen, was Sie von ihnen fordern. Die Begründung für die Handlung sollte mit einer Sache zu tun haben, die ihnen wichtig ist. Vermeiden Sie Formulierungen wie »Ich möchte, dass Sie ...« War Ihr Thema zum Beispiel die Steigerung der Produktivität am Arbeitsplatz, dann zeigen Sie, warum Ihre Handlung eine effektive Möglichkeit darstellt, um dieses Ziel zu erreichen. Zeigen Sie ihnen, welche Vorteile diese Handlung für Ihre Zuhörer hat.

Erklären Sie Ihren Zuhörern, was Sie von ihnen erwarten und welche Erwartungen sie an sich selbst stellen sollten. Es gibt wohl kaum ein besseres Beispiel dafür als jenes Zitat von John F. Kennedy, das wir in einem vorherigen Kapitel bereits erwähnt haben: »Fragen Sie nicht, was Ihr Land für Sie tun kann. Fragen Sie, was Sie für Ihr Land tun können.« Nicht viele Menschen können so geschickt mit Worten umgehen, aber dieses Zitat von John F. Kennedy ist der Maßstab, an dem Sie sich messen sollten. Das Ziel besteht darin, dem Zuhörer den Ball zuzuspielen, und das auf überzeugende und empathische Weise. Können Sie auch noch eine gewisse Poesie in Ihre Worte legen – umso besser!

Diese Art von Appell lässt sich noch verstärken, indem Sie eine zusätzliche Komponente liefern, die das Publikum entweder hören oder sehen kann. Die erste Wahl wäre wahrscheinlich eine Abfolge von Bildern, die mit der Präsentation zu tun haben. Es könnte sich dabei um ein Bild der Situation nach Erreichen des Ziels handeln, ein Gruppenbild Ihres Teams oder den Text einer berühmten Persönlichkeit, der das Publikum motiviert. Eine weitere Alternative besteht darin, einen symbolischen Gegenstand an das Publikum zu verteilen – zum Beispiel eine Anstecknadel. Das mag das Publikum zwar zunächst ablenken, aber nach der Rede erinnert der Gegenstand an das Gehörte.

Wiederholen Sie schließlich den wichtigsten Nutzen mit so wenig Worten wie möglich. »Wir werden unsere Ziele erreichen.« »Ihr Einkommen wird deutlich höher sein.« »Sie werden Ihr wahres Potential entfalten.« Versuchen Sie, das auf einer persönlichen und inspirierenden Ebene zu tun. Zählen Sie Namen von Personen auf, die den Nutzen bereits selbst erfahren haben. »Wie Sie am Beispiel von Susan und Barry gesehen haben, steigt Ihr Gehalt, wenn Sie Ihre Verkaufsziele erfüllen, deutlich an.« Denken Sie nicht zu viel darüber nach. Die wichtigsten Bedürfnisse der meisten Menschen sind relativ einfach. Eines der wichtigsten Bedürfnisse überhaupt ist das nach Bewunderung. Indem Sie Ihren Zuhörern diesen Nutzen bieten, geben Sie ihnen etwas, was sie sich aus tiefstem Herzen wünschen – selbst dann, wenn ihnen das selbst nicht bewusst ist. Und Sie zeigen ihnen sogar etwas, das sie wirklich erreichen können. Das ist genau der richtige Moment, um Ihrem Angebot Nachdruck zu verleihen und dem Publikum einen Schubs in die richtige Richtung zu geben. Anschließend ist Ihre Rede beendet.

Im Folgenden finden Sie eine kurze Zusammenfassung der einzelnen Kapitel:

Kapitel 1 beschäftigte sich mit den wichtigsten Voraussetzungen für eine erfolgreiche Rede: genaue Kenntnis des Themas, sorgfältige Planung, ausreichend Übungsmöglichkeiten im Vorfeld. Sie müssen Ihr Material nicht nur verstehen, sondern vollkommen verinnerlicht haben.

Zu Beginn von Kapitel 2 ging es darum, dass es wichtig ist, sich selbst zu erkennen. Anschließend haben Sie haben erfahren, wie ein Redner Mauern zwischen sich und dem Publikum abbauen kann. Erfolgreiche Kommunikation hängt davon ab, wie gut der Redner den Zuhörern sein Thema schmackhaft machen kann – und auch davon, wie gut er die Zuhörer in seine Rede einbeziehen kann.

In Kapitel 3 wurde beschrieben, dass Lampenfieber häufig nicht die Angst vor dem völligen Versagen ist, sondern die Angst davor, nicht perfekt zu sein. Sobald diese unrealistische Erwartung beseitigt ist, gehört auch die Angst vor dem Sprechen vor anderen Menschen der Vergangenheit an.

Kapitel 4 behandelte die Kraft des Humors und zeigte, wie auch Menschen, die sich selbst nicht für besonders witzig halten, das Instrument Humor für sich nutzen können. Humor ist der beste und einfachste Weg, um das Publikum auf Ihre Seite zu bringen. Aber der Schuss kann bei falscher Anwendung auch nach hinten losgehen. In Kapitel 4 wurde auch beschrieben, wie man komische von nicht wirklich komischen Dingen unterscheidet und dass kaum etwas lustiger ist als Witze über die eigene Person.

Kapitel 5 beschäftigte sich damit, dass eine persönliche Geschichte in einer Rede extrem wirkungsvoll ist. Ein Redner gewinnt so nicht nur die Aufmerksamkeit des Publikums, sondern auch dessen Sympathie und manchmal sogar die Herzen der Zuhörer.

In Kapitel 6 haben Sie erfahren, mit welchen Methoden Sie ein Publikum zu aktivem Handeln motivieren. Was muss man tun, um einen Zuhörer aufzufordern, mehr zu tun, als einfach nur zuzuhören? Sie haben erfahren, dass die wichtigste Voraussetzung die Ehrlichkeit des Redners ist. Absolute Ehrlichkeit ist das beste Geschenk, das Sie Ihrem Publikum machen können. Dazu sollten Sie zunächst ehrlich zu sich selbst sein.

In Kapitel 7 haben Sie gelesen, wie Sie als Redner Ihren Vortrag kraftvoll eröffnen und das Publikum von der ersten Minute an für sich gewinnen. Sie haben auch erfahren, dass eine Minute sogar eine sehr lange Zeitspanne ist. Ein Redner hinterlässt bereits in den ersten zehn Sekunden seiner Rede einen bleibenden Eindruck – und dieser sollte möglichst positiv sein.

Kapitel 8 und 9 beschäftigten sich mit der Kunst der Überzeugung. Wie erreichen Sie, dass Menschen ihre Unsicherheit verlieren und zum bewussten Handeln aktiviert werden? Genau das wollen viele Redner mit dem Sprechen vor Publikum schließlich erreichen. Das ist nicht unbedingt einfach, aber machbar, wenn Sie diese Kapitel aufmerksam lesen und umsetzen.

In Kapitel 10 haben Sie eine der originellsten und effektivsten Methoden aus Dale Carnegies Seminaren kennengelernt. Die in diesem Kapitel beschriebene Technik ist die beste Möglichkeit, das Publikum innerhalb kürzester Zeit zum Handeln zu bewegen. *Magisch* ist zwar ein Wort, das man nicht leichtfertig benutzen sollte, aber die Zauberformel ist tatsächlich ein magisches Mittel zum Erfolg.

Schließlich haben Sie im Kapitel 11 erfahren, dass eine Diskussionsrunde für einen Redner sowohl eine Herausforderung als auch eine Chance darstellt. Der Schlüssel liegt darin, ruhig zu bleiben, respektvoll zu sein und die Fallen zu vermeiden, in die selbst erfahrene Redner manchmal tappen.

Im letzten Kapitel wurde der überaus wichtige Schluss einer Rede behandelt.

Zum Abschluss möchten wir Ihnen von einigen Persönlichkeiten berichten, die es geschafft haben, schwierige Situationen im Leben erfolgreich zu meistern. Diese Geschichten könnten für Ihre gesamte Karriere nützlich sein – nicht nur für Ihre Entwicklung als Redner.

Menschen, die ungewöhnliche Erfolge erzielt haben, obwohl sie mit zahlreichen Hindernissen zu kämpfen hatten, erregen immer wieder unsere Aufmerksamkeit und inspirieren uns zu besonderen Leistungen. Der Junge mit den verbrannten Beinen, dem man gesagt hatte, er solle froh sein, überhaupt jemals wieder laufen zu können, wurde ein berühmter Läufer. Die Frau, die seit ihrer Kindheit blind und taub war, wurde zu einer der faszinierendsten Persönlichkeiten ihres Jahrhunderts. Im Zeitalter der Immigration kennen wir zahlreiche Beispiele von Menschen, die ohne jeden Besitz und ohne Sprachkenntnisse in ein fremdes Land kamen und innerhalb kurzer Zeit unglaublich erfolgreich waren. Und es gibt unzählige Geschichten von Männern und Frauen, die Angst davor hatten, vor Publikum zu sprechen, und hervorragende Redner wurden.

Was zeichnet diese Menschen aus? Menschen, die, rein objektiv betrachtet, in ihren Möglichkeiten stark eingeschränkt sind, die die Landessprache nicht beherrschen, nicht die richtigen Geschäftsbeziehungen oder kein Geld haben? Was motivierte Glenn Cunningham, den Jungen mit den verbrannten Beinen, dazu, ein berühmter Läufer zu werden? Wodurch wurde die taubblinde Helen Keller zur inspirierendsten Schriftstellerin ihrer Zeit? Die Antwort ist geradezu enttäuschend einfach, und doch beinhaltet sie das ganze Geheimnis, wie jeder Mensch alles erreichen kann, was er sich wünscht.

Die hier erwähnten Menschen verfügten über etwas, was nicht jeder besitzt: Sie hatten Ziele. Sie hatten den unbedingten Wunsch, erfolgreich zu sein, trotz aller Hindernisse und Schwierigkeiten. Sie wussten ganz genau, was sie wollten. Sie dachten jeden Tag ihres Lebens daran, wenn sie morgens aufstanden und bevor sie abends zu Bett gingen. Sie hatten eine Vision, was sie tun wollten, und diese Vision half ihnen, Schwierigkeiten zu überwinden.

Die Vision, der Traum, das Ziel existierte, von allen anderen Menschen unbemerkt, sichtbar allein für die Person, die es erreichen wollte. Diese Ziele und Träume waren verantwortlich für jeden großen Fortschritt und Erfolg in der Geschichte der Menschheit. Jede Errungenschaft in der Geschichte ist das Ergebnis eines Traums, der wahr geworden ist, eines Ziels, das erreicht wurde. Zu Recht heißt es: Was ein Mensch denken kann, kann er auch erreichen.

Earl Nightingale drückte es so aus: »Wir werden, was wir denken.« Wenn wir uns ein interessantes Ziel vornehmen, erreichen wir es auch. Aus diesem Grund heißt es: »Pass auf, worauf dein Herz schaut. Denn wenn du es nur stark genug willst, bekommst du es auch.«

In den Wohlstandsgesellschaften Nordamerikas und Europas können die Menschen sich wirklich glücklich schätzen: Sie *könnten* so gut wie alles bekommen, was sie wollen. Das Problem liegt darin, dass sie häufig nicht wissen, was sie wollen. Sie wollen kleine Dinge. Sie wollen ein neues Auto. Sie bekommen es. Sie wollen einen neuen Kühlschrank, sie kaufen ihn. Sie wollen ein neues Haus, sie ziehen um. Das System funktioniert einfach immer, aber sie verstehen nicht, dass es ein System ist. Und sie verstehen auch nicht, dass es, weil es für einen neuen Kühlschrank oder ein neues Auto funktioniert, auch für alles andere funktionieren kann, was sie sich wünschen.

Ziele sind die Grundlage für den Erfolg. Eine hervorragende Definition des Begriffs Erfolg lautet so: »Erfolg ist die allmähliche Umsetzung eines wünschenswerten Ziels.« Erstaunlicherweise bedeutet das auch, dass jeder, der dabei ist, ein Ziel umzusetzen, bereits erfolgreich ist!

Erfolg bedeutet somit nicht, ein Ziel zu erreichen, obwohl das die herkömmliche Definition von Erfolg sein mag. Erfolg ist vielmehr der Weg zu diesem Ziel. Wir sind so lange erfolgreich, wie wir darauf hinarbeiten, ein Ziel zu erreichen. Dann laufen wir zur Höchstform auf. Und genau das meinte Cervantes, als er schrieb: »Die Straße ist besser als das Wirtshaus.« Wir sind dann am besten, wenn wir denken, planen, arbeiten, also während wir unterwegs zu einem Ziel sind.

Der junge Mann, der gerade seinen Schulabschluss macht, ist genauso erfolgreich wie jeder andere Mensch auf der Welt. Genauso erfolgreich ist der Mitarbeiter, der eine bestimmte Position in seinem Unternehmen erreichen möchte. Auch der Redner, der zum ersten Mal vor ein großes Publikum tritt, ist erfolgreich.

Wenn Sie ein Ziel haben, das für Sie wertvoll ist, ein Ziel, das Sie beim Gedanken daran mit Freude erfüllt, dann werden Sie es erreichen. Nähern Sie sich jedoch dem Ziel und stellen Sie fest, dass Sie es bald erreicht haben werden, dann denken Sie voraus und überlegen Sie sich das nächste Ziel, das Sie ansteuern wollen. Häufig hat ein Schriftsteller noch während der Arbeit an seinem aktuellen Buch eine Idee für sein nächstes Buch, macht sich Notizen oder sucht nach einem Titel, während er das aktuelle Buch zu Ende schreibt. Und genau so sollte es auch sein.

Schätzungen zufolge erzielen etwa fünf Prozent der Bevölkerung außergewöhnliche Erfolge. Für alle anderen scheint der Durchschnitt gut genug zu sein. Die meisten Menschen gehen planlos durchs Leben. Sie nehmen alles so hin, wie es geschieht, und hoffen lediglich ab und zu, dass die Dinge sich von selbst ändern werden.

Der schottische Schriftsteller Thomas Carlyle verglich Menschen gerne mit Schiffen. Nach dieser Metapher sind die meisten Menschen mit einem Schiff ohne Steuermann vergleichbar, das dem Wind und den Wellen hilflos ausgeliefert ist. Sie treiben durchs Wasser und hoffen zwar, dass sie eines Tages in einen großen, belebten Hafen einfahren werden, aber es gelingt ihnen einfach nicht, denn auf jeden schmalen Hafenzugang kommen Tausende Meilen felsige Küste. Ihre Chance, in einen Hafen einzulaufen, beträgt eins zu tausend. Ihr Leben ist eine Lotterie. Hin und wieder gewinnt man, aber in der Regel ist der Zufall gegen einen.

Die fünf Prozent der Menschen, die sich die Zeit genommen und die Disziplin aufgebracht haben, ihr Leben selbst in die Hand zu nehmen, die sich für ein herausforderndes Ziel entschieden und sich fest vorgenommen haben, es zu erreichen, segeln direkt darauf zu, egal, wie weit der Weg ist.

Fragen Sie den Kapitän eines Schiffes, das in einem Hafen vor Anker liegt, welchen Hafen er als Nächstes anlaufen wird: Er kann es ihnen sofort sagen. Der Kapitän sieht den Hafen – sein

Ziel – zwar noch nicht, er weiß aber während der Reise mit neunundneunzigprozentiger Sicherheit, dass es da ist. Und er wird es erreichen, es sei denn, es geschieht eine unvorhergesehene und extrem unwahrscheinliche Katastrophe. Wenn jemand Sie nach Ihrem nächsten Zielhafen, Ihrem nächsten Ziel fragen würde, könnten Sie ihm eine Antwort geben? Haben Sie Ihr Ziel klar und konkret für sich formuliert? Haben Sie es aufgeschrieben? Das ist eine gute Idee! Menschen müssen kontinuierlich an ihre Ziele erinnert und bestärkt werden, sie zu verfolgen. Eine hervorragende Methode ist, ein Bild Ihres Ziels auf Ihren Badezimmerspiegel zu kleben. Tausende erfolgreiche Menschen schreiben ihr Ziel auf ein Kärtchen und tragen es in Ihrem Geldbeutel mit sich.

Fragen Sie andere Menschen, wofür sie arbeiten, erhalten Sie in der Regel sehr allgemeine Antworten. Sie sagen vielleicht: Oh, für Gesundheit, oder Glück, oder für viel Geld. Das ist nicht gut genug. Eine gute Gesundheit ist in jedem Fall ein erstrebenswertes Ziel. Jeder Mensch will gesund sein. Glück ist ein Nebenprodukt anderer Dinge. Und viel Geld ist ein sehr vages Ziel. Es könnte funktionieren, aber besser ist es, eine ganz bestimmte Summe festzulegen. Je besser und klarer unser Ziel definiert ist, desto wirklicher erscheint es, und desto besser erreichen wir es.

Erfolg in jedem Bereich hat etwas mit der *Richtung* zu tun, in die wir unterwegs sind. Kinder sind am Weihnachtstag fröhlicher, *bevor* sie ihre Geschenke auspacken als danach. Denn ganz egal, wie toll die Geschenke sind, Weihnachten ist vorbei. Sie freuen sich zwar über die Geschenke, aber nach dem Auspacken sind sie häufig quengelig und gereizt. Wir sind fröhlicher, während wir zu einem wundervollen Abendessen aufbrechen als wenn wir uns hinterher auf den Weg nach Hause machen. Wir sind glücklicher auf dem Weg zu unserem Urlaubsziel als auf dem Weg zurück nach Hause. Und wir sind sehr viel positiver gestimmt, während wir auf ein Ziel hinarbeiten, als wenn wir es erreicht haben.

Einer Sache können Sie sich sicher sein: Wenn Ihre Gedanken sich im Kreis drehen und chaotisch sind, wird Ihr Leben dieses

Chaos widerspiegeln. Sind Ihre Gedanken jedoch geordnet und klar, haben Sie ein Ziel, das für Sie wichtig ist und das Sie erreichen wollen, dann werden Sie es auch erreichen. Nehmen Sie ein Ziel nach dem anderen in Angriff. Genau hier liegt bei vielen Menschen der häufigste Fehler. Sie konzentrieren sich nicht lange genug darauf, ein einzelnes Ziel zu erreichen, bevor sie das nächste in Angriff nehmen – mit dem Ergebnis, dass sie gar nichts erreichen. Lediglich Chaos und lahme Entschuldigungen.

Wenn Sie jeden Morgen, jeden Abend und den Tag über so oft wie möglich an Ihr aufregendes Ziel, ein erfolgreicher Redner zu sein, denken, bringen Sie sich dem Ziel automatisch näher. Konzentrieren Sie all Ihre Gedanken darauf. Das ist vergleichbar mit einem Fluss, der in vielen Schleifen durch das Land fließt und schließlich in einen Kanal mündet. Nun entfaltet er seine ganze Kraft, das Wasser fließt mit ungeheurer Geschwindigkeit in eine Richtung.

Verinnerlichen Sie Ihr Ziel, ein meisterhafter Redner zu werden. Halten Sie daran fest. Fordern Sie es von sich selbst. Denken Sie morgens beim Aufstehen, abends beim Schlafengehen und tagsüber so oft wie möglich daran. Denn so verankern Sie es in Ihrem Unterbewusstsein. Stellen Sie sich vor, Sie hätten das Ziel bereits erreicht. Tun Sie es jeden Tag, und es wird bald zur Gewohnheit. Eine Gewohnheit, die Ihnen Ihr Leben lang einen Erfolg nach dem anderen bescheren wird. Denn das ist das Geheimnis des Erfolgs, der Schlüssel, der Ihnen alle Türen öffnet.

Wir hoffen, dass dieses Buch Sie darin unterstützen wird, all Ihre Ziele zu erreichen.

Fallstudie: Motivationsreden im Sport

In Sportfilmen kommen meistens motivierende Reden vor – Anfeuerungsreden, um die Spieler zu inspirieren. Die Liste der Filmstars, die derartige Reden gehalten haben, ist lang und exklusiv – Paul Newman in *Schlappschuss*, Gene Hackman in *Freiwurf*, Denzel Washington in *Gegen jede Regel*, Al Pacino in *An jedem verdammten Sonntag*, um nur einige wenige zu nennen. Diese Reden sind mit Sicherheit sehr beeindruckend. Im Folgenden finden Sie einige Reden, die tatsächlich vor einer Mannschaft gehalten wurden.

Knute Rockne

Die vielleicht berühmteste Rede des legendären Football-Coachs Knute Rockne der Mannschaft Notre Dame war seine inspirierende Rede »Win one for the Gipper«, in der er seine Spieler aufforderte, das Spiel für ihren verstorbenen Mitspieler George Gipp zu gewinnen.

Rockne bezeichnete George Gipp als den besten Footballspieler, den er jemals trainiert habe. Im Alter von fünfundzwanzig Jahren erkrankte Gipp an einer tödlichen Halsentzündung. Als Rockne den im Sterben liegenden Gipp im Krankenhaus besuchte, waren dessen letzte Worte:

»Rock, wenn das Team zu verlieren droht, wenn alles schiefläuft und die Pausen für die Jungs zu lang sind, dann sag ihnen, dass sie alles geben und das Spiel für den Gipper gewinnen sollen. Ich weiß nicht, wo ich dann sein werde, aber ich werde es wissen und mich darüber freuen.«

Rockne vergaß die letzten Worte seines Freundes nie, und acht Jahre später befanden sich seine Fighting Irish in einem schwierigen Spiel gegen ihren Erzrivalen, das Army-Team. Notre Dame hatte mit zwei von sechs verlorenen Spielen ein schlechtes Jahr, und viele Menschen glaubten, dass Rocknes beste Zeit vorbei war.

Vor dem Spiel versammelte Rockne seine Spieler im Umkleideraum um sich und wartete, bis völlige Stille herrschte. Anschließend hielt er eine Rede, die als eine der motivierendsten Reden in die Geschichte des American Football eingehen sollte.

Rockne begann mit folgenden Worten: »Am Tag vor seinem Tod sagte George Gipp mir, dass ich so lange warten solle, bis die Situation hoffnungslos sei. Ich solle dann einem Team von Notre Dame sagen, dass sie rausgehen und Army für ihn schlagen sollten. Heute ist dieser Tag, und ihr seid dieses Team.«

Der Line Coach Ed Healey sagte später darüber: »Es gab niemanden im Raum, der nicht zu Tränen gerührt war. Nachdem Rockne aufgehört hatte zu sprechen, herrschte einen Moment lang absolute Stille, bevor die Spieler mit einem Mal aus dem Umkleideraum stürmten und dabei fast die Tür aus den Angeln rissen. Einige Menschen sagen, dass jedes Team, zu dem Rockne sagte ›Ihr seid dieses Team‹, so reagierte – und es gab mehrere Teams.«

Lou Gehrig

Der erste Baseman der New York Yankees Lou Gehrig war einer der außergewöhnlichsten Baseballspieler aller Zeiten. Sein Spitzname lautete »Iron Horse«, weil er den bemerkenswerten Rekord aufgestellt hatte, in 2130 Spielen in Folge mitzuspielen. Diese Glückssträhne fand ein jähes Ende, als Gehrig im Alter von sechsunddreißig Jahren an einer seltenen Krankheit erkrankte, die zu Lähmungserscheinungen führte. Heute ist die ursprünglich als Lou-Gehrig-Krankheit bezeichnete Erkrankung unter dem Namen ALS bekannt. Am 4. Juli 1939 wurde Gehrig im Yankee Stadium mit einer bewegenden Zeremonie verabschiedet. Bei seiner Rede an das Publikum versank Gehrig keineswegs in Selbstmitleid. Ganz im Gegenteil, er sprach darüber, was für ein glücklicher Mensch er sei.

»Liebe Fans, in den vergangenen zwei Wochen habt ihr darüber gelesen, dass ich aus sehr unschönen Gründen eine Pause einlegen muss. Heute jedoch sehe ich mich als den glücklichsten Menschen der Welt. Mein Zuhause war sechzehn Jahre lang das Baseballstadion, und ich habe niemals etwas anderes als Ermutigung und Freundlichkeit von meinen Fans erfahren …

Diese Pause ist mit Sicherheit sehr hart, aber für mich gibt es noch jede Menge Dinge, für die es sich zu leben lohnt!«

Vince Lombardi

Der legendäre Coach des Football-Teams Green Bay Packers, Vince Lombardi, hielt im Jahr 1968 vor dem Finale der Football-Profiliga eine berühmte Rede. Die Packers gewannen, und es war die letzte Rede, die Lombardi vor seinem Team hielt.

»Gewinnen ist keine Sache, die man nur manchmal tut. Man muss immer, zu jeder Zeit, gewinnen. Man gewinnt nicht einfach hin und wieder. Man macht die Dinge nicht hin und wieder mal richtig. Sondern man macht sie immer richtig.«

Ein berühmtes Zitat, das Vince Lombardi zugeschrieben wird – »Gewinnen ist nicht alles, es ist das Einzige.« – stammt gar nicht von ihm. Die Rede oben bildete wahrscheinlich die Grundlage für diese falsche Zuschreibung. Das Zitat wurde sogar so bekannt, dass Vince Lombardi schließlich aufgab, zu erklären, dass er diese Worte gar nicht selbst gesagt hatte.

Herb Brooks

Herb Brooks war Coach einer bunt zusammengewürfelten College-Hockeymannschaft. Einmal gelang es dieser Mannschaft, die favorisierten Russen zu besiegen und eine olympische Goldmedaille nach Hause zu bringen. Vor diesem Spiel hatte er eine berühmte Rede gehalten:

»Aus außergewöhnlichen Chancen entstehen außergewöhnliche Momente. Eine solche Chance habt ihr heute Abend, Jungs. Ihr habt euch diese Chance verdient. Ein Spiel. Würden wir zehnmal gegen sie spielen, würden sie wahrscheinlich neunmal gewinnen. Aber nicht dieses Spiel. Nicht heute. Heute Abend bleiben wir ihnen dicht auf den Fersen. Wir lassen sie nicht aus den Augen. Und wir besiegen sie, weil wir es können! Heute Abend sind wir das beste Hockey-Team der Welt.«

Tim Tebow

Der All American Footballspieler Tim Tebow hielt seine Rede, nachdem sein Team, die Florida Gators, ein Spiel gegen Mississippi verloren hatten:

»An die Fans und jeden, der sich für Gator interessiert: Es tut mir leid ... Sie werden im ganzen Land in dieser Saison keinen Spieler finden, der sich mehr anstrengt als ich. Niemand wird das Team in der verbleibenden Saison mehr antreiben als ich. Kein Team wird sich in dieser Saison mehr anstrengen als wir. Gott segne euch.«

Joe Buck

Der beliebte Baseball-Kommentator Joe Buck war bereits an Krebs erkrankt, als er bei einem seiner letzten öffentlichen Auftritte die folgende Rede hielt. Und zwar an dem Tag, an dem nach den Terroranschlägen des 11. September die Spiele im Baseball wieder aufgenommen wurden.

»Ich weiß nicht, wie es Ihnen geht, aber für mich ist die Frage so gut wie beantwortet. Sollten wir hier sein? Ja! Seit diese Nation vor mehr als zweihundert Jahren von Gott gegründet wurde, waren wir die Bastion der Freiheit, das Licht, das die freiheitliche Welt am Leben erhält ... Wir haben den Kampf nicht begonnen, aber wir werden ihn beenden. Nun, da man uns in den Kampf hineingezogen hat, müssen wir mit aller Entschlossenheit schützen, was uns wichtig ist ... Wie unsere Vorfahren vor uns werden wir diesen ungewollten Krieg gewinnen, damit unsere Kinder die Zukunft genießen können, die wir ihnen damit ermöglichen.«

Jim Valvano

Bei der ersten Zeremonie zur Vergabe der ESPY Awards hielt der an Knochenkrebs erkrankte Coach der Basketballmannschaft von North Carolina, Jim Valvano, folgende ergreifende Rede:

»Man sollte jeden Tag drei Dinge tun … Erstens lachen. Sie sollten jeden Tag lachen. Zweitens, Sie sollten nachdenken. Verbringen Sie einige Zeit damit, nachzudenken. Und drittens: Weinen Sie, ob aus Freude oder Glück. Wenn Sie lachen, denken und weinen, dann ist der Tag vollständig. Ein wundervoller Tag. Tun Sie das an sieben Tagen in der Woche, und Sie erleben etwas wirklich Besonderes. Der Krebs mag mir all meine körperliche Kraft rauben. Aber er kann meinem Verstand, meinem Herzen und meiner Seele nichts anhaben. Und diese drei Dinge werden für immer bleiben. Ich danke Ihnen. Gott schütze Sie.«

Sprechen Sie leise, sprechen Sie langsam,
sprechen Sie nicht zu viel.
JOHN WAYNE

Jede spontane Rede sollte geübt und verfeinert werden.
ABRAHAM LINCOLN

Ihre Zuhörer vergessen wahrscheinlich, was Sie gesagt haben,
aber sie werden niemals vergessen, wie sie sich gefühlt haben.
CARL W. BUECHNER

Epilog

Dieses Buch (und viele andere Bücher) sollte man mehr als einmal lesen. Häufig kann man beim ersten Lesen nicht alle Ideen auf einmal aufnehmen. Falls Sie jedoch keine Zeit haben, das gesamte Buch erneut zu lesen, hilft Ihnen folgende Zusammenfassung, sich die wichtigsten Punkte in Erinnerung zu rufen.

Erstens: Sprechen Sie vor allem über Themen, die Sie wirklich begeistern. Wenn Sie glauben, was Sie sagen, dann haben Sie im Vergleich zur Mehrheit der Redner bereits einen großen Vorteil. Glauben Sie nur einen Teil dessen, was Sie sagen, dann betonen Sie diesen Teil so gut wie möglich. Sprechen Sie mit der größtmöglichen Überzeugung. Falls Sie über ein Thema sprechen müssen, mit dem Sie sich sehr unwohl fühlen, ist es langfristig am besten für Ihre Karriere, das zu vermeiden. Denn daraus wird sehr schnell eine Gewohnheit – und es ist definitiv selbstzerstörerisch, sich an Unehrlichkeit zu gewöhnen.

Vermitteln Sie Ihre wahren Gefühle, aber achten Sie dabei auf einen logischen Aufbau. Denn anderenfalls ist Ihre Rede vielleicht für den Moment überzeugend, aber bereits auf dem Weg zu ihrem Auto haben Ihre Zuhörer vergessen, was Sie gesagt haben. Sie werden sich lediglich daran erinnern, *wie* Sie es gesagt haben, und in der Rückschau wird es nicht mehr ganz so überzeugend wirken. Das Material, das Sie als Redner präsentieren, sollte dieselben Elemente enthalten wie ein schriftliches Dokument, das Sie veröffentlichen wollen. Stellen Sie in der Rede zunächst sich selbst sowie Ihre Hauptthese vor. Kommen Sie anschließend zum Hauptteil der Rede und liefern Sie auch Anekdoten und Geschichten zur Veranschaulichung, um eine starke Verbindung zu Ihren Zuhörern herzustellen. Sagen Sie am Ende einige abschließende Worte und wiederholen Sie die These sowie Ihre Aufforderung an das Publikum.

Denken Sie daran, dass eine erfolgreiche Rede mehr ist als das, was Sie sagen. Niemand hat Freude daran, Ihnen zuzusehen, wie Sie mit gesenktem Kopf eine vorformulierte Rede vom Blatt ablesen. Wie Sie aussehen und wie Sie sich bewegen (oder sich nicht bewegen), entscheidet über Erfolg oder Misserfolg. Die Körpersprache ist von enormer Bedeutung. Stehen, Umhergehen, passende Gestik und Mimik sind effektive Mittel, das Gesagte zu unterstreichen. Setzen Sie gegebenenfalls audiovisuelle Hilfsmittel oder Schaustücke zur Veranschaulichung ein. Setzen Sie sich vor Ihrer Rede mit Softwareprogrammen wie PowerPoint auseinander – aber sorgen Sie dafür, dass Sie nicht von diesen technischen Hilfsmitteln abhängig sind und auch ohne sie eine hervorragende Rede halten könnten. Erschlagen Sie Ihre Zuhörer nicht mit zu vielen Animationen, Hörbeiträgen oder grellen Farben, denn das rückt Sie selbst und Ihr Thema in den Hintergrund.

Lesen Sie nicht längere Zeit aus Ihren Notizen ab, aber scheuen Sie sich auch nicht, von Zeit zu Zeit darauf zu blicken. Sprechen Sie klar und deutlich, weder zu laut noch zu zaghaft. Falls Sie ein Mikrophon verwenden wollen, testen Sie es und machen Sie sich damit vertraut, bevor Ihre Präsentation beginnt. Und testen Sie auch alles andere: die PowerPoint-Präsentation, den Computer, Aufnahmegeräte und alles, was während der Rede zu unangenehmen Überraschungen führen könnte. Seien Sie sicher, dass Sie im Laufe Ihrer Karriere als Redner früher oder später auf derartige Schwierigkeiten stoßen werden!

Läuft wirklich etwas schief, dann bleiben Sie ruhig. Kümmern Sie sich selbst um das Problem oder lassen Sie es von einem Mitglied Ihres Teams beheben. Sprechen Sie anschließend weiter. Entschuldigen Sie sich nicht, und machen Sie keine nervösen Witze.

Ein echtes Zeichen für Professionalität ist, wenn ein Redner in der Lage ist, ein Missgeschick elegant zu übergehen. Vielleicht wollen Sie sich innerlich am liebsten unter dem Tisch verkriechen, aber behalten Sie äußerlich die Ruhe. Im schlimmsten Fall werden Sie im Nachhinein glauben, dass dieses Erlebnis das schlimmste war, was Ihnen passieren konnte – und feststellen, dass Sie es überlebt haben.

Halten Sie echten Blickkontakt zu Ihrem Publikum. Sehen Sie sich eine Person nach der anderen an und setzen Sie dabei die Drei-Sekunden-Methode ein: Versuchen Sie, einer Person aus dem Publikum drei Sekunden lang in den Augen zu blicken, und sehen Sie anschließend eine andere Person an. Auf diese Weise stellen Sie direkten Augenkontakt mit mehreren Zuhörern her und lassen gleichzeitig immer wieder den Blick über das gesamte Publikum schweifen. Beziehen Sie das Publikum über diesen direkten Blickkontakt ein – den einzelnen Zuhörer wie auch das Publikum als Ganzes.

Setzen Sie Schweigen ebenso effektiv ein wie Sprache. Haben Sie keine Angst, während Ihrer Rede eine Pause zu machen. Gestatten Sie sich und Ihrem Publikum Zeit zum Nachdenken. Hetzen Sie nicht durch Ihre Präsentation. Das führt nur dazu, dass Sie und Ihr Publikum völlig außer Atem und nicht mehr aufnahmefähig sind.

Setzen Sie Humor ein, wann immer möglich, aber übertreiben Sie es nicht. Sorgen Sie dafür, dass die Aufmerksamkeit Ihrer Zuhörer während der gesamten Rede erhalten bleibt. Denken Sie daran, dass bei einer interessanten Rede die Zeit wie im Flug vergeht, während eine langweilige Rede grundsätzlich zu lang ist.

Achten Sie beim Einsatz von Handouts darauf, sie zur richtigen Zeit auszuteilen. Haben die Unterlagen direkten Bezug zum Inhalt Ihrer Rede, dann teilen Sie dem Publikum mit, dass Sie am Ende einen Überblick über die Präsentation zur Verfügung stellen werden. Dadurch verhindern Sie, dass das Publikum sich Notizen macht und dadurch vom eigentlichen Inhalt abgelenkt ist.

Sie müssen erkennen, wann es Zeit ist, die Rede zu beenden – und das kann sehr viel früher der Fall sein, als Ihnen lieb ist. Verwenden Sie beim Üben der Rede zu Hause eine Uhr, um zu messen, wie lange Ihre Rede insgesamt dauert. Überprüfen Sie auch, wie lang die einzelnen Abschnitte der Rede sind. Ist ein Abschnitt zu lang oder zu kurz, dann passen Sie die Zeit an. Fassen Sie Ihre wichtigsten Punkte am Ende Ihrer Rede zusammen – so, wie Sie es auch in einem zur Veröffentlichung bestimmten schriftlichen Dokument tun würden. Schließen Sie Ihre Rede mit einer interessanten Bemerkung oder einer geeigneten, motivierenden Aufforderung ab. Sorgen Sie dafür, dass der Abschluss Ihrer Rede ein positives Gefühl bei den Zuhörern hinterlässt. Reiten Sie nicht zu lange auf Ihren abschließenden Kommentaren herum. Danken Sie Ihren Zuhörern, und verlassen Sie anschließend die Bühne.

Hören Sie in einer Diskussionsrunde den Fragen Ihrer Zuhörer aufmerksam zu, beantworten Sie diese Fragen und passen Sie Ihre Sprache an, wenn das Gesagte ganz offensichtlich Ihre Zuhörer nicht erreicht hat. Denken Sie daran, dass Kommunikation der Schlüssel für eine erfolgreiche Rede ist. Vergessen Sie nicht: Die Wirkung Ihrer Worte hängt davon ab, wie sie bei den Zuhörern ankommen. Auch wenn Sie das Gefühl haben, die Zuhörer hätten Ihre Rede komplett falsch verstanden, müssen Sie die Verantwortung dafür übernehmen.

Verwenden Sie nicht zu viel Zeit auf einzelne Fragen. Haben Sie das Gefühl, dass die Zeit bald um ist, bereiten Sie das Publikum mit den Worten »Wir haben noch Zeit für zwei oder drei Fragen« darauf vor. Danken Sie anschließend dem Publikum noch einmal. Sie haben es geschafft.

Adressen

In Deutschland:
Dale Carnegie Training®
Stefan-George-Ring 24
D-81929 München
Telefon: +49 180 20 40 400 (6 Cent je Anruf)
Telefax: +49 180 20 40 401 (6 Cent je Anruf)
E-Mail: info@dalecarnegie.de
Web: http://www.dalecarnegie.de

In Österreich:
Dale Carnegie Training®
Rahlgasse 3
A-1060 Wien
Telefon: +43 1 9850523-0
Telefax: +43 1 9850523-33
E-Mail: office@dale-carnegie.at
Web: http://www.dale-carnegie.at

In der Schweiz:
Dale Carnegie Training®
Giebelweg 3
Postfach 213
CH-6343 Rotkreuz
Telefon: +41 41 790 22 82
Telefax: +41 41 790 32 83
E-Mail: info@dalecarnegie.ch
Web: http://www.dalecarnegie.ch

Dale Carnegie

Sorge dich nicht – lebe!

Band 19056

Dale Carnegie hat Millionen Menschen in aller Welt Mut gemacht, ihnen neue Kraft und Gesundheit gegeben. Sein Buch »Sorge dich nicht – lebe!« ist Jahrzehnte nach Erscheinen der ersten deutschsprachigen Ausgabe so aktuell wie nie.

Dieses Buch hilft Ihnen

- Gründe für Angst, Grübelei und Aufregung zu erkennen
- sich das Sorgen abzugewöhnen, ehe es Sie zugrunde richtet
- mit der Kritik anderer fertig zu werden
- Trübsinn in wenigen Tagen zu heilen
- geistig und körperlich auf der Höhe zu bleiben
- zu einer Lebenseinstellung zu gelangen, die Frieden und Glück verschafft.

Dieser wegweisende Ratgeber macht deutlich, dass man sich nicht immer nur sorgen soll, sondern dass man ohne viel Aufwand gut für sich sorgen kann.

Fischer Taschenbuch Verlag

fi 19056 / 1

Dale Carnegie

Wie man Freunde gewinnt

Die Kunst, beliebt und einflussreich zu werden

Band 19053

Dale Carnegie hat mit diesem Ratgber ein bewährtes und immer noch hochaktuelles Werkzeug geschaffen, mit dem man

- die Sympathie seiner Mitmenschen gewinnt
- seine Beliebtheit und sein Ansehen steigert
- ein guter Redner und besserer Gesellschafter wird
- andere von sich überzeugt und mitreißt.

Millionen von Menschen weltweit hat Dale Carnegie mit seinem lebhaft und anschaulich geschriebenen Buch geholfen, erfolgreich im Umgang mit Menschen im privaten und geschäftlichen Bereich zu werden. Es ist der erste Ratgeber seiner Art und der einzige, den Sie brauchen, um schneller und leichter Freunde zu gewinnen.

Dale Carnegie

Freu dich des Lebens!

Band 19054

Dieses Buch hilft Ihnen

- sich das Sorgen abzugewöhnen, ehe es Sie zugrunde richtet
- zu einer Lebenseinstellung zu gelangen, die Ihnen Frieden und Glück bringt
- mit der Kritik anderer fertig zu werden
- die eigenen Geldsorgen zu verringern
- Ihr Leben positiv zu verändern

und es zeigt Ihnen

- wie Sie Freunde gewinnen
- wie Sie auf neuen Wegen zu neuen Zielen gelangen
- wie Sie beliebt werden
- wie Sie Streit vermeiden
- wie Sie im Beruf erfolgreicher werden
- wie Sie ein guter Redner und brillanter Gesellschafter werden.

Fischer Taschenbuch Verlag

fi 19054 / 1